旅游文化与管理系列丛书

错位与匹配——品牌旅游景区与城市的动态演化

冯 庆 著

科 学 出 版 社
北 京

内 容 简 介

中国旅游业已进入打造品牌阶段，品牌产生的巨大吸引力成为新常态下区域旅游业发展的关键。本书首先分析影响旅游目的地品牌形成的因素，构建全国品牌旅游景区和热点旅游城市形成因素及控制论结构模型；其次，梳理品牌旅游景区和热点旅游城市的位序变化，从空间分布揭示二者的空间错位结构及特征；再次，从地域组合角度对品牌旅游景区和热点旅游城市区域数量匹配及规模等级匹配两大组合关系进行研究；最后，在此基础上提出中国旅游地理枢纽，并以陕西省为实例，分析品牌旅游景区和热点旅游城市时空动态演化、势能成长、空间错位和地域匹配关系。

本书可供高等院校旅游专业师生、旅游科研人员、政府决策者、旅游规划设计人员、旅游行业管理人员和旅游景区高层管理人员参考和阅读。

陕 S（2020）045 号

图书在版编目（CIP）数据

错位与匹配：品牌旅游景区与城市的动态演化 / 冯庆著. —北京：科学出版社，2021.6

（旅游文化与管理系列丛书）

ISBN 978-7-03-068896-5

Ⅰ. ①错…　Ⅱ. ①冯…　Ⅲ. ①城市旅游-品牌战略-研究-中国　Ⅳ. ①F592.3

中国版本图书馆 CIP 数据核字（2021）第 099201 号

责任编辑：韩卫军 / 责任校对：彭珍珍

责任印制：罗　科 / 封面设计：墨创文化

科 学 出 版 社 出版

北京东黄城根北街 16 号

邮政编码：100717

http://www.sciencep.com

四川煤田地质制图印刷厂 印刷

科学出版社发行　各地新华书店经销

*

2021 年 6 月第 一 版　开本：720×1000　B5

2021 年 6 月第一次印刷　印张：13 1/2

字数：270 000

定价：109.00 元

（如有印装质量问题，我社负责调换）

国家自然科学基金项目：错位视角下山地型景区品牌个性与旅游流时空动态演变机制研究(41901144)

教育部人文社科项目：城市旅游的空间错位及溢出效应研究——以中西部三大城市群为例(19YJCZH030)

前　言

近十年来，中国旅游业已进入打造品牌阶段，品牌所产生的巨大吸引力成为区域旅游业发展的关键。与一般商品相比，旅游目的地是空间中不可移动的物体，是一个地理位置，既包括宏观尺度的国家旅游目的地和中观尺度的旅游城市，也包括微观尺度的旅游景区(点)。当地理位置像商品或服务那样品牌化时，目的地管理机构从管理者角度营造一系列营销活动，利用品牌区分旅游目的地之间的不同，从而增强该旅游目的地的品牌识别；旅游者从接收者角度通过认知和情感加深了其品牌联想，从而反映出该目的地的品牌形象。国内外学者基于管理学、经济学、心理学等学科对品牌和品牌化进行了较好的阐释，然而，从地理学角度对旅游目的地品牌与品牌化进行剖析，揭示旅游目的地形成品牌的影响因素，以及对品牌旅游目的地动态演化的研究尚且薄弱。本书尝试从地理学角度分析影响旅游目的地品牌与品牌化的关键因素及形成机制。

引入空间错位概念，分析微观尺度旅游目的地(旅游景区)和中观尺度旅游目的地(旅游城市)之间的空间分布和地域组合关系，以期揭示不同等级旅游目的地品牌化的规律。空间错位本质上是指城市居住和就业的空间不对等现象，且公共基础设施分布不均、国家保障政策不同和强弱势群体信息不对称等因素可能会导致空间错位的加剧。本书从广义角度对空间错位进行阐述，一方面指旅游某一要素与另一要素的非均衡关系，如旅游资源、交通区位与品牌形成率之间的不同步现象等，这是定量错位；另一方面指区域为寻求独特的生态所引起的旅游资源差异和互补现象，这是定性错位。基于此，本书从空间错位与地域匹配关系视角，对品牌旅游景区和热点旅游城市空间分布结构和特征，以及二者区域数量匹配和规模等级匹配两大地域组合关系进行分析。同时，利用数理模型等方法分析影响品牌旅游景区和热点旅游城市形成的因素，构建其形成系数方程及控制论结构模型，并在此基础上提出中国旅游地理枢纽。最后，以陕西省为实例，分析品牌旅游目的地时空演变特征、相互作用(溢出效应)、势能成长，从而揭示品牌旅游景区和热点旅游城市的动态演化过程。

本书在理论上构建了品牌旅游景区和热点旅游城市形成机制与控制论模型，定量测定影响品牌旅游目的地形成的内部因素与外部因素，揭示其空间分布结构与规模成长性，探寻旅游目的地品牌与品牌化的相关规律，为其品牌化程度阈值判断提供理论依据，深化旅游目的地品牌理论研究；实践上，重新审视政府主导下“标准化”与市场主导下“品牌化”的差异，认识新常态下旅游目的地品牌化与区域经济增长的关系；增强旅游目的地的品牌识别与区分，延伸旅游者对该旅游目的地的品牌联想，提升旅游者的重游意愿和推荐意愿；以丝绸之路经济带建设为契机，吸引入境和国内旅游者，以品牌旅游景区为增长极提升主要节点城市的品牌个性，提升旅游目的地形象，为目的地营销提供决策支持，为协调区域平衡发展和建设旅游强国提供科学依据。

目　　录

第一章 绪 论

第一节 研究背景与研究价值

随着全球经济一体化的加速，旅游目的地间的空间距离缩短，旅游者可选择的目的地数量不断增多，一些级别较高的旅游目的地接待旅游者的数量较少，出现品牌旅游目的地与旅游流不同步非均衡的空间错位现象。这种错位现象在中国一些景区的旅游发展中表现得尤为明显，如山地型景区、人造景区等，其旅游吸引物文化同源，人文相亲，地理相近，互为竞争，导致各个景区的品牌个性模糊，旅游者对其混淆，品牌的形成不能刺激旅游流健康稳定增长，呈现高度错位，削弱了旅游目的地形象，从而为目的地管理机构带来新的挑战。

一、研究背景

(一)品牌旅游景区成为国内旅游竞争的关键

2000年以来，伴随着国内游、散客游、自驾游的兴起，中国旅游业发展产生了新格局，品牌旅游景区所产生的巨大吸引力成为新常态下区域旅游业发展的关键。尤其在黄金周内，供需不平衡导致一般旅游景区超负荷运行，接待的客流量超出景区最大承载量，旅游服务设施供不应求，出现热点景区更热、冷点景区更冷的现象。十一黄金周期间，京津冀地区、长江三角洲地区、珠江三角洲地区成为旅游的集散地，而胡焕庸线以北，如内蒙古、青海、新疆等地区的客流量依旧较少，即使在黄金周内，客流量也变化不大。散客旅游者数量上升，提高了客源的不确定性，旅游者对旅游景区的选择更自由化，根据自己的兴趣选择旅游景区的比例较大。自驾游的兴起导致一些无景点旅游的追捧，如古街、广场、油菜花海都可能成为旅游者感兴趣的体验对象，旅游非景区化现象是对传统景区时代的挑战。针对以上现象，品牌旅游景区相对于一般旅游景区而言能够更好地应对新格局带来的影响，品牌旅游景区布局具有科学性，其承载上限更大，接待的旅游者更多；周边多个省区市为其提供相应的旅游服务设施，被旅游者选择的概率更大；与无景点旅游景区相比，较多的品牌旅游景区聚集在大城市周边，被服务的旅游者群体更广。

一般而言，旅游者更倾向于游览级别较高的旅游景区，品牌旅游景区是最具有“特色”的旅游景区，拥有更高的知名度、美誉度和认可度，旅游吸引力较大，能够强化旅游者的感知度和体验度。作为旅游系统的核心组件，旅游景区的形成机制逐步从政府主导下的“标准化”迈向市场主导下的“品牌化”，百强旅游景区是品牌旅游景区中的名牌，发挥的“龙头”带动效应更强。相对于中国东部地区，西部地区由于地理位置、民族成分、人均收入、交通状况、安全稳定等因素的影响，景区较难品牌化，对西部典型省份已有品牌旅游景区形成机制和旅游外溢作用的研究具有特殊性，对所属省份经济发展、民生改善、社会稳定等产生重大而深远的影响。

（二）热点旅游城市成为拉动区域经济发展的支柱

有学者指出，中国入境旅游市场中散客市场占据了重要的地位，其旅游线路主要以单旅游目的地、短线为主，热点旅游城市的地位与作用越来越突出，加强热点城市旅游设施建设、优化旅游资源配置、调整旅游产业结构能够带动本区域及周边区域经济的发展；相反，如果不重视热点旅游城市的发展，不仅会影响当地国内、入境旅游者接待数量，还会减少被该热点旅游城市所辐射的其他中小城市的客流量，乃至旅游业的发展。

当代社会中旅游城市的功能不再局限于旅游目的地和客源地，同时也是旅游中转地。作为旅游目的地，旅游城市集中了大量的旅游景区，旅游设施功能完善，以城市导向为主的旅游产品吸引了大量的本地及外地游客；作为客源地，旅游城市人口密集、经济发达，为周边区域及自身提供了充足的旅游者；作为中转地，旅游城市是区域交通的枢纽，机场、车站等设施连接了客源地与目的地。我国（不含港澳台地区，下同）现今有 700 多个城市，被称为优秀旅游城市的约有 300 多个，百强旅游城市又是从这些优秀旅游城市中挑选出来的前 100 位，在旅游城市中形成了更强的经济增长极和扩散极，改善了工业加速造成的城市病现象，对改造城市环境有一定的帮助。2011 年，27 个省会城市和 4 个直辖市共接待国内旅游者 26.41 亿人次，占全国旅游者总量的 70.6%，热点旅游城市成为国内旅游发展的主体和重点；2011 年，以上 31 个城市创汇总数 484.64 亿美元，占全国旅游收入总量的 57%，2012 年上升到 500.28 亿美元，占全国旅游收入总量的 58.2%，呈上升趋势，热点旅游城市的发展对全国入境旅游业的拉动作用越来越明显。

（三）旅游景区与旅游城市的组合成为区域旅游发展新模式

旅游景区和旅游城市在空间中作为相对独立的点，是构成区域旅游的基本要素，其分布具有空间的不平衡性。景区与城市的匹配形式有多种关系，区域旅游发展早期，多是一个城市中分布单独景区的一对一匹配模式；中期成为一个城市中分布多个景区，或一个景区被多个城市所依托，产生一对多的匹配模式；到了区域旅游业发展成熟阶段，往往产生多个城市和多个景区的相互匹配模式，形成区域旅游网络（表 1-1），如我国的长江三角洲和珠江三角洲区域。在区域旅游网络中，景区与城市作为节点，城市为景区提供旅游基础设施和相关旅游服务，景区依托单独或多个城市发展，旅游网络化能够更合理、更有效地开发和配置旅游资源。

东部地区聚集着大量“人气”和“财气”的旅游景区，与大规模人口、交通区位优良的城市相互组合，易形成较为发达的旅游网络；而西部地区人口较少，经济欠发达，虽然旅游资源禀赋程度很高，但弱势旅游城市不能较好地依附核心城市，较难形成旅游网络，从而导致整体旅游业发展落后于东部地区，旅游业对区域经济的带动效应尚不明显。城市是汇聚其他旅游目的地的终极旅游目的地，旅游者通过城市聚集和扩散，城市对周边景区的整合能够最大化地发挥带动效应；景区是六要素中“游”和“娱”的体现，在某一程度上浓缩了一个城市甚至一个省份旅游业的精华，景区知名度的提升有利于塑造城市旅游形象。

表 1-1 城市与景区空间匹配类型的比较

类型		主要标志	主要特征
数量匹配	一对一匹配	形成了旅游区的雏形	区域旅游发展初期，旅游区内部结构简单
	一对多匹配	旅游集散中心、旅游中心城市、旅游极核的形成	城乡旅游空间一体化
	多对一匹配	景区被行政分割	多个城市服务于一个景区
	多对多匹配	旅游带、旅游圈的形成	区域旅游网络化程度高、区域旅游合作较为紧密
等级匹配	正位匹配	城市等级高，而景区等级相对较低	城市对景区依托作用强
	倒位匹配	城市等级低，而景区等级较高	城市对景区依托作用弱
距离匹配	城区城郊型匹配	景区位于城区或城郊	景区成为市民休闲地
	一日游型匹配	城市与景区间一日游距离	旅游城乡一体化的重点发展轴
	离散型匹配	景区位于区域的边陲、交通末端节点	旅游地城镇化
分布匹配	点轴匹配	城市与景区线状分布	线状地理事物作为城市与景区连接线
	面状匹配	城市与景区散点状分布	区域旅游网络化程度高、区域旅游合作较为紧密
管理匹配	同位匹配	城市与景区受同一县市级行政区管理	管理关系上相对一致
	异位匹配	城市与景区不受同一县市级行政区管理	管理关系上不一致，阻碍景区发展

注：表来源于《区域旅游中城市与景区空间匹配关系及其优化》（李跃军，2006）。

二、研究价值

伴随着人均收入增加、大规模城市群形成及交通巨变，我国旅游目的地品牌化初见端倪。现今，我国人均年收入接近 7000 美元，居民的消费水平不断提高，特别是在全球金融危机后，我国经济增长依旧处于中高速水平，居民用于旅游的花费一直保持在较高水平，越来越多的人追求高水准的旅游体验；大规模的城市群已经形成，如京津冀城市群、长三角城市群、粤港澳大湾区、成渝城市群、长江中游城市群、中原城市群、关中平原城市群等，为了满足城市居民旅游需求，大规模、高品质旅游景区的数量在不断攀升；区域之间人口流动主要借助交通，交通方式的发展能够影响区域旅游目的地的演进程度，品牌旅游景区交通可进入性一般较强。我国东部地区地理区位、人均收入、城市规模水平较高，景区和城市更容易品牌化，而西部地区整体发展水平较落后，品牌旅游目的地数量较少，只有最具特色的景区和人口规模较大的城市才能品牌化，西部典型省份品牌旅游景区和热点旅游城市的研究对西部区域经济发展和民生改善具有不可替代的作用。

研究品牌旅游景区和热点旅游城市形成机制与互动作用成为新常态下旅游目的地研究中的一个重要课题。大量的学者从不同角度、不同学科对高级别旅游目的地的空间分布结构、影响因素、动力机制、匹配关系等进行了探索。但是，以上研究忽视了业绩因素，缺少模型化测度和深入内在机制分析，更缺少对品牌旅游目的地形成机制模型有效性的检验。因此，构建品牌旅游景区和热点旅游城市形成机制模型并检验其有效性，建立对应的区域旅游发展模式具有很强的必要性。

（一）理论价值

(1) 构建品牌旅游目的地形成机制模型。对于重新审视政府主导下的“标准化”与市场主导下的“品牌化”旅游目的地的差异，认识新常态下旅游景区和城市品牌化与区域经济增长的关系，构建品牌旅游目的地形成机制与控制论模型，定量测定影响品牌旅游目的地形成的内部因素与外部因素，探索其空间分布结构与规模成长性，为区域旅游网络的形成提供重要的理论依据，丰富旅游地理学研究内容和研究方法。

(2) 从空间错位与地域匹配关系视角揭示品牌旅游景区和热点旅游城市的动态演化过程。利用 ArcGIS 空间分析法、经济模型法等交叉研究方法，通过案例实证分析品牌旅游目的地时空演变特征、溢出效应、势能成长及形成机制，揭示品牌旅游目的地的动态演化过程，以期深化旅游目的地品牌与品牌地理化的理论研究。

（二）实践价值

(1) 加深旅游者对于该旅游目的地的品牌联想，从而突显旅游目的地的品牌形象，提升旅游者的重游意愿和推荐意愿。以丝绸之路经济带建设为契机，吸引入境和国内旅游者，形成具有鲜明品牌个性的旅游景区，以品牌旅游景区为增长极提升主要节点城市的旅游“名气”，从而增加国民经济产出的增加值，为旅游营销机构提供理论指导和政策依据。

(2)促使西部区域以资源导向型为主的旅游景区调整、适应新常态下旅游业发展格局，形成以热点旅游城市为中心、多个旅游景区为辐射点的区域旅游发展模式，突出旅游城市在板块旅游中的“整合”作用，对拉动当地就业机会的关联带动效应，促进区域社会、经济、生态的协调发展具有现实意义。

第二节 研究设计

一、研究目标和内容

(一)研究目标

从“景区提升城市，城市整合景区”的视角出发，以省级行政区域为研究单位，以陕西省为具体案例地，通过对品牌旅游景区和热点旅游城市形成机制和地域组合等的研究，实现以下三个目标：

(1)在地理信息系统(GIS)图和空间结构分析基础上，揭示品牌旅游景区和热点旅游城市空间上的分布结构、聚集性特征及地域上的匹配关系，为构建区域旅游的发展模式，解决旅游公共服务基础设施建设滞后问题，加快区域旅游网络化等现象提供理论依据。

(2)在时间序列相关分析基础上，认识品牌旅游景区和热点旅游城市的成长性，并比较其区域旅游地位的变化，分析在区域空间内，二者的成长速度与潜在的发展趋势，探索品牌旅游景区和热点旅游城市的竞争力优势。

(3)在文献梳理和理论分析的基础上，提出品牌旅游景区和热点旅游城市形成机制及控制论模型；通过对内部因素和外部因素的路径分析，分别建立品牌旅游景区和热点旅游城市的形成率及形成系数方程，重点分析外部综合因素对品牌旅游景区和热点旅游城市形成的影响，针对不同区域的外部因素，调整区域旅游的发展结构。

(二)研究内容

本书的宏观研究对象主要是中国 31 个省区市的品牌旅游景区和热点旅游城市，微观研究对象聚焦在陕西省的品牌旅游景区和陕西省的 10 个地级城市，研究内容主要围绕以下几点展开：

(1)品牌旅游景区和热点旅游城市梳理及空间分布结构分析。分别以品牌旅游景区和热点旅游城市排名次序的对数为自变量、客流量的对数为因变量，组建品牌旅游景区和热点旅游城市双对数幂律分布图，根据幂律分布特征揭示品牌旅游景区和热点旅游城市的规模等级；利用 ArcGIS 空间定位分析法，通过绘制不同级别品牌旅游景区和热点旅游城市的空间分布图，分析其空间分布结构及聚集性特征。

(2) 品牌旅游景区和热点旅游城市调查及地域匹配关系研究。对 2011 年全国首届百强旅游景区和百强旅游城市进行梳理与调查，利用二维矩阵模型揭示二者的地域数量匹配关系，并深入分析二者规模等级的匹配关系。

(3) 品牌旅游景区成长性和溢出效应，以及热点旅游城市的旅游地位比较。定量测定陕西省六大品牌旅游景区和十地市的旅游势能（即辐射力与聚集力的比值），分别通过与区域内其他相同级别的旅游景区、城市地位变化的对比，认识品牌旅游景区和热点旅游城市区域成长模式，判断其成长质量和发展趋势；利用模型比较分析陕西省品牌旅游景区空间溢出作用及其带动效应。

(4) 品牌旅游景区和热点旅游城市形成因素及控制论模型。从哲学角度出发，通过分析影响品牌旅游景区（热点旅游城市）形成的内部因素与外部因素，构建品牌旅游景区（热点旅游城市）形成机制及控制论模型，探讨品牌旅游景区（热点旅游城市）形成率与形成系数方程的演变关系；内部因素主要基于资源特征评价，并在截面数据相关分析的基础上，引入品牌形成率概念；外部因素聚焦品牌旅游景区形成与客源市场、人均收入、交通可达性单因素及综合因素关系分析，热点旅游城市在三大因素基础上增加了城市数量因素，并进行非线性阶乘回归方程检验，估计模型参数，建立形成系数方程，揭示外部综合因素与品牌旅游景区和热点旅游城市之间的动态联系。

(5) 品牌旅游景区和热点旅游城市相互作用及区域旅游发展模式。以陕西省品牌旅游景区（秦始皇兵马俑博物馆、华清池、大唐芙蓉园、华山、黄帝陵等）和陕西省 10 个地级城市为案例地，分析其成长差异、区域地位、形成机制、地域组合；在地域组合关系研究的基础上，结合 2010～2013 年时间序列数据，利用百度搜索指数，对陕西省 4A 级以上的旅游景区和十地市知名度进行剖析，探索旅游景区对城市旅游“名气”的贡献作用，并揭示陕西省十地市旅游景区贡献作用的差异导致旅游发展模式不同的现象。

二、研究创新点

(1) 百强旅游景区与百强旅游城市是全国接待游客量前 100 位的旅游景区或旅游城市，评选标准与国际企业评选标准接轨，具有市场经济化的典型特征。本书以全国 31 个省区市为样本，构建品牌旅游景区与热点旅游城市形成因素及控制论模型，结合内部因素与外部因素分析，提出形成率等概念，定量计算各个因素对旅游目的地品牌化的影响，建立多因素品牌形成系数方程，揭示区域形成率差异原因，并通过陕西省案例分析，为我国品牌旅游景区和热点旅游城市的形成提供了一种新思路、新方法。

(2)分析品牌旅游景区和热点旅游城市的地域组合关系。以全国为案例，提出四种数量匹配模式和等级规模匹配模式，揭示区域旅游竞争的关键：旅游业发展较强的省区市一般分布多个热点旅游城市，每个热点旅游城市对多个品牌旅游景区进行整合；相反，旅游业发展较弱的省区市分布的热点旅游城市数量较少，每个热点旅游城市对品牌旅游景区进行整合的数量也较少。在此基础上，以陕西省为典型案例，提出“景区提升城市，城市整合景区”的区域旅游发展模式。

(3)提出中国旅游地理枢纽。界定旅游地理枢纽概念，实践上寻求中国旅游地理枢纽，指导西部地区发现并形成区域次中心，形成旅游流由东部枢纽向西部次中心扩散，以品牌旅游景区为节点带动热点旅游城市发展，以热点旅游城市为枢纽带动区域发展的局面。

三、技术路线与研究方法

(一)技术路线

本书采用“调查梳理—成因探索—模型测度—互动作用”的思路，对品牌旅游景区和热点旅游城市进行论述，具体结构框架如图 1-1 所示。

(1)调查梳理：对已有的三届百强旅游景区和百强旅游城市进行文献梳理、数据收集、实地调查，比较分析历年二者客流量的位序变化。

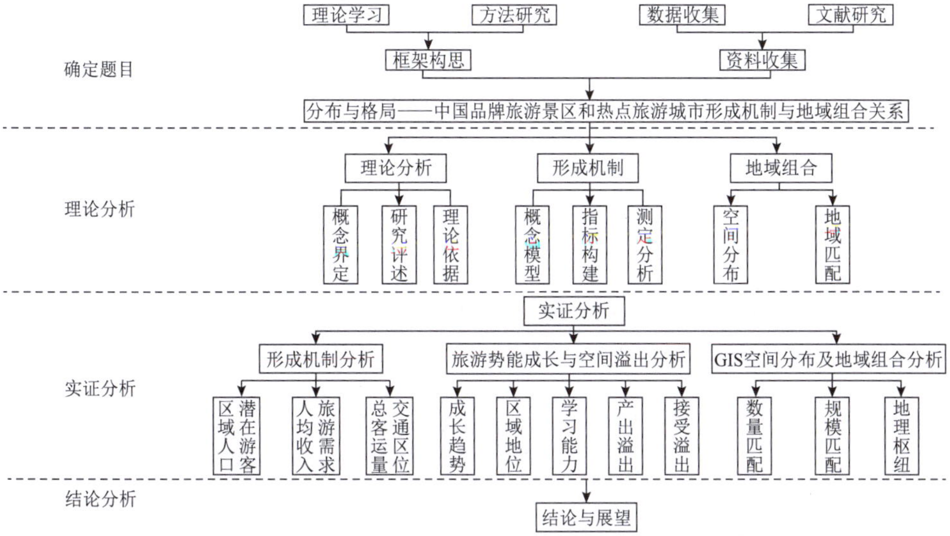

图 1-1 研究总体框架

(2)成因探索：探索陕西省品牌旅游景区和热点旅游城市的成长性，通过计算其旅游势能，比较品牌旅游景区之间、热点旅游城市之间的区域竞争力与空间溢出效应，认识品牌旅游景区和热点旅游城市的竞争优势。

(3)模型测度：提出理论假设，结合客源市场、人均收入、交通可达性等外部因素的变化，以及景区(城市)数量、景区(城市)所在区域的差异及资源禀赋特征等内部因素，构建品牌旅游景区、热点旅游城市形成机制及控制论模型，并以陕西省为典型案例，检验模型的有效性。

(4)互动作用：在“热点旅游城市整合品牌旅游景区，品牌旅游景区提升热点旅游城市”的视角下，分析陕西省品牌旅游景区和热点旅游城市组合匹配关系、知名度带动作用。

(二)研究方法

严格地讲，研究方法称为“研究方法体系”，按照其所控制的范围大小，从高到低、从抽象到具体依次可分为彼此不同但又相互联系的三个层次：①方法论，指处理问题的一般途径和程序，如实证主义、实用主义、规范主义等；②基本研究方法，指完成既定目标的具体做法，如文献法、调查法、观察法、实验法等；③具体的技术与工具，指完成既定目标使用的工具或程序，如统计分析、计量分析、运筹学、博弈论等。本书将动态地拟用以下研究方法(图 1-2)。

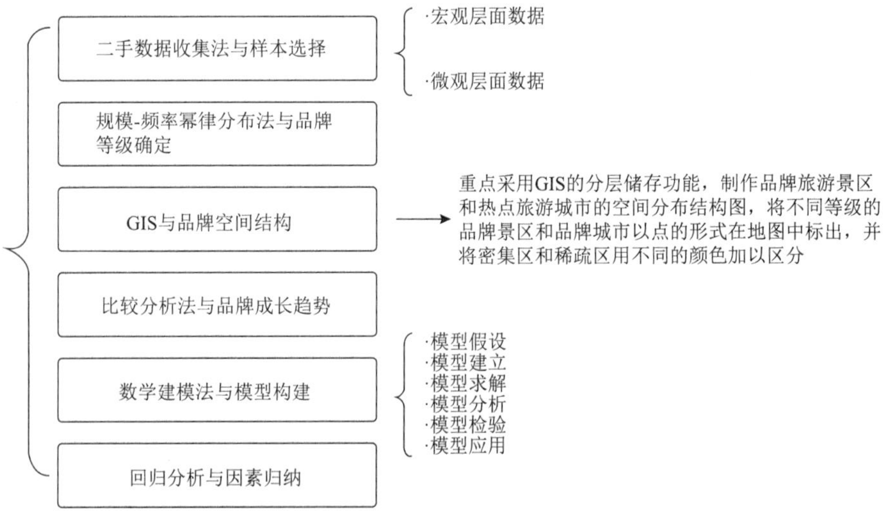

图 1-2 研究方法框架

1. 二手数据收集法与样本选择

相对于原始数据收集，二手数据是指从相关渠道收集已经生成的统计数据，优点是易获取，数据信息量大，时间成本和价格成本较低；缺点是可靠性低，更新较慢，相关性低。本书采用了大量的数据运算，包括：宏观层面数据，如全国31个省区市品牌旅游景区和热点旅游城市分布数量、年客流量的截面数据；微观层面数据，如陕西省4A、5A级旅游景区客流量，陕西省十地市的人口密度、人均GDP及航空、铁路、公路客运量的时间序列数据。

针对二手数据的缺点，本书的宏观层面数据是从国家权威机构获得的，如文化和旅游部、国家统计局、中国经济与社会发展统计数据库，微观层面数据是从陕西省文化和旅游厅、西安市文化和旅游局获得的。因此，数据具有真实可靠性、时效性；通过历时性和共时性分析，筛选样本所在地，对相关数据进行分析，发现陕西省景区客流量、城市客流量与人口密度、经济发展水平、交通可达性的相关性较大。

2. 规模-频率幂律分布法与品牌等级确定

幂律分布普遍存在于自然界和社会生活中，被大众熟知的“长尾理论”和“马太效应”就是幂律较常见的形式，是否具有线性关系是判断变量满足幂律分布的依据，规模-频率分布是幂律的一种表现形式，本书为了区别品牌旅游景区和热点旅游城市的规模等级，采用规模-频率幂律分布法区分二者的等级，即以百强旅游景区（百强旅游城市）排名次序的对数为自变量、客流量的对数为因变量，构建品牌旅游景区（热点旅游城市）双对数幂律分布图和幂函数关系式，依据双对数幂律分布划分品牌旅游景区和热点旅游城市的规模等级。

3. GIS与品牌空间结构

GIS 是一种特定而又十分重要的空间信息系统，它是以采集、储存、管理、分析和描述整个或部分地球表面与空间和地理分布有关的数据的空间信息系统。GIS 在旅游学中的应用主要有以下几个方面：①拓扑叠加功能，对旅游资源进行评价；②网络分析功能，对交通道路进行布局；③缓冲区分析功能，对旅游规划区域进行分析；④分层储存功能，对旅游专题地图进行制作。

本书重点采用GIS的分层储存功能，制作品牌旅游景区和热点旅游城市的空间分布结构图，将不同等级的品牌旅游景区和热点旅游城市以点的形式在地图中标出，并将密集区和稀疏区用不同的颜色加以区分，从地理空间上找寻二者的分布结构和聚集性特征。

4. 比较分析法与品牌成长趋势

比较分析法也称对比分析法，是把研究的对象进行对比分析，比较事物之间的共性与差异，以期总结事物的规律，认识事物的本质。本书将这一方法重点运用在关于陕西省品牌旅游景区和热点旅游城市的成长趋势分析上，通过景区之间、城市之间的成长趋势对比分析，对区域景区(城市)旅游地位进行排序。

5. 数学建模法与模型构建

数学建模指用数学模型方法解决实际问题，通过各种计算得出结论，用现实情况检验该结论。一般来说，数学建模有六大步骤：模型假设、模型建立、模型求解、模型分析、模型检验、模型应用。

本书谨遵数学建模的步骤，首先对品牌旅游景区(热点旅游城市)客流量、排名等数据进行分析，假设构建品牌旅游景区(热点旅游城市)形成机制及控制论模型；提出影响品牌形成的内部因素和外部因素，以及各个变量参数，着重分析构成外部因素的几大变量；利用回归方程分析单因素和综合因素对品牌旅游景区(热点旅游城市)形成率的影响，并建立综合因素形成系数方程；以陕西省的品牌旅游景区和城市为典型案例地，检验模型的有效性。

6. 回归分析与因素归纳

回归分析是定量确定两种及两种以上变量间关系的一种统计方法，按照自变量的数量，划分为一元回归与多元回归；按照因变量的数量，划分为自回归与多重回归；按照自变量与因变量之间的关系，划分为线性回归与非线性回归。本书涉及一元回归和线性回归分析的是：构建品牌旅游景区(热点旅游城市)形成机制模型中，人口密度、人均GDP、交通可达性等自变量与品牌形成率因变量的单因素分析；多元回归分析又分为加法模型(即各因素之间的影响相互独立)和阶乘模型(即各因素之间的影响共同作用)，在分析多因素综合作用时将运用阶乘多元回归方程；而非线性回归主要是分析品牌旅游景区和热点旅游城市的旅游势能。

第三节 国内外研究进展

一、国外研究现状

(一)品牌研究

品牌一词源于北欧文字 brandr，指加以“烙印”的意思，本意为牲畜主人用于标记与识别动物的方式。品牌是人们日益关注的话题，也一直是管理学研究的热点命题。随着全球经济一体化的加速，旅游目的地间的空间距离缩短，旅游者可选择的目的地数量不断增多，对一个旅游目的地来讲，当其品牌拥有一种独特而又鲜明的个性时，便可在诸多旅游目的地中脱颖而出，获得生存和发展机会。

品牌(brand)是名称、标记、符号或是上述元素的组合，用于识别一个销售商或销售商群体的商品和服务，并且使它们与其他竞争者的商品和服务区分开来，品牌的基本功能就是识别和区分。旅游目的地是一个明确的地理区域，景区和城市都能看成旅游目的地。Pike (2009) 认为早期的旅游目的地形象、宣传、口号都是属于旅游地品牌研究，只是没有明确化。

关于旅游目的地形象的研究较早，起步于 20 世纪 70 年代，对旅游目的地形象的研究可以促使管理者认识到当地旅游发展的优势与劣势，更好地经营和管理该旅游目的地，形成良性循环。有学者对 1973～2000 年关于旅游目的地形象研究的 142 篇论文进行了分析，发现以国家 (country) 为样本的最多 (56 篇)，以城市 (city) 和旅游景区 (resort) 为样本的分别有 26 篇和 23 篇；国家中研究最多的地区是北美地区 (North America)，而对南太平洋地区 (South Pacific) 的研究只有 5 篇；对旅游目的地形象研究的方法主要还是多特质模型 (multi-attribute models)。可见，国际上以城市和景区为研究对象的文章较少，主要是因为国家的旅游形象更鲜明，更容易进行比较；研究地区主要以发达国家所分布的北美地区和欧洲地区为主，原因是这些地区进行旅游理论的研究较早，实践上在寻求发展，理论有效地指导了实践；而针对亚洲尤其是南太平洋地区的研究较少，这些地区多分布新兴的旅游国家，旅游形象研究将会成为重点；定量的研究方法占了一半以上，虽然定量研究存在缺点，但是目前主流研究方法依旧是模型定量化。

“品牌”作为一种区分不同制造商产品的工具已有几个世纪，对于目的地品牌的研究则较晚，起步于 20 世纪 90 年代末，研究框架体系和研究路线尚未形成。旅游目的地品牌化可以指通过文字、标志、口号等识别和区分旅游目的地；巩固并强化旅游目的地和旅游者之间的情感联系；降低旅游者的搜索成本，降低风险。影响旅游目的地品牌形成的因素具有独特性和复杂性特点，而品牌化对旅游目的地的影响较大，增强了区域竞争力，强化了旅游者忠诚度，影响公众的认知和感知，激发本地居民的自豪感与归属感；品牌化对旅游者而言，能够最大限度地降低搜索成本、提升炫耀价值和附加值、塑造旅游经历等。

旅游目的地品牌构建的目标是将自身的旅游卖点与区域中其他竞争者进行区别，增强独特性，提升竞争力。并不是所有的旅游卖点都能够吸引旅游者，只有那些极具个性的品牌元素才能够影响旅游者的感知，从而影响其对旅游目的地的选择。旅游者的感知与体验往往成为旅游目的地品牌塑造的关键因素，以往的研究多是从管理者角度出发，分析旅游目的地品牌构建，而忽视了旅游者的感知与认知，造成盲目效仿及旅游目的地形象模糊。因此，旅游目的地品牌定位必须以客源市场需求为基础，实施有效的基于旅游者价值的定位战略。

旅游目的地品牌容易受外界因素的影响，Marrocu 和 Paci (2013) 通过 O-D 空间交叉模型、自回归模型等对意大利 107 个省份之间的旅游流进行研究，发现人均收入、区域可达性、资源吸引力成为吸引旅游者的首要因素，而距离和人口密度对旅游者选择旅游目的地会产生负面影响。以上研究充分说明品牌旅游目的地比一般旅游目的地具有较强的优势，国际上对品牌旅游目的地的研究越来越重视旅游者的感知。

（二）旅游目的地品牌化研究

“品牌化”（branding）更强调互动与演化的过程，是“一个涉及建立思维结构和帮助消费者建立起对产品或服务认知的过程”。20 世纪 90 年代，品牌化逐渐引入旅游行业，早期研究集中在探讨旅游产品和旅游业的品牌问题，包括酒店业、交通行业、汽车租赁业、旅游吸引物等。伴随着竞争的逐渐加剧，国际上一些知名旅游目的地，如西澳大利亚、新西兰、纽约、瑞士等，均开展了旅游目的地品牌化工作，从而提升目的地的竞争力。而关于旅游目的地品牌化的研究则始于 90 年代末，众多学者投身于这一主题的研究中，对旅游目的地品牌化进行了概念分析，认为品牌化是“一系列市场营销活动，通过创建名称、符号、标识、文字或图形标志等品牌元素，以区分和识别旅游目的地”。

“品牌化”更强调的是一个过程，其概念也源于营销领域，品牌化的产品包括有形产品（福特汽车）、服务（达美航空）、商店（沃尔玛）、人（沃伦·巴菲特）、地名（纽约市）、组织（美国汽车协会）、思想（自由贸易）等，然而，已有的品牌研究成果是否适用于旅游目的地品牌化研究尚未明确。

与其他行业相比，20 世纪 90 年代末开始对品牌化进行旅游研究，发展历程较短。随着西澳大利亚、纽约等国际旅游目的地开展品牌化活动以增强目的地的竞争力，Morgan、Ritchie、Blain 等开始对旅游目的地品牌化进行研究，早期有学者认为旅游目的地品牌化很难实现，如 Cross 利用比较方法，质疑旅游目的地能否像实物产品一样被“品牌化”，Foley 和 Fahy（2004）也认为品牌化在旅游产品与旅游目的地之间存在着明显的不同，旅游目的地并不被一般公众认为是一个品牌。然而，近年来的案例研究表明，旅游目的地可以被品牌化，如突尼斯和迪拜的案例表明，通过建立良好的声誉来创造竞争优势以便旅游目的地的营销推广；通过对澳门旅游业的研究发现，旅游者对旅游目的地的忠诚度更多受旅游目的地品牌而不是当地酒店品牌的影响；对美国佛罗里达州、新奥尔良、夏威夷、纽约等区域的研究表明，塑造涵盖众多要素的品牌具有可行性。

目的地品牌化源于区域品牌化理论，由于旅游目的地品牌化的独特性和复杂性，至今尚无公认的概念定义，国外对于旅游目的地品牌化概念性研究主要集中于：把品牌化作为品牌本体的构建，即强调品牌元素在品牌化中的作用，旅游目的地品牌化是选择一系列一致的要素组合，通过积极的形象建设去识别和区分旅游目的地；把品牌化作为一种传播沟通战略，强调旅游目的地品牌化是一种持续、集中的沟通战略，可以认为是为传递与特定目的地相联系的令人满意的独特旅游经历的预期。但上述概念研究都未体现品牌化的独特性与复杂性，Blain 等（2005）认为旅游目的地品牌化是一系列市场营销活动的集合，其支持创建能够确立旅游目的地的身份（identity）；巩固和强化旅游者和旅游目的地之间的情感联系；降低旅游者的搜寻成本和感知风险；树立对旅游者选择行为产生积极影响的旅游目的地形象。

与一般商品和服务品牌化相比，旅游目的地品牌化具有共性和特性。公司品牌化理论与目的地品牌化存在共性，两者都拥有复合的理论根源，都涉及多重利益相关者，都具有高度的无形性和复杂性，都需要考虑社会责任，都要管理复杂的品牌识别；而旅游目的地品牌由多重因素构成，利益关系更加分散，组织复杂性高，属于经验性的、享乐性的，公私合作，政府作用明显，产品具有季节性和不可移动性等。因此，将已有的品牌化原理应用于旅游目的地层面时应慎重考虑，若不考虑旅游目的地的特殊性，其品牌化工作也不会成功。

除了对于品牌化概念的研究，进入 21 世纪，目的地品牌化模型逐渐成为最活跃的研究主题之一。国外学者从三个角度对品牌化模型进行了分析，第一，基于旅游者认知视角的目的地品牌化模型。Cai（2002）率先将认知心理学中的扩散-激活理论运用到品牌化研究领域，引入品牌本体（brand identity）概念，并构建了基于扩散-激活理论的目的地品牌化模型，该模型认为目的地品牌化是以目的地“品牌识别”为中心的循环过程，它通过目的地品牌要素组合、目的地形象塑造、目的地品牌联想和目的地营销活动之间的动态联系引发的扩散-激活效应来实现目的地品牌的塑造；多位学者对 Cai（2002）的模型进行了拓展，Kavaratzis 和 Hatch（2013）提出了以构建品牌识别为核心的动态区域品牌化模型，该模型认为品牌识别是一个内外部利益相关者不断互动的过程，它包括表达、传播、监控和反思四个过程。第二，基于关系视角的目的地品牌化模型。由于品牌主体的多元性，多个学者认为品牌的塑造不应仅局限于旅游者的认知视角，Hankinson（2004）从利益相关者的视角构建了区域品牌化关系网络模型（relational network model），该模型认为品牌化的成功取决于品牌利益相关者的努力；Klijn 等（2012）的研究也发现利益相关者的参与能显著提升区域品牌化绩效。第三，基于整合视角的目的地品牌化模型。多数模型对品牌化过程中的关键要素和环节进行了研究，缺乏对品牌化要素整体性的分析，Hanna 和 Rowley（2013）整合了区域品牌化研究的不同视角，该模型涵盖了品牌化过程的 8 个关键构成要素：品牌评估、品牌基础设施关系与领导、品牌识别、品牌表达、品牌结构、品牌沟通、口碑和品牌体验，该模型表达了品牌化是一个互动与不断演化的过程；利益相关者管理和品牌基础设施建设对品牌化至关重要；品牌化的结果并不是品牌形象，而是品牌体验。

旅游目的地品牌化测量是品牌化过程中的最后环节，可以监测品牌的变化，发现品牌化过程中的主要问题。其主要集中于三种方法，第一种是对比旅游目的地品牌化之前和之后的旅游者到访率，旅游目的地品牌化产生积极效果的表现就是旅游者到访率提升，虽然这种方法只能对旅游目的地品牌化的成败做出定性判断，但其操作相对简单，因此经常被使用。第二种是对比旅游目的地品牌化工作开展前后旅游目的地品牌在旅游者心目中排名的变化。有学者认为这种方法更有效，如2005年拉斯维加斯旅游目的地品牌在美国消费者心目中排名第五位，通过实施旅游目的地品牌化策略，2007年排名上升至第二位。第三种是指数法，学者较倾向于使用品牌资产(brand equity)来测定品牌化绩效，在构成维度方面，品牌知名度、品牌形象、品牌感知质量和品牌忠诚四个经典的品牌资产的构成维度得到了推崇，学者也认为各维度之间不是平行的关系，而是存在先行后继的层级效应。Garcia 等(2012)认为，目的地品牌化绩效评估应将不同的利益相关者纳入评估模型，他们创新性地提出了目的地品牌化绩效评估的三角钻石成功指数(success index of triple-diamonds，SITD)，该指数首次将旅游者、居民和企业分别感知到的品牌意义、品牌知名度、品牌资产和品牌呈现四个方面的得分整合形成目的地品牌化绩效综合得分，揭示了不同的利益相关者关于旅游目的地品牌化绩效的不同评价，有助于目的地营销组织(DMO)进一步改善旅游目的地品牌化工作，以取得更多利益相关者的满意。

二、国内研究现状

(一)我国品牌旅游景区的发展阶段

我国旅游景区、景点的建设与更新都非常迅速，但对于品牌旅游景区理论的研究相对滞后。我国品牌旅游景区出现时间较晚，早期，不同部门基于行业指定标准将景区划分为不同类型，1956 年由林业部拟定草案建立鼎湖山自然保护区(张晓妮，2012)，1961 年国家文物局批准了 180 处全国重点文物保护单位(吴美萍，2006)，林业部于 20 世纪 80 年代推出国家森林公园(李世东和陈鑫峰，2007)，1982 年国务院审批了 44 处国家重点风景名胜区(梁明珠等，1999)，国土资源部在 1999 年提出建设国家地质公园(胡炜霞和吴成基，2007)，这些都可以称为旅游景区，但是旅游部门并没有对旅游景区做出相应的解释与分级。

直到 20 世纪 90 年代末，国家旅游局基于旅游者角度，出台了《旅游景区质量等级的划分与评定》，将景区按照质量等级由低至高划分为四个级别，吴必虎和唐子颖(2003)认为 A 级旅游景区的创建提升了景区综合质量和景区吸引力；2003年将这一标准进行了修订，并明确提出旅游景区的概念；2007 年，在 4A 级旅游景区的基础上新增了 66 家 5A 级旅游景区，5A 级旅游景区的评选从区位、资源和市场吸引力等众多因素考虑，更突出以旅游者为中心，强调以人为本。朱竑和陈晓亮(2008)评价 5A 级旅游景区更具有中国特色。

随着旅游市场化，旅游目的地的竞争更加激烈，基于旅游业绩，2010 年业界推出百强旅游景区，将全国年游客接待量超过130万人次的前100位旅游景区进行整理并排名，这种大规模旅游景区生命周期长，为旅游者提供的服务更多元化，区域带动效应更大。

（二）旅游景区空间结构研究

在旅游业中，景区与城市无疑是作为增长极带动了区域旅游的发展，关于旅游景区的研究，许多学者从不同角度和不同学科进行了分析。最主要的是从地理学科角度，探索旅游景区的空间分布结构和特征，样本主要选取A～5A级旅游景区，如吴必虎和唐子颖（2003）利用最近邻分析法等对首批187个4A级旅游景区（点）空间分布结构，以及与不同级别客源市场的空间关系进行了分析，发现4A级旅游景区呈集中分布，且大多数聚集在人口在20万以上的城市；马晓龙和杨新军（2004）利用统计分析方法分析了327个4A级旅游景区（点）的空间特征，发现其空间上呈凝聚型分布以及和城市发展水平呈现出较强的空间耦合关系；朱竑和陈晓亮（2008）分析了全国2286个A级旅游景区的空间分布结构，发现其与人口分布和地形地势有一定关联性；卞显红（2007）分析了长江三角洲地区4A级旅游景区的空间分布状态；毛小岗等（2011）利用GIS空间分析法对北京184个A级旅游景区空间结构进行了研究。

这些研究较全面地分析了我国旅游景区空间分布的问题，研究尺度从全国大尺度（朱竑和陈晓亮，2008）逐步趋向于省份中层尺度（袁俊等，2010；申怀飞等，2013；吴丽敏等，2013），研究方法涉及分形法（戴学军等，2010；杨国良等，2007）、GIS法（毛小岗等，2011；潘竟虎和李俊峰，2014；唐全华和郑国璋，2014）、数理统计法等（马晓龙和杨新军，2003；李振亭和王香玉，2014）。

（三）旅游城市空间结构研究

我国早期以热点旅游城市研究为主，关注入境旅游流的空间分布及其在各城市之间的转移；后期开展以优秀旅游城市为对象的旅游空间结构研究，如金波和吴小根（1999）以《中国旅游统计年鉴》为基础，总结出我国旅游城市空间分布体系为东密西疏，交通指向性明显，资源指向性明显，旅游城市聚集区正在逐渐形成；张蕾（2005）从宏观角度分析了182个中国优秀旅游城市体系的地域空间结构和等级规模结构；黎筱筱等（2006）研究了全国范围内不同等级、不同区域的182个中国优秀旅游城市的空间分布并从经济水平、城市体系、旅游资源分布三方面分析其分布差异的原因；陈家刚和李天元（2009）通过密度测定和经纬网内城市空间分布测定的方法对302个优秀旅游城市的空间分布进行了分析，得出东多西少、省际差异显著和集中趋势明显的空间分布特征；胡浩（2013）基于ArcGIS空间定位和分析法对全国、省级、地市尺度下的339个优秀旅游城市的空间分布与交通可达性进行了研究；王春豪和杨宏伟（2012）运用GIS空间分析与空间离散度对新疆 13 个优秀旅游城市空间布局特征进行了研究。可见旅游城市分布特征由“旅游城市聚集区正在逐渐形成”转向“集中趋势明显”。

(四)影响旅游景区形成因素分析

对高级别景区的研究一直是旅游学研究的热点，其中涉及旅游景区形成机制的研究有：李琦等(2008)分析了 A 级以上的旅游景点及区位可达性与入境旅游市场占有率的关系；李飞和何建民(2011)分析了 2001～2009 年 A 级旅游景区的地区差异性，认为区域交通对景区发展的影响比区域经济更大；吴必虎和肖金玉(2012)对中国历史文化村镇进行研究分析，发现其形成与历史时期的经济发展和地理文化因素有关，影响旅游景区发展的因素主要集中在人口、地形、经济发展、地理文化、区域交通及区域旅游产业规模等。以上研究较全面地分析了影响旅游景区形成的因素，影响景区形成的因素呈现多样化、复杂化。然而，对旅游景区的研究往往忽视了业绩因素，缺少模型化测度和深入内在的机制分析。

(五)影响旅游城市形成因素分析

旅游城市的研究一般是建立在城市化研究的基础上，目前对其形成机制的研究较少，研究对象主要是优秀旅游城市，如金丽和赵黎明(2007)提出了国际旅游城市的概念并分析了其形成动力机制，发现内在动力为区位、经济、政治、文化、资源优势等 7 大因素；彭华(1999)将不同区域旅游发展的动力划分为资源吸引型、经济吸引型、需求推动型和综合驱动型；除此之外，城市开放度、贸易状况、景点(区)的数量等都能影响旅游城市的形成。然而，优秀旅游城市的评价基于内部因素，往往造成城市之间旅游资源丰度和游客接待量的巨大差异，这种突出城市历史、文化等特征的评选已不能满足市场的需求。城市之间的旅游竞争力日益增强，不同级别城市的旅游优势及客源地也不尽相同。

(六)品牌旅游景区与热点旅游城市的组合研究

品牌旅游景区拥有更高的知名度、美誉度和认可度，增加了旅游者的忠诚度(曲颖和李天元，2010)，从而刺激到访率与重游率；品牌旅游景区具有符号作用，提升了所在城市的知名度，对目的地旅游形象的树立产生很强的影响(马秋芳和孙根年，2009)；品牌旅游景区成为旅游经济新的增长点，提升了区域旅游的核心竞争力，带动了区域经济发展，增加了社会就业率(牛亚菲等，2010)。热点旅游城市对入境旅游者的感知具有集群性；热点旅游城市的认知度较高，从而增加了客流量。经济的发展具有区域不平衡性，一些部门或产业通过自身的增长推动其他部门和产业的增长，最终推动区域经济发展。旅游景区与城市作为典型的增长极，带动了区域旅游的发展，但对其区域相互作用的研究较少，随着研究的深入，景区与城市空间匹配问题也逐渐被关注。

第二章　概念界定与理论基础

第一节　相关概念辨析

一、一般旅游景区、A 级旅游景区与百强旅游景区

一般旅游景区、A 级旅游景区、百强旅游景区之间的关系犹如金字塔(图 2-1)，金字塔底部的一般旅游景区是中国旅游业的家底，约有 6 万家，每处景点(区)年客流量不超过 3 万人次；在此基础上产生的 A 级旅游景区全国约有 7951 家，年客流量不少于 3 万人次；在 A 级旅游景区中级别最高的属于 5A 级旅游景区，全国有 249 家，规定年客流量不少于 60 万人次；百强旅游景区则位于金字塔顶端，是在 5A 级旅游景区的基础上产生的，每年全国只有 100 家旅游景区入选，年客流量在不断变化，2012 年入选门槛为 140 万人次。由此可见，根据客流量的大小，5A 级旅游景区和百强旅游景区属于品牌旅游景区，但是其品牌化程度和路径各不相同。

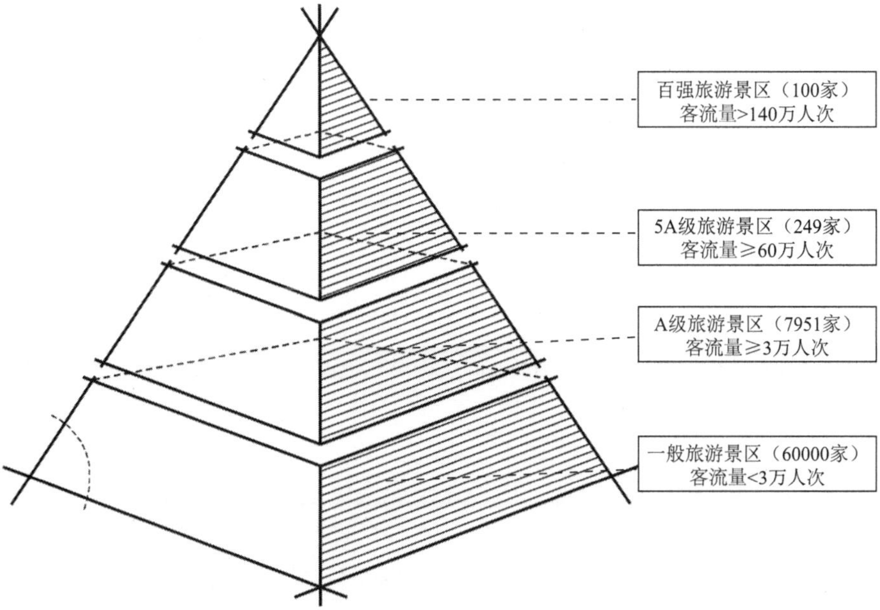

图 2-1　旅游景区金字塔图

（一）旅游景区

旅游景区的英文是 visitor attractions 或者 tourist attractions，是旅游系统的核心组成部分，在西方旅游业相对发达的国家，针对旅游景点的研究起始于 20 世纪五六十年代，迪士尼主题乐园的建立引发了业界对旅游景点地位和作用的重视。然而，对旅游景区进行系统的研究则始于 80 年代中后期，Gunn(1994)指出旅游功能系统由供给和需求两大板块构成，而旅游景点属于供给系统的重要构成成分之一，至此旅游景点的研究才得到了学界的认可。

美国学者 Gunn 认为旅游景区是独具特色的，可以是自然力量形成的，也可以是人类活动的结果，是形成旅游系统的核心要素；苏格兰旅游委员会基于旅游景区的功能，将旅游景区定义为一个长久的游览目的地，其主要目的是让公众得到消遣的机会，做感兴趣的事情，或受教育；英国学者 Swarbrooke(2001)强调了景区的区域特定性和可进入性，认为旅游景点是一个独立单位、专门场所、有明确界限的、范围较小的区域，交通便利，是吸引人们闲暇时间来做短时游览的区域；英国学者 Cooper(1981)基于景区的吸引内容，认为旅游景区可以由自然和人造两部分组成，自然部分包括景观、气候、植被、森林、野生动物等，人造部分包括历史、文化、人造主题公园等，气候因素首次被引入旅游景区范围；1998 年，英国学者 Middleton 从旅游市场学角度提出旅游景区是一个为旅游者提供游览、消遣、娱乐和受教育的，专门制定和专人经营管理的地点。由此可见，国外学者从不同角度出发对旅游景区进行了定义，涉及的内容有差异。

我国旅游景区建设初期，一直在借鉴自然保护区、国家森林公园、国家地质公园的概念，直到 2003 年国家旅游局才对旅游景区进行了定义，国内学者对旅游景区的定义如下。

目前，最具权威的是 2003 年国家质量监督检验检疫总局发布的《旅游区(点)质量等级的划分与评定》(GB/T 17775—2003)，将旅游景区定义为“具有参观游览、休闲度假、康乐健身等功能，具备相应旅游服务设施并提供相应旅游服务的独立管理区。该管理区应有统一的经营管理机构和明确的地域范围。包括风景区、文博院馆、寺庙观堂、旅游度假区、自然保护区、主题公园、森林公园、地质公园、游乐园、动物园、植物园及工业、农业、经贸、科教、军事、体育、文化艺术等各类旅游景区(点)”。除此之外，其他学者对旅游景区也进行了定义。王德刚(2005)将旅游景区定义为：以旅游资源或一定的景观、娱乐设施为主体，开展参观游览、娱乐休闲、康体健身、科学考察、文化教育等活动的一切场所和设施。张凌云(2004)将旅游景区定义为：以吸引旅游者为目的，根据旅游者接待情况进行管理，为旅游者提供一种快乐、愉悦和审美的体验并开发潜在市场需求、提供相应设施和服务，有明确范围边界和一定空间尺度的场所、设施或活动项目。

纵观国内外对旅游景区的定义，均强调了景区是：具有独立的管理机构（国家管理或企业管理），具有明确的空间范围（景点或景区），从供需方面提出产品，旅游服务设施是必不可少的要素，具有一定的存在目的和功能。

（二）A 级旅游景区

A 级旅游景区是我国特有的旅游景区，为了加强对旅游景区（点）的管理，提高旅游景区（点）服务质量，维护旅游景区（点）和旅游者的合法权益，促进我国旅游资源的开发、利用和环境保护，1999 年国家旅游局旅游景区（点）质量等级评定委员会基于旅游者角度对全国范围的旅游景区（点）进行了质量等级的划分与评定，并颁布《旅游区（点）质量等级的划分与评定》（GB/T 17775—1999），将旅游景区划分为 A、2A、3A 和 4A 四个级别，其中，4A 级旅游景区成为当时最高级别的旅游景区，代表了国内管理水平高、服务质量好、资源品位强、市场知名度大、影响范围广的景区。吴必虎和唐子颖（2003）认为 A 级旅游景区的创建提升了景区综合质量和景区吸引力。

根据三年的实施情况，2003 年国家质量监督检验检疫总局发布了《旅游区（点）质量等级的划分与评定》（GB/T 17775—2003），此标准代替了 GB/T 17775—1999，在新标准中明确了旅游景区（tourist attractions）、旅游资源（tourism resources）、游客中心（tourist center）等概念，并且在划分等级中新增加了 5A 级旅游景区。5A 级旅游景区创建的目的是促使政府通过加大投资力度来改善景区的硬件基础设施，通过强化管理来提升景区的软件服务水平，形成在国际上具有竞争力的一批旅游景区。2007 年，通过对旅游交通、游览、旅游安全、卫生、邮电服务、旅游购物、经营管理、资源和环境的保护、旅游资源吸引力、市场吸引力、客流量接待、旅游者满意度十二个方面的评定，在 671 家 4A 级旅游景区的基础上，筛选出 66 家 5A 级旅游景区。5A 级旅游景区与 4A 级旅游景区之间的差异不仅是年接待海内外客流量的不同，5A 级旅游景区的评选从区位、资源和市场吸引力等众多因素考虑，更加突出以旅游者为中心，强调以人为本。朱竑和陈晓亮（2008）评价 5A 级旅游景区更具有中国特色。

（三）百强旅游景区

百强旅游景区提出的背景是基于 2009 年国务院发布的《国务院关于加快发展旅游业的意见》（国发〔2009〕41 号），该意见对旅游业提出了全新的定位，要把“旅游业培育成国民经济的战略性支柱产业”。目的是对有影响力的旅游景区进行梳理排名，推出旅游界的“福布斯财富榜”，提高旅游景区的知名度和吸引力。

2010 年业界推出第一届中国旅游景区百强榜，基于年客流量，将年客流量超过 83 万人次的全国前 100 位旅游景区进行整理并排名，2011 年将入选门槛上升至 128 万人次，2012 年则上升至 140 万人次。百强旅游景区的推出是基于旅游市场化，纯粹以客流量为标准，反映了在市场经济主导下旅游者对不同景区的需求，如 2010 年排名前三的旅游景区是北京故宫、张家界武陵源和北京颐和园，说明旅游者的旅游需求集中在自然、历史等观光旅游上；而 2011 年排名前三的旅游景区是深圳华侨城旅游度假区、北京故宫、广州长隆旅游度假区，反映了这一年旅游者的旅游需求集中在休闲娱乐旅游上。

百强旅游景区与 5A 级旅游景区相比较：①5A 级旅游景区基于政府导向，具有“标准化”，百强旅游景区基于市场导向，具有“品牌化”；②5A 级旅游景区年客流量为 60 万人次，其中入境旅游者不少于 5 万人次，百强旅游景区对年客流量没有硬性规定，但从往年的榜单上看，一般不小于 100 万人次，客流量规模大于 5A 级旅游景区；③截至 2014 年年底，全国 5A 级旅游景区有 186 家，今后数量还会有所增长，而百强旅游景区只有 100 家，数量上小于 5A 级旅游景区。通过以上分析可以发现，5A 级旅游景区是政府推出的产品，是在原有 4A 级旅游景区基础上推出的，今后是否出现新的标准，是否还有 6A 级旅游景区都不得而知；而百强旅游景区是市场经济下的产物，这种旅游景区规模和客流量较大，生命周期长，管理体制发生了变迁，资本投入更多，新的高端旅游产品不断被开发，其形成机制与一般旅游景区不同，因此对品牌旅游景区的研究基于百强旅游景区。

二、一般城市、优秀旅游城市和百强旅游城市

一般城市、优秀旅游城市、百强旅游城市的关系也犹如金字塔(图 2-2)，

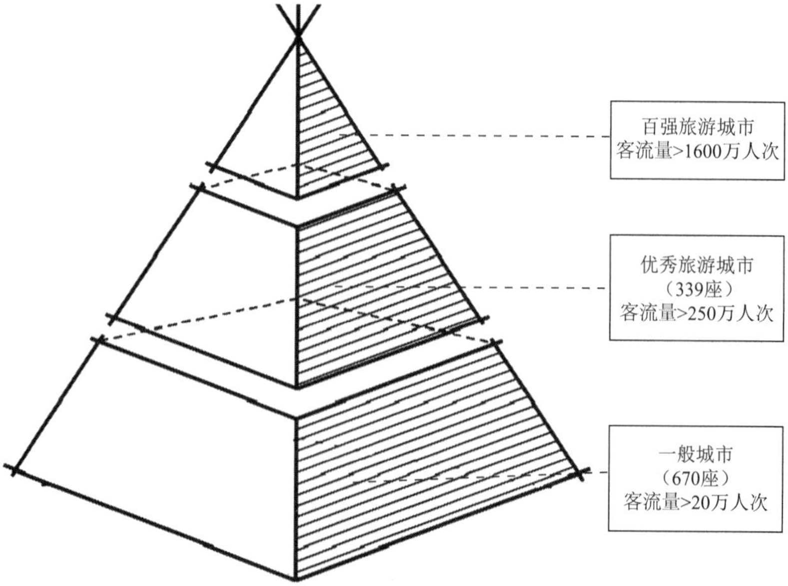

图 2-2 一般城市、优秀旅游城市与百强旅游城市金字塔图

位于金字塔底部的一般城市全国有670座，是中国社会空间联系网络节点，每座城市年客流量超过20万人次；在此基础上产生的优秀旅游城市全国有339座，是中国旅游的网络节点，年客流量超过250万人次；百强旅游城市则位于金字塔顶端，是在优秀旅游城市的基础上产生的，每年全国只有100座旅游城市入选，年客流量超过1600万人次且在不断变化，2012年入选门槛为2105万人次。

（一）一般城市

在后现代社会中，城市中被规模化、标准化工业驱动的经济因素已经减弱，消费经济社会中，城市以及城市所代表的文化可以看成生产并进行交换的产品，城市在竞争中获取资源才能得到发展，而旅游业成为城市在竞争中胜出的重要标准。

国际上，旅游城市在20世纪70年代趋于成熟，是建立在享受和消费基础上的一种城市形式，如美国的赌城拉斯维加斯，澳大利亚的冲浪天堂黄金海岸和阳光海岸等。我国的旅游城市出现较晚，改革开放以后，我国的入境旅游人数仅有181万人次，国际旅游外汇收入2.6亿美元，这时的旅游者倾向于游览著名的景区（点），区域经济的落后导致城市不被重视，更没有对于旅游城市的相关研究。

20世纪90年代，我国国内旅游逐渐起步，客流量达到2.8亿人次，并且入境旅游人数增长到2746.2万人次，外汇收入增长到22亿美元。我国的旅游城市兴起，但主要限于北京、上海、广州、深圳等具有政治地位、经济地位、交通枢纽作用的城市，其他区域旅游城市虽然已经出现，但客流量和旅游收入相对较小，如1990年桂林的入境客流量为48.5万人次，仅是广州的四分之一。在这一阶段里，有学者开始关注旅游城市的发展，最早是1997年，邓卫归纳出旅游城市是具有良好的旅游资源、旅游业发达、在国内或国外的旅游市场中占有重要地位的城市，以上三者缺一不可，否则不能称其为旅游城市；1999年，金波和吴小根将旅游城市定义为以旅游业为其重要职能的城市，即旅游业在该城市的经济及社会生活中具有重要的地位和作用，主要表现在旅游业在该城市的产业结构中占有相当大的比例，所接待的旅游者数量达到相当大的规模。

21世纪初期，由于我国带薪节假日的增多和人均可支配收入的提高，国内旅游业发展迅速，出现入境游与国内游并存的现象。这期间，学界对旅游城市的研究进入顶峰。翟辅东（2001）认为旅游城市是旅游资源丰富，有一定接待旅游者的城市基础设施，在区域旅游市场上形象比较鲜明，特别是旅游经济所占比例高于普通城市的城市；保继刚和古诗韵（2002）认为旅游城市是指在城市经济中要素投入(如劳动力和资金等)不断向旅游部门集中，旅游部门的产出在城市经济中占有较大比例的城市；潘建民(2004)认为旅游城市就是将城市按照城市性质分类的结果，城市的性质是指城市在一定时期内所存在的相对稳定的规定性，是此城市区别于彼城市的主要内在根据。这一时期“经济”依旧是定义旅游城市的重点。

2003 年非典和 2008 年美国次贷危机对我国入境旅游业打击较大，但是通过统计发现，我国国内旅游业抗周期性效果明显，受危机事件的影响较小，因此我国旅游业的发展逐步以国内旅游为主，旅游城市的发展进入鼎盛时期。学界这时对旅游城市的概念又有所不同。李伟(2005)总结出旅游城市是经济比较发达、综合环境优美、旅游资源丰富、设施完善配套且旅游业为其重要城市职能的城市；李娜(2006)认为旅游城市是指旅游资源丰富、旅游基础设施完善、城市环境优美、旅游产业发达且在城市产业结构中占有重要地位的城市。王旭科和冯书春(2009)提出传统旅游城市的概念，即旅游业发展历史悠久，伴随着改革开放和大量国外旅游者的入境，20 世纪 80 年代中期之后旅游城市形态就初步建立，拥有在国内外具有高知名度的旅游景区，旅游业在城市产业中地位显著的城市。旅游资源成为定义旅游城市的核心要素。

(二)优秀旅游城市

通过上述对旅游城市定义的梳理，可以发现，旅游城市多是定性描述，没有公认、定量的定义。1998 年，国家旅游局为了促进城市旅游业的发展，带动区域旅游的发展，颁布了《中国优秀旅游城市检查标准(试行)》和《中国优秀旅游城市验收办法》，1999 年第一批 54 个优秀旅游城市出炉，然而我国城市建设在软硬件方面有所欠缺，导致 54 个旅游城市存在许多需要改善的地方，如城市旅游吸引的综合特征、城市旅游动力的多样性、城市旅游的一体化都存在欠缺。

2007 年，国家旅游局颁布了修订后的《创建中国优秀旅游城市工作管理暂行办法》和《中国优秀旅游城市检查标准》。其中，在《中国优秀旅游城市检查标准》中，从旅游经济发展水平、旅游产业定位与规模、旅游业政策支持和资金投入、旅游业发展的机制、旅游业的管理体系、旅游行业精神文明建设、生态自然环境、现代旅游功能、旅游教育培训、城市旅游交通、旅游景区的开发与管理、旅游促销与产品开发、旅游住宿、旅行社、旅游餐饮、旅游购物、旅游文化娱乐、旅游厕所、旅游市场秩序、旅游安全与保险 20 个方面对优秀旅游城市做出了标准要求。截至 2010 年年末，共有 339 座城市分 9 批通过了优秀旅游城市的验收(表 2-1)。

表 2-1　中国优秀旅游城市目录

省区市	城市	批次	年份	省区市	城市	批次	年份	省区市	城市	批次	年份
北京	北京	1	1998	浙江	奉化	6	2005	湖南	郴州	4	2003
天津	天津	1	1998	浙江	台州	7	2006	湖南	资兴	5	2004
河北	秦皇岛	1	1998	浙江	江山	7	2006	湖南	浏阳	6	2005
河北	承德	1	1998	浙江	余姚	8	2007	湖南	株洲	7	2006
河北	石家庄	2	2000	浙江	义乌	8	2007	湖南	湘潭	8	2007
河北	涿州	3	2001	浙江	乐清	8	2007	湖南	益阳	9	2009
河北	廊坊	4	2003	浙江	丽水	9	2009	湖南	娄底	9	2009
河北	保定	4	2003	安徽	黄山	1	1998	广东	深圳	1	1998
河北	邯郸	5	2004	安徽	合肥	1	1998	广东	广州	1	1998
河北	武安	7	2006	安徽	亳州	1	1998	广东	珠海	1	1998
河北	遵化	8	2007	安徽	马鞍山	2	2000	广东	肇庆	1	1998
河北	唐山	8	2007	安徽	安庆	2	2000	广东	中山	2	2000
山西	太原	2	2000	安徽	芜湖	2	2000	广东	佛山	2	2000
山西	大同	2	2000	安徽	池州	7	2006	广东	江门	2	2000
山西	永济	4	2003	安徽	铜陵	7	2006	广东	汕头	2	2000
山西	晋城	6	2005	安徽	宣城	9	2009	广东	惠州	2	2000
山西	长治	9	2009	安徽	淮南	9	2009	广东	南海	2	2000
内蒙古	包头	2	2000	福建	厦门	1	1998	广东	韶关	3	2001
内蒙古	锡林浩特	2	2000	福建	武夷山	1	1998	广东	清远	3	2001
内蒙古	呼和浩特	4	2003	福建	福州	2	2000	广东	阳江	3	2001
内蒙古	呼伦贝尔	4	2003	福建	泉州	2	2000	广东	东莞	4	2003
内蒙古	满洲里	4	2003	福建	永安	2	2000	广东	潮州	4	2003
内蒙古	扎兰屯	4	2003	福建	三明	3	2001	广东	湛江	4	2003
内蒙古	赤峰	5	2004	福建	漳州	4	2003	广东	河源	4	2003
内蒙古	阿尔山	5	2004	福建	长乐	9	2009	广东	开平	4	2003
内蒙古	霍林郭勒	6	2005	江西	井冈山	1	1998	广东	梅州	6	2005
内蒙古	通辽	8	2007	江西	南昌	2	2000	广东	茂名	6	2005
内蒙古	鄂尔多斯	8	2007	江西	九江	3	2001	广东	阳春	9	2009

续表

省区市	城市	批次	年份	省区市	城市	批次	年份	省区市	城市	批次	年份
辽宁	大连	1	1998	江西	赣州	4	2003	广西	桂林	1	1998
辽宁	沈阳	1	1998	江西	鹰潭	6	2005	广西	南宁	1	1998
辽宁	丹东	2	2000	江西	景德镇	6	2005	广西	北海	1	1998
辽宁	鞍山	2	2000	江西	上饶	7	2006	广西	柳州	2	2000
辽宁	抚顺	2	2000	江西	宜春	8	2007	广西	玉林	2	2000
辽宁	本溪	2	2000	江西	吉安	8	2007	广西	梧州	3	2001
辽宁	锦州	3	2001	山东	青岛	1	1998	广西	桂平	5	2004
辽宁	葫芦岛	4	2003	山东	济南	1	1998	广西	钦州	8	2007
辽宁	辽阳	5	2004	山东	威海	1	1998	广西	百色	8	2007
辽宁	兴城	5	2004	山东	烟台	1	1998	广西	贺州	8	2007
辽宁	铁岭	6	2005	山东	泰安	1	1998	广西	凭祥	8	2007
辽宁	盘锦	6	2005	山东	曲阜	1	1998	广西	宜州	8	2007
辽宁	朝阳	7	2006	山东	蓬莱	2	2000	海南	海口	1	1998
辽宁	营口	7	2006	山东	文登	2	2000	海南	三亚	1	1998
辽宁	阜新	8	2007	山东	荣城	2	2000	海南	琼山	2	2000
辽宁	庄河	8	2007	山东	胶南	2	2000	海南	儋州	2	2000
辽宁	开原	9	2009	山东	淄博	3	2001	海南	琼海	4	2003
辽宁	凤城	9	2009	山东	青州	3	2001	重庆	重庆	2	2000
吉林	长春	1	1998	山东	潍坊	4	2003	四川	成都	1	1998
吉林	吉林	2	2000	山东	聊城	4	2003	四川	峨眉山	1	1998
吉林	蛟河	5	2004	山东	日照	4	2003	四川	都江堰	1	1998
吉林	集安	5	2004	山东	乳山	4	2003	四川	乐山	2	2000
吉林	延吉	8	2007	山东	临沂	5	2004	四川	崇州	2	2000
吉林	敦化	8	2007	山东	济宁	5	2004	四川	绵阳	4	2003
吉林	桦甸	9	2009	山东	邹城	6	2005	四川	广安	4	2003
黑龙江	哈尔滨	1	1998	山东	寿光	6	2005	四川	自贡	4	2003
黑龙江	牡丹江	2	2000	山东	海阳	7	2006	四川	阆中	5	2004
黑龙江	伊春	2	2000	山东	龙口	7	2006	四川	宜宾	6	2005
黑龙江	大庆	2	2000	山东	章丘	7	2006	四川	泸州	6	2005

续表

省区市	城市	批次	年份	省区市	城市	批次	年份	省区市	城市	批次	年份
黑龙江	阿城	2	2000	山东	莱芜	8	2007	四川	攀枝花	6	2005
黑龙江	绥芬河	2	2000	山东	德州	8	2007	四川	雅安	6	2005
黑龙江	齐齐哈尔	4	2003	山东	新泰	8	2007	四川	江油	6	2005
黑龙江	铁力	5	2004	山东	诸城	8	2007	四川	南充	7	2006
黑龙江	虎林	6	2005	山东	即墨	8	2007	四川	西昌	7	2006
黑龙江	黑河	9	2009	山东	栖霞	8	2007	四川	华蓥	7	2006
黑龙江	海林	9	2009	山东	枣庄	9	2009	四川	邛崃	7	2006
上海	上海	1	1998	山东	菏泽	9	2009	四川	德阳	8	2007
江苏	南京	1	1998	山东	滨州	9	2009	四川	广元	8	2007
江苏	无锡	1	1998	山东	东营	9	2009	四川	遂宁	8	2007
江苏	扬州	1	1998	山东	莱州	9	2009	贵州	贵阳	2	2000
江苏	苏州	1	1998	山东	招远	9	2009	贵州	都匀	3	2001
江苏	镇江	1	1998	河南	郑州	1	1998	贵州	凯里	5	2004
江苏	徐州	2	2000	河南	开封	2	2000	贵州	遵义	6	2005
江苏	昆山	2	2000	河南	濮阳	2	2000	贵州	安顺	8	2007
江苏	江阴	2	2000	河南	济源	2	2000	贵州	赤水	8	2007
江苏	吴江	2	2000	河南	登封	2	2000	贵州	兴义	9	2009
江苏	宜兴	2	2000	河南	洛阳	3	2001	云南	昆明	1	1998
江苏	常熟	2	2000	河南	三门峡	4	2003	云南	景洪	1	1998
江苏	句容	2	2000	河南	安阳	4	2003	云南	大理	1	1998
江苏	吴县	2	2000	河南	焦作	4	2003	云南	瑞丽	1	1998
江苏	常州	3	2001	河南	鹤壁	4	2003	云南	芒市	5	2004
江苏	南通	4	2003	河南	灵宝	4	2003	云南	丽江	6	2005
江苏	连云港	4	2003	河南	新郑	4	2003	云南	保山	9	2009
江苏	溧阳	5	2004	河南	许昌	5	2004	西藏	拉萨	2	2000
江苏	淮安	6	2005	河南	新乡	6	2005	陕西	西安	1	1998
江苏	盐城	6	2005	河南	商丘	6	2005	陕西	咸阳	1	1998
江苏	张家港	6	2005	河南	南阳	6	2005	陕西	宝鸡	2	2000
江苏	太仓	6	2005	河南	禹州	6	2005	陕西	延安	4	2003

续表

省区市	城市	批次	年份	省区市	城市	批次	年份	省区市	城市	批次	年份
江苏	如皋	6	2005	河南	长葛	6	2005	陕西	韩城	7	2006
江苏	金坛	7	2006	河南	舞钢	6	2005	陕西	汉中	8	2007
江苏	东台	7	2006	河南	平顶山	7	2006	甘肃	敦煌	1	1998
江苏	邳州	8	2007	河南	信阳	8	2007	甘肃	嘉峪关	2	2000
江苏	泰州	8	2007	河南	漯河	9	2009	甘肃	天水	4	2003
江苏	宿迁	9	2009	河南	驻马店	9	2009	甘肃	兰州	5	2004
江苏	大丰	9	2009	河南	周口	9	2009	甘肃	张掖	6	2005
浙江	杭州	1	1998	河南	沁阳	9	2009	甘肃	武威	6	2005
浙江	宁波	1	1998	河南	巩义	9	2009	甘肃	酒泉	7	2006
浙江	绍兴	1	1998	河南	汝州	9	2009	甘肃	平凉	7	2006
浙江	金华	2	2000	湖北	武汉	2	2000	甘肃	合作	9	2009
浙江	临安	2	2000	湖北	宜昌	2	2000	青海	格尔木	4	2003
浙江	诸暨	2	2000	湖北	荆州	2	2000	青海	西宁	5	2004
浙江	建德	2	2000	湖北	十堰	2	2000	宁夏	银川	2	2000
浙江	温州	3	2001	湖北	钟祥	2	2000	新疆	吐鲁番	1	1998
浙江	东阳	3	2001	湖北	襄阳	4	2003	新疆	库尔勒	1	1998
浙江	桐乡	3	2001	湖北	荆门	4	2003	新疆	乌鲁木齐	2	2000
浙江	湖州	4	2003	湖北	鄂州	4	2003	新疆	喀什	4	2003
浙江	嘉兴	4	2003	湖北	赤壁	4	2003	新疆	克拉玛依	5	2004
浙江	临海	4	2003	湖北	孝感	9	2009	新疆	哈密	5	2004
浙江	温岭	4	2003	湖北	恩施	9	2009	新疆	阿克苏	6	2005
浙江	富阳	5	2004	湖北	利川	9	2009	新疆	伊宁	6	2005
浙江	海宁	5	2004	湖南	长沙	1	1998	新疆	阿勒泰	6	2005
浙江	衢州	6	2005	湖南	岳阳	1	1998	新疆	昌吉	7	2006
浙江	舟山	6	2005	湖南	韶山	1	1998	新疆	博乐	7	2006
浙江	瑞安	6	2005	湖南	常德	2	2000	新疆	阜康	8	2007
浙江	兰溪	6	2005	湖南	张家界	2	2000	新疆	石河子	6	2005

(三)百强旅游城市

同样，百强旅游城市提出背景是基于2009年国务院发布的《国务院关于加快发展旅游业的意见》(国发〔2009〕41号)，该意见对旅游业提出了全新的定位，要把“旅游业培育成国民经济的战略性支柱产业”。目的是对有影响力的旅游城市进行梳理排名，推出旅游界的“福布斯财富榜”，提高旅游城市的知名度和吸引力。

百强旅游城市于2011年推出，晚于百强旅游景区，是基于年客流量，将年客流量超过1600万人次的全国前100位旅游城市进行整理并排名，2011年最低入选门槛为1604万人次，2012年上升至2105万人次。百强旅游城市的推出是基于旅游市场化，纯粹以年客流量为标准，反映了在市场经济主导下旅游者对不同旅游城市的需求。

百强旅游城市与优秀旅游城市相比较：①优秀旅游城市基于政府导向，具有“标准化”；百强旅游城市基于市场导向，具有“品牌化”。②优秀旅游城市规定包含5个以上年客流量不低于50万人次的旅游景区，包含至少5个4A级旅游景区，以及年客流量10万人次以上的旅游度假区；百强旅游城市对游客接待量没有硬性规定，但从往年的榜单上看，一般不小于1600万人次，规模上大于优秀旅游城市。③截至2014年年底，优秀旅游城市有339座，占我国城市总数的一半多，今后数量还会有所增长；而百强旅游城市历年只有100座，数量上小于优秀旅游城市。通过以上分析可以发现，优秀旅游城市是政府推出的产品，数量庞大，增速较快，没有促进旅游业在全国各地的均衡发展，加剧了急功近利；而百强旅游城市是市场经济下的产物，是大规模客流量的集合，这种被评选出的旅游城市的旅游收入占当地GDP的比例更大，资本投入更多，市场被细分为多个层面，其形成机制与客流量小的旅游城市有较大的差异，因此对热点旅游城市的研究基于百强旅游城市。

三、品牌旅游景区与热点旅游城市地域组合

景区与城市在空间中是不同范围的点，一般说来，城市是包含其他旅游目的地的终极旅游目的地，旅游景区大多分布于城市中或周边范围，然而，随着交通方式的骤变，大量的高品质、远离城市的旅游景区也被公众熟知，这些旅游景区多数位于我国西部地区，景区的品位较高，但开发利用度不够。从旅游者角度出发，旅游者的流动使得孤立、分散的旅游目的地发生旅游关联和空间的相互作用，将旅游城市当成网络中的大节点，旅游景区作为小节点，旅游者在城市与景区之间的旅游流动作为网络连线，那么旅游者在多个城市、景点之间的旅游流联系就构成了旅游空间网络结构。

在本书中，品牌旅游景区与热点旅游城市的地域组合关系指不同性质或级别的客体在地域空间上的相互联系和组合，组成高级地理综合体的现象，即高级别旅游

景区（点）与旅游城市（区）的地域组合现象。良好的地域组合关系往往投入较少的资金、设备、劳动力，取得较大的经济效益，并为旅游资源的尽快开发提供可能，弱势旅游目的地能够更好地依附核心旅游目的地，发挥 1+1>2 的效应；不良的地域组合，需投入较多的人力、物力和财力，最终开发效果缺乏吸引力。

百强旅游景区和百强旅游城市均是基于全国年客流量的排名，反映了新时期旅游者的旅游需求变化，普遍具有强有力的知名度与吸引力，旅游者到访率和重游率也较高，学术界已经有对百强旅游景区或百强旅游城市的研究。

整体上，目前对百强旅游景区与百强旅游城市的组合研究较少，区域旅游发展初期，由于城市旅游服务设施建设不到位，以及旅游景区主要以粗放型为主，区域旅游多数是一个旅游景区依托一个城市的“一对一”发展模式；随着经济发展水平的提高，各个旅游城市完善了其硬件和软件的更新程度，旅游景区也逐步由粗放型转向精品型，区域旅游开始一个城市分布多个旅游景区，或者由于旅游景区的级别较高而产生多个城市为其服务的现象，该阶段旅游发展模式为“一对多”或“多对一”。上述两个模式在我国普遍存在，但是在我国经济与旅游高度发展的地区，如长江三角洲地区，旅游城市的规模大小不同，分工明确，且品牌旅游景区分布数量较多，形成了多个城市与多个景区互相匹配的“多对多”模式，旅游空间网络已经形成。

我国总体上的空间网络结构并不好，尤其是西部地区并没有形成像长江三角洲地区城市与景区的“多对多”模式，百强旅游景区与百强旅游城市分别代表了品牌旅游景区和热点旅游城市，是优中择优的挑选结果，对二者匹配关系的研究能够促进旅游空间网络的形成，一方面，增强旅游者对区域旅游形象的认知与感知；另一方面，优化旅游资源配置，以“城市整合景区，景区提升城市”为发展目标，合理形成网络节点，促进旅游流的健康流动。

第二节 理论基础

本书主要以品牌理论、增长极理论、区位理论和空间错位理论为基础，具体如下。

一、品牌理论

“品牌”最早出现于 19 世纪 70 年代，主要在广告行业里应用，当 1931 年宝洁公司提出建立品牌系统时，品牌开始被重视，才成为提高企业竞争力的核心要素。20 世纪 50 年代，西方学者开始对品牌进行研究，并产生了一系列的理论，并指出品牌是“具有区分作用的名称和符号，目标是用于识别某一卖者或者集团卖者的产品或服务，并使这些产品或服务区别于竞争者提供的同类产品”。因此，早期品牌的基本功能就是识别和区分。

在现实世界中，人们倾向于购买品牌商品，因为品牌商品具有可靠性，降低了选择风险，然而，随着科技的进步，品牌商品与非品牌商品在功能上的区别相差无几，消费者的购买动机由品牌所代表的形象、信誉和象征等因素主导。例如，选择网络交易平台时，多数人会选择淘宝而不是其他商家，虽然它们在交易商品上的差别不大，但是多数消费者还是会选择淘宝，就是因为淘宝已经打响了自己的品牌，在人们心中形成了独特的不可替代的形象。同样，旅游者对于旅游目的地选择的思维方式与淘宝是相同的，知名度大、形象良好的旅游目的地总是成为旅游者的首选，品牌效应得到最大化发展。

进入体验经济时代，品牌在满足旅游者情感、文化、价值需求上发挥着越来越重要的作用，品牌的内涵与外延也在不断扩大，包括有形要素与无形要素的参与，因此品牌不仅仅是一种识别和区分其他类的商标，从文化或心理学角度来讲，品牌是一种口碑、一种品味和格调，今后旅游业的竞争将会以旅游目的地品牌竞争为重点。品牌对旅游目的地的影响主要是促进旅游者的实际购买，旅游目的是能够产生持久的美誉度、知名度、认可度，从而增加旅游目的地品牌的忠诚度，即增加旅游者的重游率、人均旅游花费及良好的口碑，旅游者对品牌旅游目的地的选择能够减少选择的风险性；而对旅游目的地的经营者和管理者来说，品牌能够提升自身的市场地位和竞争力，品牌良好的形象增加了旅游目的地的旅游收入。

该理论主要指导本书的第三章《中国品牌旅游景区形成机制及形成系数方程》，以及第四章《中国热点旅游城市社会经济影响因素及形成模型》，主要应用有品牌的专有性、识别性、无形性和价值性。

二、增长极理论

增长极理论（Growth Pole Theory）是由法国经济学家佩鲁于1950年提出，指经济增长并不是在每个区域以相同的速度增加，在某一时期增长点集中于主导经济部门和有创新能力的行业，这些部门往往聚集在最佳的区位，通常是区域里的城市。因此，这些城市成为区域经济的增长极，并通过扩散效应带动所辐射地区的经济发展。

增长极对扶持旅游业发展提供了理论上的依据，首先，旅游业作为区域的经济增长点，通过集聚和扩散作用推广旅游业的带动关联效应；其次，区域旅游业的发展可以通过优先发展某一区域的旅游业来带动周边发展。增长极理论最早运用在旅游业中的有陆大道（1995）提出的点轴结构，点是各个旅游目的地，对区域发展具有带动作用，轴是连接旅游目的地之间的旅游通道，即交通干线。

随着经济发展到一定阶段，区域中旅游流动不再依靠单纯的点轴结构模式，而是进一步衍生为旅游网络结构模式，即各个旅游目的地形成增长极，旅游交通形成增长轴，二者的影响范围不断扩大，在大范围空间中形成旅游流动网。本书主要利用增长极理论解释陕西省品牌旅游景区与旅游城市的地域组合关系，景区与城市作为增长极，二者之间的交通线路形成增长轴，多个景区与多个城市之间构成旅游网络。

三、区位理论

区位理论(Theory of Location)产生于18世纪末资本主义工业革命以后，经济得到了迅速的发展，社会生产力大幅提高，区位理论实际是通过科学合理的布局以最小的投入获得最大的产出，是一种经济学现象。最具有影响力的区位理论主要有五种：杜能区位论、韦伯区位论、克里斯泰勒中心地理论、帕兰德区位论、廖什区位论。19世纪20年代，资本主义社会发展到垄断阶段时期，1826年，杜能研究了农业生产的空间布局模式，提出了以城市为中心环绕的六大圈层，即著名的杜能圈。20世纪，随着资本的发展，对于区位论研究的重点从生产布局转变为市场布局，1909年，韦伯在《工业区位理论：论工业区位》中对工业布局进行了研究；1933年，克里斯泰勒在探讨城市发展时指出，高级中心地数量少，服务市场辐射范围广，提供的产品种类较多，而低级中心地数量多，服务市场辐射范围小，商品种类单一，另有一些中心地位于二者之间；20世纪中期，帕兰德和廖什提出市场区位论，分析了企业获取最大利润时的区位与市场区位体系。第二次世界大战后，各国经济得到恢复，科学技术革命出现，资本的生产经历了前所未有的集约化和联合化，这一期间大量的经济计量学方法得到运用，区位论的研究涉及数学模型，典型代表有美国经济学家艾萨德的《区域投入产出研究》。

在旅游业中，区位论的适用性还有待检验，王瑛和王铮(2000)通过分析旅游资源的分散性和不可移动性、旅游资源的不同质性和对个人兴趣偏好的差异性，认为旅游产品具有综合性，可供群体分享，并认为可以自由运输工业资源的韦伯区位论、同质企业竞争性的帕兰德区位论、立足于企业利润的廖什区位论不适合解释旅游业区位。

本书所运用的区位理论主要基于克里斯泰勒中心地理论，借用中心地理论基本概念，结合旅游业的特点，对旅游中心地的基本概念是“中心吸引物(狭义产品)是指在少数的地点(中心地)生产、供给，而由多数的客源市场进行消费的商品”。一般来说，中心吸引物如旅游景区、旅游城市、度假村等布局在旅游者容易到达且交通便利的少数地点，而旅游中心地则是分布旅游中心吸引物的场所。根据中心吸引物辐射范围的大小，将其划分为高级旅游中心吸引物和低级旅游中心吸引物，由中心吸引物的等级可以确定旅游中心地等级。高级旅游中心地数量少，服务辐射范围较广，提供的旅游产品和服务种类呈现多元化；低级旅游中心地数量多，服务辐射范围较小，提供的旅游产品和服务种类单一；还有一些中级旅游中心地分布在二者之间。

有学者指出，旅游中心城市就是指中国旅游业的管理中心、旅游交通中心、旅游景区集中分布区和旅游服务中心，除野信道(1985)将不同等级的城市分类并提供不同的服务和游憩设施，如图 2-3 所示。本书将对品牌旅游景区与热点旅游城市进行等级划分，揭示其不同规模的地域组合类型。

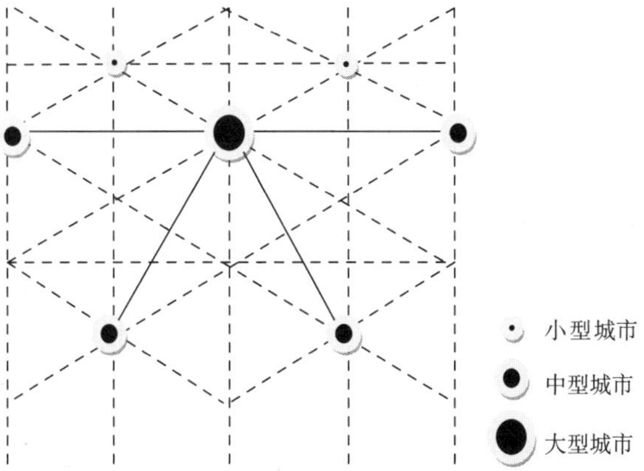

图 2-3　旅游中心地等级结构(除野信道，1985)

四、空间错位理论

空间错位理论(Spatial Mismatch Theory)最先由 John Kain 于 1968 年提出，主要以美国大规模的郊区化为背景，且由于种族歧视的存在，引发内城区居住的黑人人口数量增多但就业岗位减少，进而导致内城区的黑人高失业率、低工资以及更长的通勤现象，针对此现象提出城市快速空间重构影响弱势群体居住和就业的空间错位理论假设，该理论引起了学术界的广泛关注与探讨。西方学术界重视种族歧视，其研究主要聚焦于种族差异和郊区-内城差异等视角。20 世纪 80 年代，Kasarda 和 Wilson 再次强调了空间错位这一理论假设；Ewers 等(1991)指出，错位不仅包括地方社区间的错位，还包括全国性的错位。众多研究者将其应用到社会福利、就业机会等多个研究领域，拓宽了其研究范围。本质上，空间错位是指城市居住和就业的空间不对等现象，且公共基础设施分布不均、国家保障政策不同和强弱势群体信息不对称等因素可能会导致空间错位的加剧。近年来，更多学者认为，空间错位理论是从都市区的尺度上反映居住和就业的空间关系。从理论构架上来讲，在城市地理学领域，空间被当成经济社会的一种维度和“容器”，而空间错位研究指出，空间本身为结构性障碍，从而制约弱势群体在城市住房和就业领域的机会。以上对空间错位的解释均是从地理学的角度出发，但从广义上来讲，空间错位还包括生态学上的意思，它是指每个物种为了继续生存，必须选择适合自身的生活方式和时空位置，与其他物种区别开来，即由差异引起的互补。可以发现，国外对空间错位研究起步较早，主要探讨就业机会、居住空间、社会福利、公共服务、空间错位的影响因素和机理。

虽然空间错位理论在国外提出较早且取得了广泛应用，但我国关于空间错位的研究较少，研究趋势也紧跟国外，如宋金平等（2007）分析了北京住宅郊区化与就业的空间错位关系；龙瀛等（2012）基于位置服务技术（LBS）利用公交 IC 卡数据分析了居住空间与通勤出行的关系；Cheng 等（2017）以长春市居住空间和幼儿园为案例，利用 ArcGIS 分析了上下学过剩、学住空间错位。而旅游方面关于空间错位的研究主要聚集在：①旅游资源与收入，王美红等（2009）运用二维组合矩阵分析方法，实证分析了中国旅游景观资源、名牌景点和旅游财务业绩的空间错位现象；丁旭生等（2011）选取了空间错位测度指标，以河南省为研究对象，研究表明，河南省 18 个地市存在正向错位和负向错位两种现象。②旅游流与其他要素，李创新等（2010）运用重力模型揭示了中国旅游热点城市入境客流与收入时空动态演化与错位；陈乔等（2017）通过重力模型等分析了东盟旅桂旅游流、景区、酒店三个要素的空间错位及演变。③旅游资源开发，如方叶林等（2013）运用熵值法对各地区旅游资源禀赋状况进行评价，构建错位指数，发现大陆旅游资源存在一定程度的负向错位现象，正向错位主要位于东部地区，负向错位主要位于广大中西部地区。④“旅游资源—交通区位—旅游人数”空间错位测度，如邓祖涛和尹贻梅（2009）使用重力模型和二维矩阵分析方法，分析了中国 31 个省区市旅游资源、交通区位和入境旅游收入之间的错位现象。⑤“外商投资—入境商务旅游”空间错位格局与动力机制。本书从广义角度对空间错位进行阐述，一方面是指旅游某一要素与另一要素的非均衡关系，如旅游资源、交通区位与品牌形成率的不同步现象等，这是定量错位；另一方面是指区域为寻求独特的生态所引起的旅游资源差异和互补现象，这是定性错位。

第三章　中国品牌旅游景区形成机制及形成系数方程

第一节　品牌旅游景区概念模型与理论假设

我国旅游业已进入买方市场，品牌旅游景区对旅游者产生巨大的吸引力，成为新时期旅游竞争力的关键。品牌旅游景区有较高的知名度、美誉度和认可度，以至于成为省域符号代表区域旅游的形象标志物，不仅提高了旅游者的到访率和重游率，还带动了区域相关产业的发展，然而，并不是所有的景区都能成为区域旅游的符号，品牌个性鲜明的旅游景区才能成为区域旅游的形象标志物。我国品牌旅游景区建设起始于 20 世纪 90 年代末，2003 年，国家旅游局按照景区质量等级将其由低至高划分为四个等级；2007 年在 4A 级旅游景区的基础上新增了 66 家 5A 级旅游景区，5A 级旅游景区的出现完善了我国旅游景区体系；随着旅游市场化，2010 年业界推出百强旅游景区，基于客流量，将全国年客流量超过 130 万人次的前 100 位旅游景区进行整理并排名，这种大规模客流量旅游景区往往生命周期长，管理体制发生变迁，资本投入较多，新的高端旅游产品不断被开发。客流量小的景区凭借单一旅游资源吸引旅游者，与年客流量 100 万人次以上的旅游景区形成机制有所不同，故本书主要针对接待大规模旅游者的旅游景区进行研究，旨在揭示高级别品牌旅游景区的形成因素及形成机制。

我国社会、经济发展具有地域非均衡性，东部地区经济发展水平高于西部地区，位于东部地区的旅游景区交通可进入性优良，周边存在大量的潜在客源市场，景区基本投入与再投入较大，从而导致东部地区的旅游景区口碑好、客流量大，易形成品牌；西部地区旅游资源禀赋程度较高，但由于旅游景区距离城市较远，交通可进入性较差，只有位于城市周边的旅游景区才能拥有大规模的客源市场，才能对其加大投资力度，因此景区不易形成品牌。由此可见，我国东、西部景区之间的差距较大，品牌旅游景区形成的原因较复杂。本节重点分析影响旅游景区品牌化的原因，并引入“形成率”这一概念衡量区域品牌旅游景区的变化，其大小受形成系数方程影响。具体是：基于计量经济学，以中国 31 个省级行政区域为研究样本，选取 2011 年百强旅游景区及 5A 级旅游景区各省区市分布数量及旅游者接待量等截面数据，提出品牌旅游景区形成机制及控制论模型，分析不同区域社会经济因素单一作用和共同作用对其形成的影响，并结合各省区市外部因素提出中国旅游地理枢纽，目的在于细化高级别旅游景区形成的原因，同时，为我国不同地域旅游景区的建设提供理论依据。

一、以省域为单位的必要性及意义

我国现有 23 个省、5 个自治区、4 个直辖市、2 个特别行政区，本书主要以 31 个省区市为研究对象，台湾省、香港特别行政区、澳门特别行政区不在本书研究范围内。以省级行政区域为研究对象主要是由于它是我国最高的行政区域单位，包含的品牌旅游景区数量多、种类全，有规律可循；而不以城市为研究单位主要是由于一些品牌旅游景区知名度高，而所在的城市级别较低，其客源市场往往是周边省市，不能较好地解释品牌旅游景区形成的原因。

二、品牌旅游景区形成因素分析及控制论模型

本书在借鉴前人的研究基础上，以我国 31 个省区市为研究对象，提出影响中国品牌旅游景区形成机制模型，并将影响因素细分为内部因素和外部因素，具体关系如图 3-1 所示。

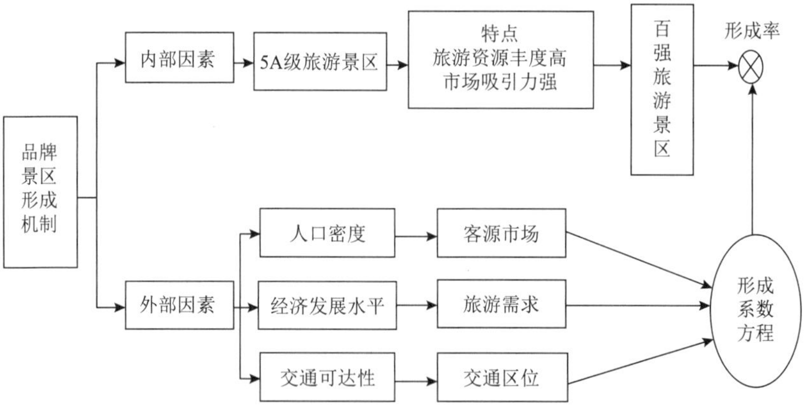

图 3-1　我国省域品牌旅游景区形成外部条件及控制论模型

(一) 内部因素

本书从哲学角度出发，内外因共同作用于事物的形成变化，从内部因素和外部因素两个方面探索品牌旅游景区形成机制。

其中，内部因素以 5A 级旅游景区评定标准为基础。5A 级旅游景区属于高级别旅游景区，根据国家旅游局 2003 年颁布的《旅游景区质量等级的划分与评定》和 2012 年修订的《旅游景区质量等级管理办法》，发现其评价标准主要基于旅游资

源吸引力和市场吸引力。旅游资源吸引力主要包括巨大资源实体，有极高游憩观赏价值，具有世界级的科学、历史、文化价值等；市场吸引力主要是世界知名度、美誉度高，具有很强的市场辐射力，主题鲜明等特色。然而，5A 级旅游景区往往以景区内部旅游资源、美学特征、旅游设施建设等因素为评价标准，弱化了资本业绩因素；百强旅游景区则是根据旅游者的需求，以景区业绩为评选标准，故本节引入景区形成率以弥补 5A 级旅游景区的不足，品牌旅游景区形成率是区域内百强旅游景区与 5A 级旅游景区数量的比值，在此基础上分析品牌旅游景区的内部形成机制。

（二）外部因素

品牌旅游景区作为一个独立的点，容易受外部大环境的影响，所在区域整体社会经济发展水平的高低对品牌旅游景区的形成有本质的影响。旅游景区（点）作为旅游供给系统不可缺少的成分，是宏观群体行为集中发生的地点，现实生活中微观个体行为的累加并不能代表宏观群体行为，而个体旅游者“有钱、有闲、有兴趣”也不能说明现实群体旅游者的实际需求。因此，从宏观区域角度出发，剔除不可度量和计算的因素，选取三个核心因素分析品牌旅游景区的外因影响：①品牌旅游景区周边是否存在大量潜在客源市场，选取该省人口密度为指标衡量潜在客源市场大小，根据距离衰减原理，景区的客源市场一般集中在本区域内，省份内的居民往往成为潜在的旅游者；②品牌旅游景区的旅游需求是否强大，选取地区人均 GDP 为指标衡量区域旅游需求旺盛程度；③景区区位及可达性良好程度，计算省份的交通可达性指数用于衡量景区的可进入性。上述三个指标共同构成品牌旅游景区形成系数方程，景区形成率的大小受形成系数方程的影响，对外部因素的分析细化了品牌旅游景区形成的原因，经济和社会因素对景区形成的影响逐步增强。

第二节　数据整合与研究方法

一、数据整合

本节所选用的基础数据包括以下两个方面：

(1) 构成景区形成的内部因素。选取 2011 年各省区市百强旅游景区的游客接待量，以及各省区市百强旅游景区和 5A 级旅游景区分布数量，计算品牌旅游景区形成率。通过对三年百强旅游景区的统计对比，发现其变化率不大，多为位次的变化，多数景区具有稳定性。

(2) 分析影响品牌旅游景区形成的外部因素。我国旅游发展由早期的入境旅游为主，到入境旅游与国内旅游并存，经历了几次较大的突发事件，我国现阶段旅游主要以国内旅游为主。因此，收集 2011 年我国 31 个省区市的人均 GDP、交通可达性、人口密度三个指标，其中，交通可达性指标主要以公路、铁路、航空客运量市场占有率为变量，采用加权叠加模型计算各省区市的交通可达性指数，计算公式为

$$X = 0.7a + 0.25b + 0.15c$$

其中，a 为各省区市公路客运量与全国公路客运量的比值；b 为各省区市铁路客运量与全国铁路客运量的比值；c 为各省区市航空客运量与全国航空客运量的比值。

以上人口密度和人均 GDP 数据来源于中国经济与社会发展统计数据库，交通客运量数据来源于《中国民航统计年鉴》和《中国交通统计年鉴》。

为了准确构建品牌旅游景区形成系数方程，并揭示不同的外部因素对品牌旅游景区形成率的影响，更好地解释品牌旅游景区形成规律，本节对一些省份品牌旅游景区形成率做出修正，包括通过对比发现一些省份百强旅游景区非 5A 级旅游景区，5 个省份无百强旅游景区分布。值得强调的是，一些直辖市出现旅游非景区化现象，即古街、商业街、广场等旅游活动空间不再被传统的旅游景区所涵盖，而这些旅游活动空间存在大规模的客流量，属于名副其实的百强旅游景区，如天安门、王府井、南京路、外滩、解放碑等。因此，利用百度指数等统计工具，对四个直辖市百度指数搜索频率较高、知名度较大的旅游活动空间进行摘录（表 3-1）。

表 3-1 品牌旅游景区外部因素各个特征值分析

省区市	年客流量/万人次	百强旅游景区数量/个	5A 级旅游景区数量/个	修正品牌旅游景区形成率/%	人均 GDP/万元	交通可达性指数	人口密度/(人/km^2)
北京	5723	7	5	200	8.17	7.22	1198
浙江	4179	10	9	111.1	5.92	4.79	533
江苏	3661	13	9	144.4	6.23	5.03	779
广东	3215	4	7	127.1	5.08	5.95	589
湖南	2499	4	5	120	2.99	3.85	309
江西	1975	4	3	100	2.62	2.74	266
山东	1848	7	6	116.7	4.73	3.92	624
安徽	1409	4	4	100	2.57	2.61	424
河南	1285	5	8	62.5	2.87	3.98	568
海南	896	3	2	50	2.89	1.26	255
湖北	836	4	6	66.7	3.42	3.4	307
山西	816	4	3	83.3	3.14	2.8	228
河北	682	4	5	80	3.4	3.26	384

续表

省区市	年客流量/万人次	百强旅游景区数量/个	5A 级旅游景区数量/个	修正品牌旅游景区形成率/%	人均 GDP/万元	交通可达性指数	人口密度/(人/km^2)
福建	440	2	4	50	4.74	2.92	303
上海	280	1	3	200	8.26	4.50	3702
辽宁	198	1	3	83.3	5.08	5.76	301
天津	150	1	2	150	8.52	3.44	1115
吉林	142	1	3	33.3	3.85	2.72	144
陕西	1431	6	5	100	3.35	3.16	181
四川	1411	4	5	80	2.61	3.63	166
云南	1301	5	5	80	1.93	2.25	120
贵州	570	1	2	50	1.64	1.89	197
广西	480	2	2	50	2.53	1.90	194
重庆	156	1	3	66.7	3.45	1.96	349
新疆	153	1	4	25	3.01	1.36	13
青海	143	1	1	20	2.95	0.30	8
黑龙江	0	0	3	20	3.28	1.70	85
内蒙古	0	0	2	20	5.80	1.06	21
甘肃	0	0	3	20	1.96	1.16	63
宁夏	0	0	3	20	3.30	0.36	123
西藏	0	0	0	10	2.01	0.12	3

注：2011 年西藏尚未有 5A 级旅游景区。

二、研究方法

本节主要以截面数据为主，采用定性与定量相结合的方法，构建品牌旅游景区形成机制模型，分析影响其形成的内部因素和外部因素，具体研究思路如下：

首先，利用柱状折线图等方法分析全国 31 个省区市百强旅游景区数量和 5A 级旅游景区数量的关系，通过统计验证 5A 级旅游景区是形成品牌旅游景区的内因的基础，以百强旅游景区数量和 5A 级旅游景区数量的比值计算各省区市品牌旅游景区形成率。

其次，对各省人口密度、经济发展水平和交通可达性进行单因素分析，揭示形成率地域差异的原因，并综合三大因素构建品牌旅游景区形成系数方程。

最后，通过对三大外部因素及品牌旅游景区形成系数方程的分析，结合各省区市品牌旅游景区形成率、旅游市场占有率、外部环境特征等，探寻中国旅游的地理枢纽，并对几个重点地区品牌旅游景区的形成进行比较。

第三节　品牌旅游景区形成因素及系数方程

一、百强旅游景区与 5A 级旅游景区关联性及品牌旅游景区形成率

与其他高级别旅游景区相比，百强旅游景区是体现旅游者不同时期旅游需求变化的结果。作为百强旅游景区，内部旅游资源吸引力的大小不再是决定客流量的唯一标准，而是更多地取决于区域外部社会经济等因素的发展。

在客流量方面，5A 级旅游景区基于旅游吸引力，规定年接待量不小于 60 万人次；2011 年百强旅游景区规定年接待量不小于 128 万人次，是 5A 级旅游景区门槛的 2 倍多；在分布数量方面，由于 5A 级旅游景区分布具有均衡性，截至 2011 年，全国共有 125 个 5A 级旅游景区，与百强旅游景区数量差异较小。5A 级旅游景区的评选是基于政府主导，具有“标准化”，而百强旅游景区的评选是基于资本业绩，具有“品牌化”，根据概念模型，二者数量的比值构成品牌形成率，实际上是政府主导下的标准化景区向市场经济主导下的品牌化景区的转型。

各省区市百强旅游景区、5A 级旅游景区数量以及品牌旅游景区形成率的关系如图 3-2 所示，其中，5A 级旅游景区多集中在东部地区，所占比例达到 44%，江苏省、浙江省、广东省、山东省所分布的 5A 级旅游景区最多，数量在 6～9 个。中、西部地区 5A 级旅游景区分布数量相同，都是 35 个，中部地区的湖北省和河南省 5A 级旅游景区数量较多，分别是 6 个和 8 个。百强旅游景区分布数量基本与 5A 级旅游景区相吻合，东部、中部、西部地区分布的百强旅游景区所占比例分别是 53%、26%、21%，其中，内蒙古、甘肃、宁夏、西藏和黑龙江共 5 个省区无百强旅游景区分布。通过统计比较，百强旅游景区基本是从 5A 级旅游景区中产生的，但也有属于 4A 级旅游景区的情况。例如，江西省和浙江省的百强旅游景区数量分别达到 4 个和 10 个，超过该地区 5A 级旅游景区数量，是因为一些优秀的 4A 级旅游景区直接晋升为百强旅游景区。5A 级旅游景区分布较多的省份其百强旅游景区数量也较多，而 5A 级旅游景区分布较少的省份一般百强旅游景区分布数量较少甚至没有。因此，验证了百强旅游景区的形成以 5A 级旅游景区为基础，二者共同构成品牌旅游景区形成率，即

$$R = \frac{\text{CTHSS}}{\text{NAGSS}} \times 100\% \tag{3.1}$$

其中，*R* 为品牌旅游景区形成率；CTHSS 为百强旅游景区数量；NAGSS 为 5A 级旅游景区数量。

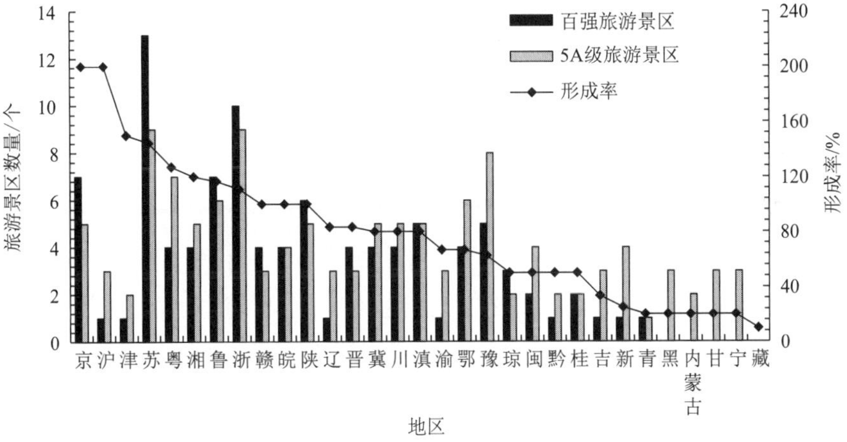

图 3-2 全国百强旅游景区与 5A 级旅游景区数量分布柱状图及品牌旅游景区形成率

一些省份存在 5A 级旅游景区和 4A 级旅游景区共同晋升为百强旅游景区的现象，故形成率会超过 100%。百强旅游景区与 5A 级旅游景区共同构成的品牌旅游景区形成率反映出：首先，旅游景区数量与品牌旅游景区形成率成正比，即旅游景区数量多的地区其品牌旅游景区形成率也较高，如北京、江苏、浙江、山东、陕西等，分别分布了 6～13 个百强旅游景区、5～9 个 5A 级旅游景区和 1～4 个 4A 级旅游景区，品牌旅游景区形成率往往不小于 100%；而一些地区的景区数量少，其品牌旅游景区形成率也较低，如黑龙江、内蒙古、西藏等省区分布着 0～3 个 5A 级旅游景区，高品质景区数量较少，达不到优中择优的标准，从而无百强旅游景区分布。其次，旅游景区数量与品牌旅游景区形成率成反比，即旅游景区数量较多而品牌旅游景区形成率相对较低的地区，如河南、湖北、福建、新疆等省区。

由此可见，决定旅游资源禀赋程度的景区数量并不能决定品牌旅游景区形成率高低，景区品牌化往往与景区所处地区的社会经济等因素构成的外部“平台”有关。

二、品牌旅游景区形成系数与人口、经济、交通的关系

各地区外部因素的不同导致品牌旅游景区形成率参差不齐。东、中部地区的品牌旅游景区形成率较高，其分布的 5A 级，甚至 4A 级旅游景区都形成了百强旅游景区；西部地区品牌旅游景区形成率较低，一些地区虽然存在 2～3 个 5A 级旅游景区，却没有形成任何的百强旅游景区。这种区域差异部分是由旅游资源不同

引起的，更多是由外部因素不同引起的。

根据概念模型，品牌旅游景区形成率主要受三个外部因素的影响，分别是人口密度、人均 GDP、交通可达性。首先通过函数关系式验证品牌旅游景区形成率与外部各个单因素之间有相关性，其函数关系为

$$Y = f(X_1, X_2, X_3) \tag{3.2}$$

其中，Y 为品牌旅游景区形成率；X_1 为人口密度；X_2 为人均 GDP；X_3 为交通可达性指数。

表 3-1 列举了全国 31 个省区市品牌旅游景区形成率和人口密度、人均 GDP、交通可达性指数的各个特征值。从表 3-1 中可发现，北京年客流量最多，达到 5723 万人次，修正品牌旅游景区形成率更是达到 200%，其人口密度、人均 GDP 及交通可达性指数都位居前列；排除 5 个无品牌旅游景区分布的省区，青海省的修正品牌旅游景区形成率仅为 20%，且各个特征值都不高，其人口密度、人均 GDP 及交通可达性指数分别仅为北京的 0.7%、36.1%、4.2%，说明外部因素对品牌旅游景区的形成影响巨大。

（一）品牌旅游景区形成率与人口密度的关系

人口状况对旅游业的发展至关重要。从人口变迁模型中发现，人口变迁划分为四个阶段：停滞阶段、前增长阶段、后增长阶段和低谷阶段，在每个阶段中人口数量的不同对旅游业的发展产生了不同的作用。停滞阶段，人口出生率和死亡率均高持不下，人口总数小幅波动，旅游只是小部分人的特权，旅游由于缺乏大量参与者并没有成为一个产业。前增长阶段，基础医疗设施的提高使死亡率下降，但出生率依旧较高，家庭成员众多，人口数量增多导致工业化的来临及城市化的迅速发展，为旅游业的发展提供了基础，少数人开始进行国内旅游，出境游成为奢侈品。1970 年中国并没有出现国内游，然而，1990 年国内游人数达到 2.8 亿人次，2000 年达到 7.4 亿人次；1993 年以来的出境游人数由 374 万人次增加到 2000 年的 1047.3 万人次，这个时期中国旅游业得到了初步发展。后增长阶段，人口规模开始有计划地减少，更多人接受良好的教育，国家开始工业化建设，城市居民人口数大幅度增加，国内游成为普遍现象，短距离的出境游兴起。2007 年，中国出境游人数达到 4095.4 万人次。低谷阶段，部分发达国家完成了工业化进入高科技阶段，人口数量下降，大部分居民居住于城市，出境游以长距离和短距离的国际旅游为主，包括英国、美国、加拿大、日本、澳大利亚等国家，这些国家的人口占世界总人口的 13%，但出境游人数却占全球的 80%，预计中国将在 20～30 年后进入该阶段。

旅游在某种程度上是人与人的交往，国内旅游更是辖区内居民的一种生活方式。辖区内人口密度和数量的多少，一方面影响与其他地区交往的频度，另一方

面也是近距离最重要的潜在旅游者。分析品牌旅游景区形成率与本地区人口密度的关系，发现二者呈直线相关性(图 3-3)，其回归方程如下：

$$Y = 0.06X_1 + 54.33\text{，}\quad N=31\text{，}R=0.74 \tag{3.3}$$

其中，Y 为各地区品牌旅游景区形成率；X_1 为各地区人口密度。其相关系数 R 为 0.74，拟合程度较好。

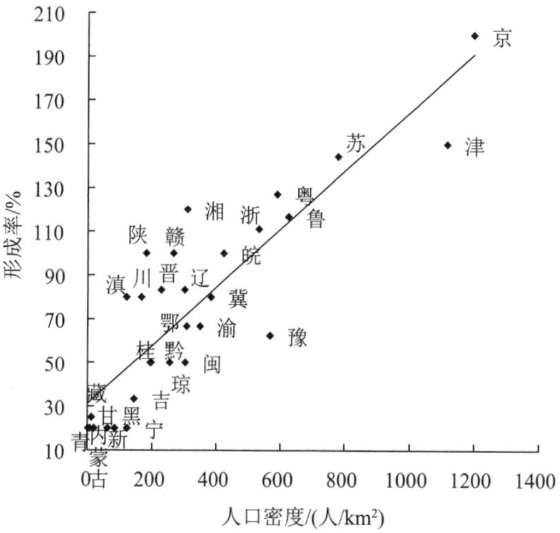

图 3-3　品牌旅游景区形成率与人口密度关系散点图

注：上海因为人口密度太大，其数据剔除了

方程(3.3)说明人口密度越大的地区其品牌旅游景区形成率越大，该地区每增加或减少 1 人/km^2，品牌旅游景区形成率就能增加或减少 0.06 个百分点。从图 3-3 中可以看出，北京、天津、江苏、广东、山东、河南的人口密度较大，在 568～1198 人/km^2，除去河南省品牌旅游景区形成率是 62.5%，其余省区市的品牌旅游景区形成率均在 100%以上。西藏、甘肃、内蒙古、黑龙江、青海、新疆的人口密度较低，在 3～85 人/km^2，其品牌旅游景区形成率均不超过 25%，人口稀疏导致潜在客源市场小，品牌旅游景区形成率也低。

(二)品牌旅游景区形成率与经济发展水平的关系

旅游目的地所处区域的经济发展阶段将影响旅游目的地满足旅游者不同需求能力的大小。2013 年，北京、天津、上海、江苏、浙江、内蒙古 6 个地区的人均 GDP 超过 1 万美元，理论上，位于以上地区的旅游景区资本投入和再投入较多，景区内或周边各种旅游服务设施齐全，能够满足旅游者多重旅游的需求，景区品牌更容易被大众认知，旅游者在该景区消费支出水平相应提高，从而对当地经济发展做出贡献；相反，位于经济较不发达地区的旅游景区，资本投入较少，各种旅游服务设施欠缺，不能满足旅游者的需求，旅游者的旅游花费也局限于景区门票，重游率较低，很难形成知名度较高的品牌旅游景区，因此在经济方面对该区域的影响就相对有限。

为了揭示品牌旅游景区形成率与经济发展水平的关系，选取人均 GDP 与品牌旅游景区形成率作关系散点图(图 3-4)，采用普通最小二乘(ordinary least square, OLS)法求解其回归方程，即

$$Y = 19.07X_2 + 3.46 ,\quad N=31,\ R=0.71 \tag{3.4}$$

其中，Y 为各地区品牌旅游景区形成率；X_2 为各地区人均 GDP。其相关系数 R 为 0.71，拟合程度较好。

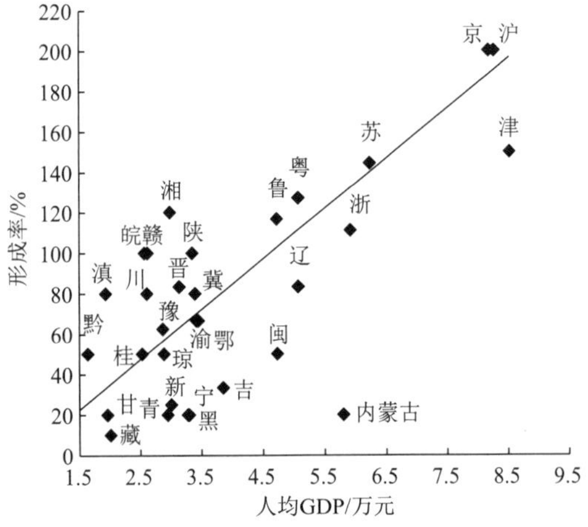

图 3-4 品牌旅游景区形成率与人均 GDP 关系散点图

方程(3.4)说明各地区品牌旅游景区形成率与人均 GDP 呈线性相关，该地区人均 GDP 每增加或减少 1 万元，品牌旅游景区形成率就会增加或减少 19.07 个百分点。从图 3-4 中可以看出，北京、上海、天津、江苏、浙江、广东六省市的人均 GDP 在 5.08 万～8.52 万元，位居全国前列，其品牌旅游景区形成率普遍在 100%以上，说明这六省市的旅游需求旺盛。而甘肃、广西、贵州的人均 GDP 在 1.64 万～2.53 万元，其品牌旅游景区形成率都不超过 50%，旅游需求贫乏。

(三) 品牌旅游景区形成率与交通可达性的关系

旅游以旅行为前提，交通区位优越、客运量大、可达性强是景区旅游发展最重要的外部条件，交通方式的发展能够影响区域旅游目的地的演进程度。为了分析品牌旅游景区形成率与交通可达性的关系，本节以各地区交通可达性指数为自变量，与品牌旅游景区形成率作关系散点图(图 3-5)。从图 3-5 可以看出，二者呈

直线相关，采用 OLS 法求解其回归方程：

$$Y = 24.28X_3 + 7.43\,,\quad N{=}31\,,\ R{=}0.82 \tag{3.5}$$

其中，Y 为品牌旅游景区形成率；X_3 为交通可达性指数。相关系数 R 为 0.82，拟合程度较好。

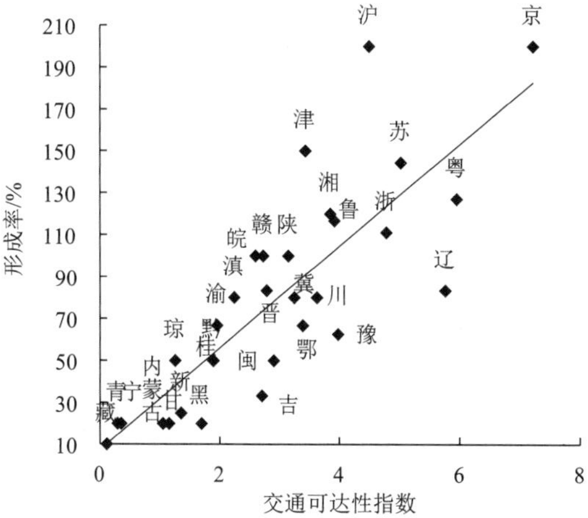

图 3-5 品牌旅游景区形成率与交通可达性指数的关系散点图

方程(3.5)基本说明交通可达性良好的地区其品牌旅游景区形成率较高，交通可达性指数每增加或减少 1 个单位，品牌旅游景区形成率就会增加或减少 24.28 个百分点。从图 3-5 可以看出，北京、广东、江苏、浙江、上海、辽宁的交通可达性指数都偏高，在 4.5～7.22，除去辽宁的品牌旅游景区形成率为 83.3%，其余省市的品牌旅游景区形成率均在 100%以上。而西藏、青海、宁夏、内蒙古、甘肃、新疆的交通可达性指数偏低，在 0.12～1.36，区域可达性较弱导致品牌旅游景区形成率都不超过 25%。

（四）多因素的综合作用及形成系数方程

上述三个方程是基于单因素分析，结果显示，基于省域的品牌旅游景区形成与人口密度、人均 GDP、交通可达性指数具有很强的相关性。然而，影响区域旅游景区的形成并不是单一因素决定的，区域外部环境的复杂性导致由人口密度、人均 GDP、交通可达性指数构成的区域“平台”的非单一性。例如，品牌旅游景区形成率高的东部沿海地区不仅拥有便利的交通，还有稠密的人口。由此看来，单一因素决定省域内品牌旅游景区形成不具有科学性和现实意义，多因素共同作用才能更合理地解释品牌旅游景区形成的原因。

不同于时间序列，截面数据具有稳定性，对于式(3.2)常采用线性加和模型和

非线性阶乘模型两种形式。本节从多因素共同作用出发，选取非线性阶乘模型，其计量经济方程为

$$Y = KX_1^{\alpha}X_2^{\beta}X_3^{\gamma} \tag{3.6}$$

其中，α、β、γ 、K 为待求参数。

式(3.6)两侧取对数得

$$\ln Y = \ln K + \alpha \ln X_1 + \beta \ln X_2 + \gamma \ln X_3 \tag{3.7}$$

结合表 3-1 的统计数据，采用多元回归分析方法，其结果为

$$\ln Y = 0.27\ln X_1 + 0.06\ln X_2 + 0.35\ln X_3 + 2.32\,,\quad N=31,\ R=0.91 \tag{3.8}$$

方程(3.8)拟合程度良好，符合预测要求。为了检验方程的模拟效果，用方程(3.8)计算各地区的品牌旅游景区形成率统计值，并与 2011 年实际值进行对比，结果如图 3-6 所示。

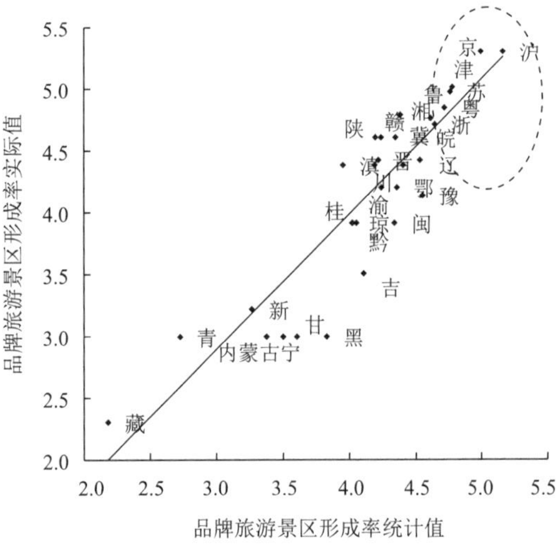

图 3-6 品牌旅游景区形成率统计值与实际值关系散点图

结合式(3.8)与图 3-6 可知，人口密度、人均 GDP、交通可达性指数的综合模拟比单因素模拟具有更高的相关性，相关系数达到 0.91。其中，交通可达性指数与旅游景区形成的关联性最大，占主导地位，变量系数为 0.35，交通的可进入性决定了景区发展水平，交通网络的完善降低了景区与城市之间空间直线距离的依赖性，增强了景区的可进入性；人口密度影响位居第二，变量系数为 0.27，说明人口越多的区域其潜在的客源市场越大，发展周边景区的概率较大，不断的投资建设会促使景区的等级水平随之上升，从而增加人气，提升旅游者重游率；人均 GDP 对品牌旅游景区形成的影响最小，变量系数只有 0.06。

第四节 基于品牌旅游景区的中国旅游地理枢纽

1904年，麦金德分析国际政治空间时提出“地理枢纽”（或心脏地带），即地理空间中重要的地点或区域，他认为“谁统治东欧，谁就能控制中心地带；谁统治中心地带，谁就能控制世界岛；谁统治世界岛，谁就能控制世界”。2011年，陈彦光在分析中国历史地理枢纽中指出，一个国家政治、经济、文化发展的核心区域构成了一个国家政治地理的心脏地带，“谁能控制枢纽地区，谁就能控制心脏地带；谁能控制心脏地带，谁就能控制大中原；谁能控制大中原，谁就能控制全中国”。旅游是人空间的移动，有学者依据旅游地是否位于旅游网络的中心地位、与其他旅游地通达性良好程度及对其他旅游地的控制和依赖程度指数，提出全国入境旅游流中枢。

我国旅游业的发展已有30年的历史，从前期以入境旅游为主到入境旅游与国内旅游并重，再到国内旅游占据中心地位，从国家5A级旅游景区到百强旅游景区建设，从国家优秀旅游城市到百强旅游城市建设，时至现今中国旅游业是否存在“心脏地带”，旅游业的发展在空间上是否存在核心区域成为一个较为重要的课题。本书认为，旅游业的地理枢纽是指国家旅游活动最活跃的区域。从旅游主体和旅游活动方面，应该是接待客流量最大、旅游活动进出流量最大的区域；从旅游客体和观赏对象方面，应该是高级别旅游景区最密集的区域；从所处外部环境平台方面，枢纽周边应存在较大的潜在客源市场，旅游需求旺盛，交通可达性强。

通过对品牌旅游景区分析，发现区域之间的品牌旅游景区形成率差异较大，东部沿海地区的品牌旅游景区形成率较高，西部及边远地区的品牌旅游景区形成率较低，旅游景区密集区逐渐向东南聚集，空间上形成一些重要的点或区域。综合第三节的研究结果，北京、天津、上海、江苏、浙江、广东成为我国品牌旅游景区形成率最高的地区，5A级旅游景区和百强旅游景区数量分布密集，地理空间相对集中，所属区域分别是：①长江三角洲地区，以上海为中心，包括浙江、江苏，是5A级旅游景区和百强旅游景区数量最多、空间分布最密集的区域；②京津冀地区，以北京为中心，包括天津、河北，是国内旅游的集散中心；③珠江三角洲地区，以广州为中心，包括珠江三角洲地区的多个城市，是入境旅游最为频繁的地区（表3-2）。

表 3-2 三大区域旅游景区情况与外部环境特征值

地区	品牌旅游景区形成率			旅游市场占有率		外部环境		
	5A 级旅游景区数量/个	百强旅游景区数量/个	形成率/%	国内市场占有率/%	入境市场占有率/%	人均 GDP /万元	交通可达性指数	人口密度 /(人/km^2)
京津冀	12	12	100	18.98	5.23	4.91	11.92	489.71
长三角	21	24	87.50	37.32	16.10	6.41	15.32	712.81
珠三角	4	7	57.14	8.00	24.60	5.07	8.95	584.23

第一，三大区域符合中国旅游业的发展进程。从表 3-2 中得知，三大区域的旅游市场重心逐步从入境旅游向国内旅游市场转变，百强旅游景区的数量不少于 5A 级旅游景区的数量。长江三角洲地区的 5A 级旅游景区和百强旅游景区的聚集性强，分布数量位居三大区域之首，分别为 21 个和 24 个，品牌旅游景区形成率达到 87.50%，国内市场占有率为 37.32%，大于入境市场占有率(16.10%)；京津冀地区旅游资源丰度较高，5A 级旅游景区和百强旅游景区分布较均衡，数量各为 12 个，品牌旅游景区形成率达到 100%，内部旅游目的地空间网络结构已形成，国内市场占有率(18.98%)大于入境市场占有率(5.23%)；珠江三角洲地区旅游资源丰度不及其他两个区域，主要以人文和城镇风貌等为特色，5A 级旅游景区和百强旅游景区分布数量分别为 4 个和 7 个，品牌旅游景区形成率为 57.14%。

第二，旅游市场占有率反映了三大区域市场吸引力。长江三角洲作为我国经济中心之一，旅游者到访率最高，国内和入境旅游市场占有率分别达到 37.32%和 16.10%，成为入境旅游高度一体化发展区域；京津冀地区由于其政治地位，是国内旅游最活跃的地区之一，2011 年接待国内旅游者 50116 万人次，市场占有率达到 18.98%；珠江三角洲地区的国际/港澳台旅游市场吸引力较强，2011 年接待入境游客 749 万人次，高于长江三角洲地区和京津冀地区的总和，占有率达到 24.60%。

第三，外部环境复杂程度将增强或减弱枢纽的作用，传统因素对区域发展的影响逐渐下降，而社会经济等因素成为决定区域发展的首要条件。三大区域都是经济贸易频繁地区，人均 GDP 普遍高于全国平均人均 GDP (3.5 万元)，尤其是长江三角洲地区人均 GDP 达 6.41 万元，居民可支配收入的增长刺激了旅游需求的提升；交通可达性较强，陆路交通联系紧密，且北京、上海、广州作为国际航空港，民航客运量最大，全国航线条数最多；人口最为密集，长江三角洲地区人口密度为 712.81 人/km^2，其次是珠江三角洲和京津冀地区，人口密度分别为 584.23 人/km^2 和 489.71 人/km^2，高于全国的平均水平 140 人/km^2。

根据上述分析，长江三角洲、珠江三角洲及京津冀地区作为我国旅游的集散中心，在区域旅游中占有重要地位，是我国旅游“财气”和“人气”的聚集区，也是我国一级城市群的聚集区，属于“心脏地区”。我国地域辽阔，存在单级地理枢纽与多级地理枢纽并存的现象，无论是内部动力还是外部环境，长江三角洲地区都在三大区域中较为突出，成为我国旅游的单级地理枢纽，而珠江三角洲和京津冀地区则成为我国旅游的多级地理枢纽，形成旅游多级与单级地理枢纽并存现象。

第五节　本 章 小 结

随着景区品牌化，高级别景区逐渐成为代表区域旅游发展水平的符号，百强旅游景区作为品牌旅游景区的一种，其形成机制从传统的挖掘内部资源优势转变成发展外部经济和社会优势。本章以我国 5A 级旅游景区为基础，进一步剖析了品牌旅游景区的形成机制，并得出以下结论：

(1) 构建品牌旅游景区外部条件及控制论模型。模型主要是由内部因素和外部因素共同作用，内部因素主要基于政府主导型“标准化”的 5A 级旅游景区和资本业绩主导型“市场化”的百强旅游景区，二者共同构成品牌旅游景区形成率；外部因素主要是指景区所处区域的社会、经济发展水平，模型参数分别是代表客源市场的人口密度、代表旅游需求的人均 GDP，以及代表交通区位的交通可达性指数。

(2) 品牌旅游景区形成率。品牌旅游景区形成率由基于政府主导型“标准化”的 5A 级旅游景区和资本业绩主导型“市场化”的百强旅游景区共同构成。品牌旅游景区形成率共有两种情况：旅游景区数量与品牌旅游景区形成率成正比，即旅游景区数量多的地区其品牌旅游景区形成率也较高，旅游景区数量少的地区其品牌旅游景区形成率较低；旅游景区数量与品牌旅游景区形成率成反比，即旅游景区数量较多的地区其品牌旅游景区形成率相对较低。因此，品牌旅游景区形成率高低主要与外部因素相关。

(3) 品牌旅游景区形成率具有地域差异。品牌旅游景区形成率的差异主要源于景区外部潜在的客源市场、旅游需求、交通区位的优越程度不同，通过对人口密度、人均 GDP、交通可达性指数单因素分析，发现三个外部因素与品牌旅游景区形成率关联性较大，相关系数分别是 0.74、0.71、0.82。在此基础上，利用阶乘回归方程综合分析三个因素共同作用的影响，建立形成系数方程，发现人口密度、人均 GDP、交通可达性指数综合模拟比单因素模拟具有更高的相关性，交通可达性指数对品牌旅游景区形成影响最大，占主导地位，变量系数为 0.35。

(4) 实践上寻求中国旅游地理枢纽。根据品牌旅游景区形成率实际值和统计值散点图，发现北京等 6 省市品牌旅游景区形成率位居全国之首。对以上海为中心的长江三角洲地区、以北京为中心的京津冀地区和以广州为中心的珠江三角洲地区的品牌旅游景区形成率、市场占有率、区域外部环境特征值分析发现，三大区域的百强旅游景区数量不少于 5A 级旅游景区数量，即在市场经济作用下品牌化的现象在三大区域中较为明显；京津冀和长江三角洲地区国内旅游市场占有率大于入境旅游市场占有率，珠江三角洲地区由于其特殊的地理区位，入境旅游市场占有率较大；旅游经济与区域经济水平基本耦合，区域外部环境较优越。

(5)通过对中国旅游地理枢纽的研究，发现我国西部地区与东部地区的景区数量差距较大，西部地区存在大量高品质的旅游资源，但是由于交通可进入性差，远离城市，开发尚不到位，西部地区旅游发展应该重视。第一，与东部的枢纽区域相对应，选择西部旅游资源禀赋程度高的区域，形成区域次中心。例如，以西安为中心的关中城市群、以成都和重庆为中心的成渝城市群及昆明等休闲城市，形成旅游流由东部枢纽向西部次中心扩散，以百强旅游景区为节点带动城市发展，以城市为枢纽带动区域发展的局面。第二，西北五省区和西南四省市应把握“丝绸之路经济带”建设带来的机遇，加强高级别旅游景区的投资与建设，尤其是城市周边景区的建设，形成具有西部特色的品牌，以百强旅游景区为增长极带动区域经济发展、交通建设、旅游贸易互动、文化产业整合等，促进当地尤其是少数民族地区的就业。

第四章　中国热点旅游城市社会经济影响因素及形成模型

第一节　热点旅游城市概念模型与理论假设

现代社会中旅游城市的功能不仅局限于旅游目的地和客源地，同时也是旅游集散地。作为旅游目的地，集中了大量的旅游景区，旅游服务设施功能完善，以城市导向为主的旅游产品吸引了大量的外地及本地游客；作为旅游客源地，城市人口密集、经济发达，为周边区域及自身提供了充足的旅游者；作为旅游集散地，是区域交通枢纽，机场、车站等设施集中将游客扩散至各个旅游目的地。我国现有 700 余个城市，这些城市是推动社会经济发展的主要力量。在这些城市中，优秀旅游城市作为旅游业发展的主体，数量占城市总数的一半以上。2011 年推出的百强旅游城市，是年接待量超过 1604 万人次的前 100 位旅游城市的集合，这种被评选出的旅游城市的旅游收入占当地 GDP 比例更大，资本投入更多，市场被细分为多个层面。客流量小的城市一般凭借单一旅游资源吸引旅游者，与接待大规模旅游者的旅游城市形成机制有差异，对百强旅游城市进行剖析，意在揭示主导大规模热点旅游城市形成的因素及机制。

传统的旅游城市品牌建设多以市场营销为对象，而现今的西方学者研究理论更倾向于旅游者的感知与体验，旅游者的感知与体验往往成为旅游城市品牌塑造的关键因素。增强感知度和体验度一般由城市的“硬件”与“软件”决定，硬件指城市本身的旅游资源，是否具有代表性、识别性、地域性，从而产生与其他城市的差异，加深旅游者的体验；软件指城市区域的外部“平台”优化级别，交通可进入性程度、经济发展促进城市规划和建设程度、人口多少对品牌传播的口碑效应等，可增强旅游者的感知。

旅游城市通过品牌塑造可以增强自身的竞争力，加深旅游者的感知与体验，而形成热点旅游城市的因素复杂多变。本章将从计量经济学角度出发，对不同区域旅游城市的“软件”和“硬件”进行分析，即影响热点旅游城市形成的内部因素和外部因素的分析，构建热点旅游城市形成控制论模型，具体以我国 31 个省级行政区域为样本，选取 2011 年百强旅游城市、优秀旅游城市及所在地社会经济数据，提出热点旅游城市形成率和形成系数方程概念，并结合各地区百强旅游城市、优秀旅游城市及形成率的差异分析中国旅游的地理枢纽。

一、以省域为单位的必要性及意义

以省级行政区域为单位的主要原因是：首先，旅游城市是一个包容其他旅游目的地的中观尺度目的地，可以是旅游目的地，也可以是旅游客源地，同时还能成为旅游集散地，其功能非常强大，旅游者往往选择直辖市、省会、区域中心城市作为旅游目的地，如北京、上海、西安、成都，这些城市或者经济发达、交通便利，或者文化积淀深厚、旅游资源丰富，都是一些拥有独特魅力的城市；其次，省区市是汇集众多旅游城市的地域单位，地区之间的社会经济等因素差异更大，有助于分析影响热点旅游城市形成的原因。

二、热点旅游城市形成因素分析及形成系数模型

本节在借鉴前人的研究基础上，以我国 31 个省区市为研究对象，提出影响热点旅游城市形成机制模型，并将影响因素细分为内部因素和外部因素，具体关系如图 4-1 所示。

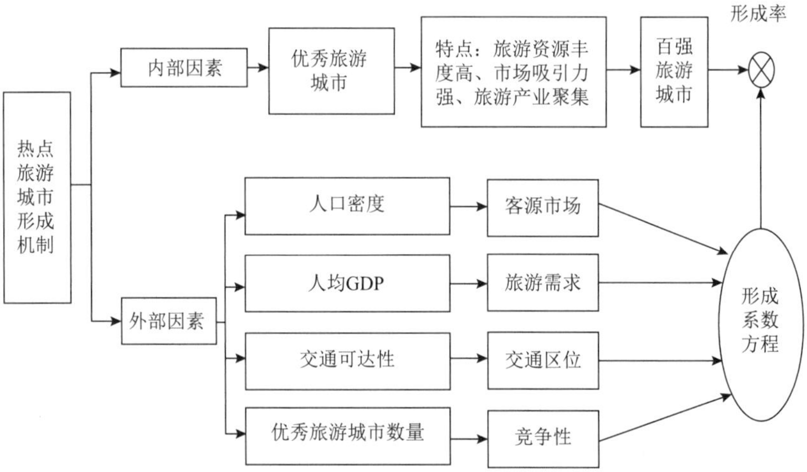

图 4-1 基于内因与外因的热点旅游城市形成机制模型

(一) 内部因素

本节从哲学角度出发，内因是变化的根据，外因是变化的条件，内外因共同作用于事物的形成变化，将热点旅游城市形成因素划分为内部因素与外部因素，基本框架如图 4-1 所示。

内部因素的构建主要以优秀旅游城市评价标准为基础，1997 年国家旅游局颁布了《中国优秀旅游城市检查标准》，涵盖了 20 个选项，主要涉及三方面内容：①旅游资源禀赋，城市中旅游景区的质量、数量等；②市场吸引力，国内或国际

旅游市场知名度、美誉度；③城市旅游产业发达程度。优秀旅游城市的评价标准较权威，其分布具有均衡性，我国 31 个省区市都有分布，但百强旅游城市以客流量为评选标准，个别地区无分布。考虑到模型的适用性，不仅适用于过去和现在，也要适用于未来，个别地区无百强旅游城市分布的状态并不会持续，因此引入热点旅游城市形成率这一概念，即优秀旅游城市作为形成热点旅游城市的内因基础，与百强旅游城市数量的比值构成形成率。

（二）外部因素

解释模型越精确，其适用的范围越小，为了构建具有普遍适用性的热点旅游城市形成机制模型，从宏观角度出发，剔除不可度量和计算的因素，选取四个核心因素进行分析。外部因素的挑选主要考虑到城市是区域空间内人口较稠密的地区，是群体行为集中发生的地点，个体旅游者“有钱、有闲、有兴趣”不能作为衡量现实群体旅游者实际需求的标准，故四个外因分别是：①区域周边是否存在大量潜在的客源市场，选取人口密度为衡量指标；②区域的旅游需求是否旺盛，选取地区人均 GDP 为衡量指标；③该区域的区位及可达性良好程度，选取交通可达性指数为衡量指标；④区域竞争性程度，选取优秀旅游城市数量为衡量指标。上述四个指标共同构成热点旅游城市形成系数，制约形成率的大小。

第二节　数据整合与研究方法

一、数据整合

本书所选用的基础数据包括以下两方面：

(1) 分析热点旅游城市形成的内部因素。选取 2011 年各省区市百强旅游城市和优秀旅游城市分布数量，计算热点旅游城市形成率。通过对历年百强旅游城市的对比，发现其变化率不大，多为位次的变化，故选取首届百强旅游城市数据进行计算，以上数据来源于中华人民共和国文化和旅游部。计算公式为

$$R = \frac{\text{CTTC}}{\text{CETC}} \times 100\%$$

其中，R 为热点旅游城市形成率；CTTC 为各地区百强旅游城市数量；CETC 为各地区优秀旅游城市数量。

(2) 分析热点旅游城市形成的外部因素。收集 2011 年各省区市人均 GDP、交通可达性、人口密度三个指标，其中，与品牌旅游景区形成有所不同，城市与城市之间的连接主要以航空和铁路为主，因此交通可达性指标选用航空客运量市场

占有率和铁路客运量市场占有率为变量，采用加权叠加模型计算各地区的交通可达性指数，计算公式为

$$X_2 = 0.8a + 0.2b \tag{4.1}$$

其中，a 为各地区航空客运量与全国航空客运量的比值；b 为各地区铁路客运量与全国铁路客运量的比值。

以上人口密度和人均 GDP 数据来源于中国经济与社会发展统计数据库，交通客运量数据来源于《中国民航统计年鉴》和《中国交通统计年鉴》。

为了准确构建热点旅游城市形成系数方程，并揭示不同的外部因素对热点旅游城市形成率的影响，本书将一些省份热点旅游城市形成率做出修正。通过对比发现，部分地区的百强旅游城市不是优秀旅游城市，并且有 6 个省区无百强旅游城市分布；重庆市相对于其他 3 个直辖市面积更大，包含的区县较多，故本节对其热点旅游城市形成率做出修正，如表 4-1 所示。

表 4-1　热点旅游城市外部因素各个特征值分析

省区市	年客流量/万人次	百强旅游城市数量/个	优秀旅游城市数量/个	修正热点旅游城市形成率/%	人均 GDP/万元	交通可达性指数	人口密度/(人/km^2)
上海	23100	1	1	100.00	8.26	9.28	3702
北京	21000	1	1	100.00	8.17	9.54	1198
天津	10800	1	1	100.00	8.52	4.30	1115
重庆	22200	1	3	33.33	3.45	2.81	349
山东	33441	10	35	28.57	4.73	3.90	624
浙江	39090	10	27	37.04	5.92	4.83	533
广东	39035	9	21	42.86	5.08	8.57	589
江苏	34397	8	28	28.57	6.23	3.58	779
湖南	20131	7	12	50.00	2.99	2.79	309
江西	12732	6	9	66.67	2.62	1.51	266
河南	20161	5	27	18.52	2.87	3.98	568
湖北	19023	5	12	41.67	3.42	2.52	307
辽宁	17567	5	18	27.78	5.08	3.80	301
河北	12473	5	10	50.00	3.40	1.44	384
安徽	10121	4	10	40.00	2.57	1.30	424
陕西	17065	6	6	66.67	3.35	3.46	181

续表

省区市	年客流量/万人次	百强旅游城市数量/个	优秀旅游城市数量/个	修正热点旅游城市形成率/%	人均 GDP/万元	交通可达性指数	人口密度/(人/km^2)
福建	9026	3	8	37.50	4.74	3.80	303
四川	11793	2	21	9.52	2.61	3.68	166
广西	7186	2	12	16.67	2.53	2.08	194
黑龙江	6720	2	11	18.18	3.28	2.34	85
吉林	5200	2	7	28.57	3.85	1.45	144
山西	4406	2	5	40.00	3.14	1.60	228
内蒙古	1605	1	11	9.09	5.80	1.63	21
贵州	5250	1	7	14.29	1.64	1.41	197
云南	4102	1	7	14.29	1.93	3.97	120
新疆	0	0	13	10.00	3.01	2.05	13
甘肃	0	0	9	10.00	1.96	0.82	63
海南	0	0	5	10.00	2.89	2.76	255
青海	0	0	2	10.00	2.95	0.34	8
宁夏	0	0	1	10.00	3.30	0.51	123
西藏	0	0	1	10.00	2.01	0.25	3

注：与其他 3 个直辖市相比，重庆城市化率较低，本书将其归为省级行政区域，包含 3 个优秀旅游城市。

二、研究方法

本节主要以截面数据为主，采用定性与定量相结合的方法，揭示影响热点旅游城市的形成条件，构建热点旅游城市内外因形成机制模型，提出形成系数方程，具体研究思路如下：

首先，利用柱状折线图等分析全国 31 个省区市百强旅游城市数量与优秀旅游城市数量的关系，以百强旅游城市数量与优秀旅游城市数量的比值计算各省区市热点旅游城市形成率。

其次，通过对各省人口密度、经济发展水平和交通可达性的单因素分析，揭示热点旅游城市形成率地域差异的原因，并结合各省优秀旅游城市数量，构建四大综合因素的热点旅游城市形成系数方程。

最后，通过对四大外部因素及热点旅游城市形成系数方程的分析，结合各省热点旅游城市形成率、旅游市场占有率、外部环境特征等，探寻中国旅游的地理枢纽。

第三节 热点旅游城市形成因素及系数方程

一、百强旅游城市与优秀旅游城市关系界定

中国现有 700 余个城市，这些城市是推动社会经济发展的主要力量；在这些城市中，优秀旅游城市作为旅游业发展的主体，数量占城市总数的一半以上，为了促进城市旅游业的发展，2003 年我国出现第一批优秀旅游城市，截至 2010 年，共有 339 个城市成为优秀旅游城市。

客流量小的城市一般凭借单一旅游资源吸引旅游者，与接待大规模旅游者的旅游城市形成机制有差异，故本节对年客流量在 1604 万人次以上的旅游城市进行剖析，意在揭示主导大规模热点旅游城市形成的因素及机制。

二、百强旅游城市与优秀旅游城市关联性及热点旅游城市形成率

通过表 4-1 可以发现，单凭旅游资源吸引旅游者的地区往往客流量较小，百强旅游城市和优秀旅游城市的数量少；而排除北京、天津、上海三个直辖市，东南沿海地区的百强旅游城市和优秀旅游城市数量多，客流量大。造成这种地域差异的原因较复杂。

为了更好地认识形成热点旅游城市的内因基础，首先验证百强旅游城市与优秀旅游城市的关联性。在客流量上，优秀旅游城市在其评选标准中规定应含有 5 处以上年客流量不低于 50 万人次的旅游景区；而百强旅游城市 2011 年最低客流量为 1604 万人次，最高为 23100 万人次；从分布个数上，各省的优秀旅游城市数量普遍多于百强旅游城市数量。

除北京、天津、上海 3 个直辖市外的全国百强旅游城市和优秀旅游城市数量关系如图 4-2 所示，其中，优秀旅游城市多集中在东部地区，所占比例达到 49%，山东、江苏、浙江、广东所分布的优秀旅游城市较多，数量在 21～35 个。西部地区优秀旅游城市数量较少，所占比例不足 21%，各省区分布数量普遍在 13 个以下；同样，百强旅游城市的分布基本与优秀旅游城市相吻合，东部地区大于西部地区，所占比例分别是 52%和 9%，新疆、西藏、青海、甘肃、宁夏、海南无百强旅游城市分布。通过统计比较，发现百强旅游城市基本是从优秀旅游城市中脱颖而出，百强旅游城市的形成是以优秀旅游城市为基础。

计算各省热点旅游城市形成率，如图 4-2 所示。由图可见，热点旅游城市形成率的高低与旅游城市数量有三种关系。首先，旅游城市分布多的省份并不是热点旅游城市形成率高的省份，如山东、江苏、浙江的百强旅游城市数量是 8～10 个，优秀旅游城市数量是 27～35 个，热点旅游城市形成率分别是 28.57%、28.57%、

37.04%；其次，旅游城市数量少的地区其形成率也较低，如黑龙江、贵州、云南等省；最后，旅游城市分布适中的地区热点旅游城市形成率较高，如江西、陕西、湖南、河北、广东、湖北、安徽这些省的百强旅游城市数量是 4～9 个，优秀旅游城市数量是 6～21 个，城市数量虽然不多，但是热点旅游城市形成率却很高，普遍在 40%以上。由此可见，旅游资源禀赋程度并不能决定形成率高低，造成热点旅游城市形成率地域差异的原因往往与地区社会经济等因素集合成的“平台”的高低有关。

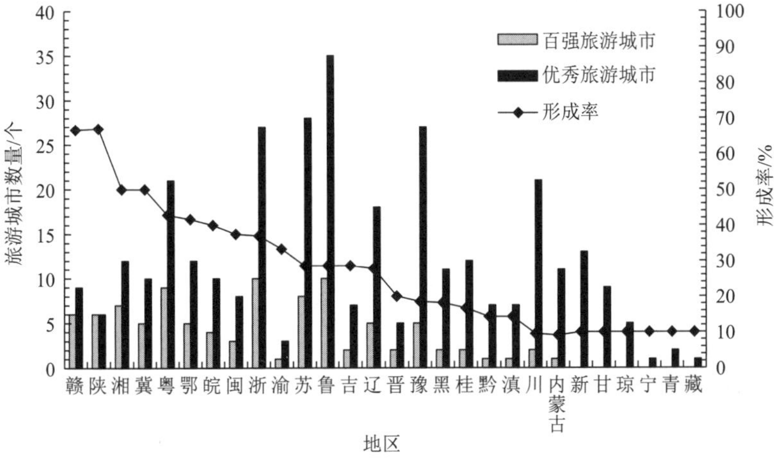

图 4-2　全国百强旅游城市、优秀旅游城市数量分布及热点旅游城市形成率

三、热点旅游城市形成系数与人口、经济、交通的关系

热点旅游城市崛起除了对内部旅游资源丰度的要求，还依赖外部条件对其的塑造，根据概念模型，形成率的高低主要受四个外部因素影响。通过函数关系式，首先验证形成率与外部各个单因素的相关性，其函数关系为

$$Y = f(X_1, X_2, X_3, X_4) \tag{4.2}$$

其中，Y 为形成率；X_1 为人口密度；X_2 为人均 GDP；X_3 为交通可达性指数；X_4 为优秀旅游城市数量。

（一）热点旅游城市形成率与人口密度的关系

2014 年，国务院调整了城市规模的划分标准，以城区常住人口为统计口径，将城市的规模划分为五类七档。具体是：①超大城市，具有 1000 万以上的常住人口；②特大城市，具有 500 万～1000 万（不包括本数，下同）常住人口；③大城市，具有 100 万～500 万常住人口，其中，Ⅰ型大城市的人口在 300 万～500 万，Ⅱ型大城市的人口在 100 万～300 万；④中等城市，具有 50 万～100 万常住人口；⑤小城市，常住人口在50万以下，其中，Ⅰ型小城市的人口在20万～50万，Ⅱ型小城市的人口在20万以下。与原有标准相比，第一，设立了超大城市，国际化都市已经形成；第二，细分了小城市和大城市的人口，对小城市规模的细分有利于城市规划建设，对大城市人口规模的细分则有利于常住人口的管理；第三，城市划分的人口规模上下限普遍得到提高，说明我国城市化发展趋势良好。

对于旅游业，城市人口规模大意味着客源市场充足。我国人口超过百万的城市大于100个，真正称得上"大都市"的人口往往超过千万，这些"千万"人口城市与周边区域旅游活动交往异常频繁，"人气"较高，热点旅游城市形成率也较高。以本地区人口密度为自变量，作与热点旅游城市形成率的关系散点图。由于上海人口密度过大，影响数据生成的准确性，将其剔除，具体如图4-3所示。二者呈直线相关，采用OLS法求解其回归方程：

$$Y = 0.06X_1 + 12.33 ,\quad N=31,\ R=0.74 \tag{4.3}$$

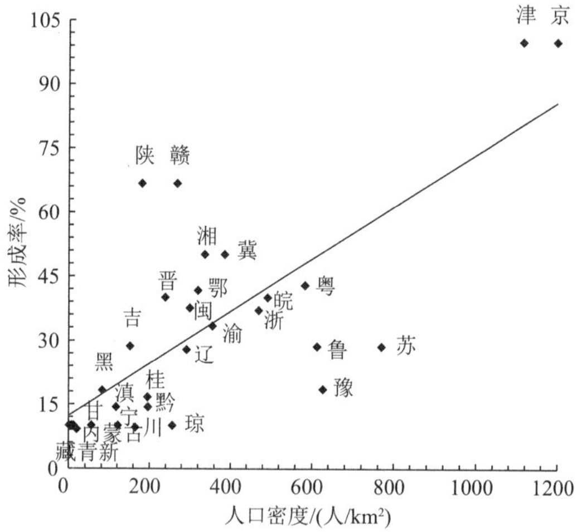

图4-3 热点旅游城市形成率与人口密度关系散点图

方程(4.3)反映出人口密度越大的地区其热点旅游城市形成率越大，该地区每增加或减少1人/km²，热点旅游城市形成率就增加或减少0.06个百分点。北京、天津、江苏、广东、山东、河南是人口密度较大的省市，人口密度在568～1198人/km²，除去河南省修正热点旅游城市形成率是18.52%，其余省市的修正热点旅游城市形成率均在28%以上；西藏、甘肃、内蒙古、黑龙江、青海、新疆的人口密度较低，在3～85人/km²，其修正热点旅游城市形成率在20%以下，人口稀疏导致潜在的客源市场小，影响热点旅游城市形成率。

（二）热点旅游城市形成率与经济发展水平的关系

古代城市的基本功能是军事和经济，现代城市的军事功能逐渐弱化，经济功能越来越强化。经济的发展推动了城市化，城市化又带动了区域旅游的发展。我国旅游业经过近30年的发展，成为国民经济中发展速度最快的行业之一，旅游业与经济增长之间存在相互促进的作用，构成区域经济环境的要素较多，包括GDP、居民可支配收入、汇率等，其中，GDP的影响较大，反映了区域经济的总体发展水平。区域GDP的增长能够促进旅游行业基础设施和配套服务设施建设与完善的能力，如星级酒店、餐饮饭店、旅行社等的建设能够满足不同群体旅游者的需求。

伴随着我国旅游市场逐步由观光型旅游向度假型旅游转变的趋势，经济发展水平高的旅游城市往往能够拥有大资本的投入，旅游服务设施更先进，客源更多，更加重视旅游产品的更新与多元化。为了揭示热点旅游城市形成率与经济发展水平的关系，选取人均GDP为自变量，与热点旅游城市形成率作关系散点图（图4-4），采用OLS法求解其回归方程：

$$Y = 10.02X_2 - 4.70\ ,\quad N=31,\ R=0.69 \tag{4.4}$$

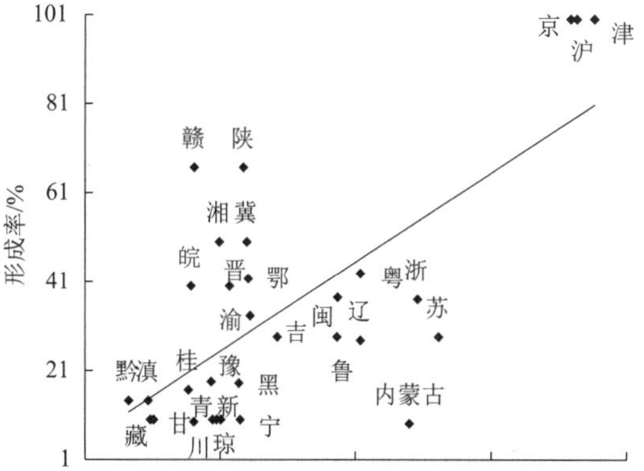

图4-4　热点旅游城市形成率与人均GDP关系散点图

方程（4.4）说明各省热点旅游城市形成率与人均GDP呈线性相关，该省人均GDP每增加或减少1万元，热点形成率就增加或减少10.02个百分点。从图4-4中可发现，北京、上海、天津、江苏、浙江、内蒙古、广东、辽宁的人均GDP在5.08万～8.52万元，位居全国前列，除去内蒙古，其余省市热点旅游城市形成率均在27%以上；西藏等6个省区无百强旅游城市分布，经济发展水平较低，人均GDP在1.96万～3.30万元。除此之外，贵州和云南的人均GDP也较低，都不到2万元，从而导致热点旅游城市形成率都没有超过15%。

（三）热点旅游城市形成率与交通可达性的关系

城市和景区（点）不仅是构成区域旅游的两个基本要素，也是组成旅游网络的重要节点。热点旅游城市的集散功能要强于一般的城市，往往是区域交通枢纽中心，交通方式更多元化，从而能够吸引更多的旅游者。城市与城市之间，传统的交通连接通道为航空和铁路；随着科技水平的提高，旅游城市之间连接的外部交通方式增加了高铁，大大缩短了穿梭旅游城市之间的时间，节省了旅游者出行成本；除此之外，游轮的推广也增强了旅游者的体验，增加了入境旅游者的数量。城市内部交通网络主要还是以公路和地铁为主导，随着区域的一体化，自驾游的比例逐年上升，尤其是黄金周与小长假高速公路免收通行费用更加刺激了人们出行的需求。

因此，以区域交通可达性指数为自变量，与各省热点旅游城市形成率作关系散点图，如图 4-5 所示。二者呈直线相关，采用 OLS 法求解其回归方程：

$$Y = 7.40X_3 + 12.24\text{，}\quad N=31\text{，}R=0.64 \tag{4.5}$$

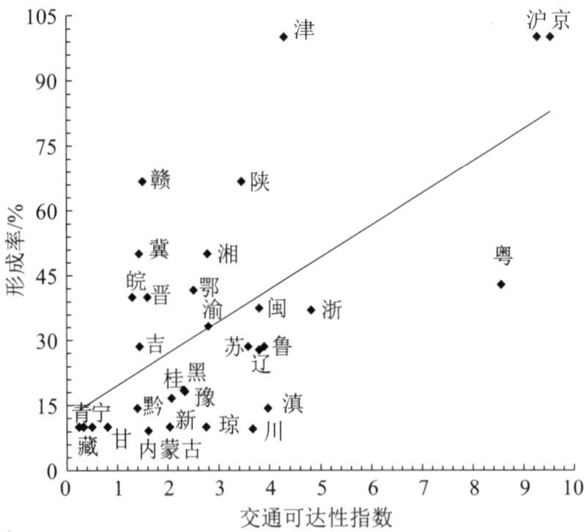

图 4-5 热点旅游城市形成率与交通可达性指数关系散点图

方程（4.5）基本说明交通可达性良好的地区其热点旅游城市形成率较高，交通可达性指数每增加或减少 1 个单位，热点旅游城市形成率就增加或减少 7.4 个百分点。从图 4-5 可以看出，北京、广东、江苏、浙江、上海、辽宁、天津的交通可达性指数都偏高，在 3.58～9.54，热点旅游城市形成率均在 27%以上，尤其是上海和天津作为典型的港口城市，水运较为发达；而西藏、青海、宁夏、内蒙古、甘肃、新疆、海南、贵州的交通可达性指数偏低，在 0.25～2.76，区域可达性较弱导致热点旅游城市形成率都在 20%以下。

（四）热点旅游城市形成率与优秀旅游城市数量的关系

截至 2010 年，全国共有 339 个城市成为优秀旅游城市，众多数量的优秀旅游城市之间易产生竞争，同一区域旅游城市的旅游资源差异小、个性不鲜明、客源地重叠，导致部分旅游城市由于缺乏代表性和识别性，客流量被分流，影响力削弱。

为了揭示热点旅游城市形成率与区域旅游城市数量的关系，选取本地区优秀旅游城市数量为自变量，与热点旅游城市形成率作散点图，如图 4-6 所示，其回归方程如下：

$$Y = -0.37X_4^2 + 1.376X_4 + 19.54 \tag{4.6}$$

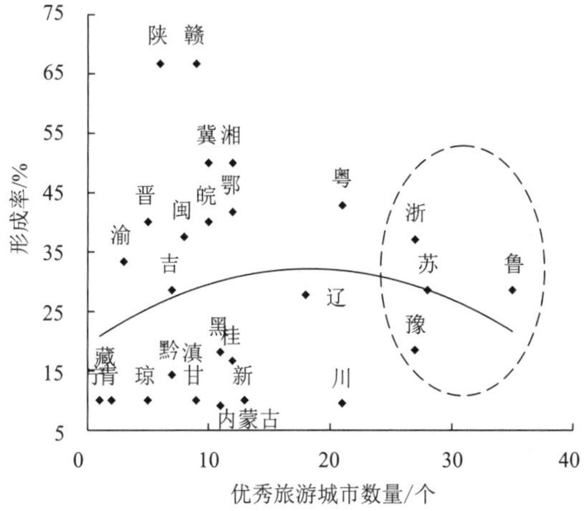

图 4-6 热点旅游城市形成率与优秀旅游城市数量关系散点图

由图 4-6 可知，热点旅游城市形成率与优秀旅游城市数量呈现二次曲线关系，优秀旅游城市数量较少或过多都会造成热点旅游城市形成率减小。

首先，一些省份分布的相同品质的优秀旅游城市数量过多，个性不明显，从而产生竞争，导致形成系数较低，典型的有江苏、浙江、山东、河南，优秀旅游城市数量在 27～35 个，热点旅游城市形成率却在 15%～40%。江苏、浙江两省经济发达，河南省人口密度大，山东省区位优越，但是客流量都被分流，“优中择优”，从优秀旅游城市中产生的热点旅游城市客流量差异不大；与之形成鲜明对比的是，一些省份优秀旅游城市分布数量在 6～20 个，热点旅游城市形成率达到 25%～70%，形成省份内的某一城市由于是省会或者拥有国内外知名的旅游景点，年接待客流量超过其他百强旅游城市几倍的现象；最后，一些边缘或西部地区的优秀旅游城市数量在 10 个以下，其热点旅游城市形成率在 20%以下，优秀旅游城市数量过少导致热点旅游城市形成率低，包括西藏、宁夏、青海、甘肃等省区。

（五）多因素的综合作用及形成系数方程

上述四个方程是基于单因素分析，结果显示，热点旅游城市形成与人均GDP、交通可达性指数、人口密度、优秀旅游城市数量具有很强的相关性。然而，影响区域热点旅游城市的形成并不是单一因素决定的，区域之间的差异导致由人均GDP、交通可达性指数、人口密度、优秀旅游城市数量集合成“平台”的非单一性。例如，热点旅游城市形成率高的地区多为区域中心，对周边地区的旅游具有辐射和扩散作用，不仅拥有便利的交通，还有稠密的人口；或者是东部沿海对外开放地区，经济基础雄厚且交通区位优越。单一因素决定省域内热点旅游城市的形成是不具有科学和现实意义的，多因素的共同作用才能更合理地解释热点旅游城市形成的原因。

对于式(4.2)常采用线性加和模型和非线性阶乘模型两种形式。本节从多因素共同作用出发，选取非线性阶乘模型，其计量经济方程为

$$Y = KX_1^{\alpha} X_2^{\beta} X_3^{\gamma} X_4^{\delta} \tag{4.7}$$

其中，α、β、γ、δ为待求参数。

对方程(4.7)两侧取对数得

$$\ln Y = \ln K + \alpha \ln X_1 + \beta \ln X_2 + \gamma \ln X_3 + \delta \ln X_4 \tag{4.8}$$

结合表4-1的统计数据，采用多元回归分析方法，其结果为

$$\ln Y = 0.32 \ln X_1 + 0.37 \ln X_2 + 0.03 \ln X_3 - 0.15 \ln X_4 + 1.36\ , \quad N=31,\ R=0.80 \tag{4.9}$$

方程(4.9)拟合程度良好，符合预测要求。为了检验方程的模拟效果，以方程(4.9)计算各省区市的热点旅游城市形成率统计值，并与2011年实际值进行对比，结果如图4-7所示。可以发现，人口密度、人均GDP、交通可达性指数、优秀旅游城市数量综合模拟比单因素模拟具有更高的相关性。其中，人均GDP在四个因素中起主导作用，变量系数为0.37，经济集中度高，从而引起旅游消费旺盛。城市经济发展水平对热点旅游城市的影响略大于人口(变量系数为 0.32)，人口密集的城市由于经济不发达同样不会形成热点旅游城市。交通可达性指数相对影响较小，变量系数为 0.03，历史上城市多沿河流、海岸线分布，可借助便利的海运；现代旅游城市不再局限于地理区位，由于交通革命，人们出行方式的选择更多，旅游目的地更远。省域内优秀旅游城市的数量与热点旅游城市形成率成反比，优秀旅游城市数量对热点旅游城市形成具有抑制作用，相同旅游品味的城市之间会产生竞争，从而导致热点旅游城市形成率下降。

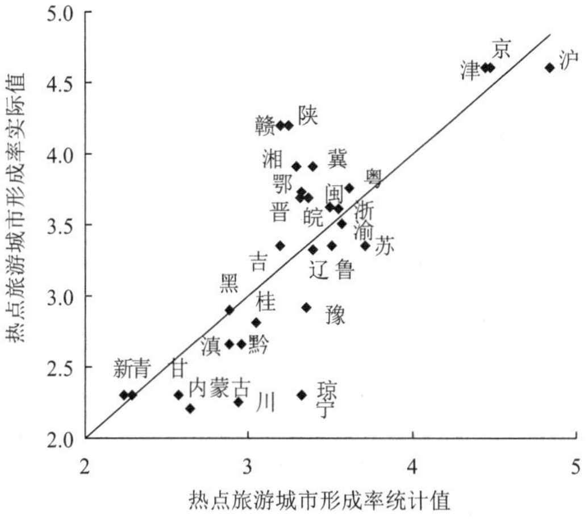

图 4-7　热点旅游城市形成率实际值与统计值关系散点图

第四节　基于热点旅游城市的中国旅游地理枢纽

忽略各省优秀旅游城市产生的竞争性，将人口密度、人均 GDP、交通可达性指数值代入方程(4.9)进行计算，结果显示，北京、天津、上海、江苏、浙江、广东热点旅游城市形成率位居前列，基本围绕着三大区域：①长江三角洲，以上海为中心，包括浙江、江苏两省，是优秀旅游城市、百强旅游城市数量最多，分布最密集的区域；②京津冀，以北京为中心，包括天津、河北，新兴旅游城市数量较多的区域；③珠江三角洲，以广州为中心，包括珠江三角洲地区的多个城市，是我国旅游业起步较早的区域，如表 4-2 所示。

表 4-2　三大区域旅游城市情况与外部环境特征值

地区	热点旅游城市形成率			旅游市场占有率		外部环境		
	百强旅游城市数量/个	优秀旅游城市数量/个	形成率/%	国内市场占有率/%	入境市场占有率/%	人均 GDP/万元	交通可达性指数	人口密度/(人/km^2)
京津冀	7	12	58.33	8.82	10.29	4.91	11.92	489.71
长三角	19	56	33.93	17.34	27.16	6.41	15.32	712.81
珠三角	9	21	42.86	3.71	12.66	5.07	8.95	584.23

表 4-2 说明，首先，京津冀地区热点旅游城市群正在形成，与山东半岛、辽宁省之间形成旅游互动区域，并深入东北、山西腹地；珠江三角洲地区虽然旅游

资源丰度不及其他两个地区，但是经济基础雄厚，旅游业起步早，区域优势仍在，热点旅游城市形成率达到42.86%。

其次，高城市化，高出游率。长江三角洲地区作为经济中心，旅游者到访率最高，国内市场和入境市场占有率分别达到 17.34%和 27.16%；京津冀地区由于其特殊的政治地位，是国内旅游最活跃的地区之一，2011 年接待国内旅游者 50116万人次，国内市场占有率达到 8.82%；珠江三角洲地区国际/港澳台旅游市场吸引力较强，2011 年接待入境游客 749 万人次，入境市场占有率达到 12.66%。

最后，外部环境的复杂程度可增强或减弱枢纽的作用，“平台”发展越高对旅游业越有利。三大区域都是经济贸易频繁的地区，尤其是长江三角洲地区，区域内经济差异逐渐缓解，国际航空港数量及全国航线条数多，人口最为密集。

从旅游主体和旅游活动来看，旅游业的地理枢纽应该是客流量最多、旅游活动进出流量最大的区域；从旅游客体和观赏对象来看，旅游业的地理枢纽应该是热点旅游城市聚集的城市群；从所处外部环境平台来看，枢纽周边应存在较大的潜在客源市场，旅游需求旺盛，交通可达性强，旅游资源多样化。通过上述分析可知，长江三角洲、京津冀、珠江三角洲区域的旅游地理枢纽已经形成。

第五节 本章小结

城市化不但推动了中国经济增长和旅游业发展，还改变了人们的旅游方式。热点旅游城市是新时期城市旅游竞争力的关键，具有代表性、识别性和地域性，本书以百强旅游城市和优秀旅游城市为基础，进一步剖析了热点旅游城市形成机制，并得出以下结论及建议：

(1)构建热点旅游城市形成机制模型。模型主要由内部因素和外部因素共同作用，内因主要是旅游资源禀赋、旅游市场吸引力等；外因则指宏观的经济发展水平、人口密度、交通可达性，以及各省区市的优秀旅游城市数量。外因在很大程度上决定了热点旅游城市的形成，如西部地区及东北部地区的旅游资源禀赋程度较高，然而，只有部分省会城市才能形成热点旅游城市，探其原因与区域外部因素所构成的平台有关，“平台”较低则不容易被旅游者识别和记忆，削弱品牌形象的传播。

(2)热点旅游城市形成率。热点旅游城市形成率是由优秀旅游城市作为形成内因基础，与百强旅游城市数量的比值构成的。形成率共有三种情况：旅游城市分布较多的地区并不是热点旅游城市形成率高的地区；旅游城市数量少的地区热点旅游城市形成率也较低；旅游城市分布适中的地区热点旅游城市形成率较高。由此可见，旅游资源禀赋程度并不能决定热点旅游城市形成率高低，造成热点旅游城市形成率地域差异的原因往往与当地社会经济等因素集合成“平台”的高低有关。

(3) 热点旅游城市形成率具有地域差异。热点旅游城市形成率由外部形成系数方程决定。人口密度、人均 GDP、交通可达性指数和优秀旅游城市数量所构建的形成系数方程综合模拟比单因素模拟具有更高的相关性，其中，单因素模拟的相关系数分别是 0.74、0.69、0.64，而综合模拟的相关系数为 0.8，人均 GDP 对热点旅游城市的形成影响最大，占主导地位，变量系数为 0.37；而优秀旅游城市数量会削弱区域热点旅游城市形成的概率，相同旅游品味城市之间会产生竞争，从而导致热点旅游城市形成率下降。

(4) 通过对基于热点旅游城市的中国旅游地理枢纽的研究，发现长江三角洲、珠江三角洲、京津冀地区作为我国旅游的集散中心，在区域旅游中占有重要地位，是中国旅游“财气”和“人气”的聚集区。而中部的湖南、湖北、江西、安徽，以及西部的陕西和重庆作为新兴的热点旅游区域表现出强劲的竞争力，以“点”带动“面”的发展，以热点旅游城市为核心加快中、西部区域合作。

第五章　中国品牌旅游景区与热点旅游城市地域组合关系

第一节　品牌旅游景区与热点旅游城市幂律关系

作为空间中不同等级的点，旅游景区（点）和旅游城市以热点的形式推动区域旅游的发展，加强区域之间的合作。我国旅游业已进入买方市场，品牌产生的巨大吸引力成为新时期旅游业竞争的关键，品牌旅游景区与热点旅游城市知名度高、吸引力强，旅游者到访率和重游率也较高，能够代表区域旅游发展的精髓，成为该省旅游发展的符号。2011 年，中国旅游业界推出的百强旅游景区和百强旅游城市，是对年接待量超过 128 万人次的旅游景区和 1604 万人次的旅游城市，前 100 位进行排序的结果，这种大规模的旅游景区和城市之间的空间匹配关系更加复杂。

不同性质或级别的客体，在地域空间上的相互联系和组合，组成高级地理综合体的规律，即高级别旅游景区（点）与旅游城市（区）的地域组合规律。良好的地域组合往往投入较少的资金、设备、劳动力，取得较大的经济效益，并为旅游资源的尽快开发提供可能；不良的地域组合需投入较多的人力、物力和财力，最终开发效果缺乏吸引力。

本节将从空间分布和地域组合探讨品牌旅游景区和热点旅游城市之间的互动机制，拟为区域旅游网络结构形成的研究提供新思路，从而促使旅游资源更合理、更有效地开发和配置。

一、数据来源与整合方法

为了揭示不同级别品牌旅游景区、热点旅游城市空间分布及组合关系，研究选用的基础数据是 2011 年中国百强旅游景区、百强旅游城市年客流量与排名次序的截面数据。2011 年，百强旅游景区共接待旅游者 3.59 亿人次，最低入选门槛为 128 万人次；百强旅游城市共接待旅游者 40.76 亿人次，最低入选门槛为 1604 万人次。以客流量为依据选出的百强旅游景区、百强旅游城市更能客观反映市场需求，符合经济学的特性。

首先，以百强旅游景区和百强旅游城市排名次序的对数为自变量、客流量的对数为因变量，根据其幂律分布的特征，划分二者的规模等级。

其次，采用 ArcGIS 空间定位和分析方法，用《1：3000 万数字地理底图境界要素数据集》的工作底图，通过 ArcGIS9.3 数字化建立基础底图，绘制不同级别景区和城市的空间分布图，揭示二者的空间分布规律。

最后，利用二维矩阵模型等分析景区与城市的地域组合关系，分别揭示高级别客流量大的热点旅游城市和低级别客流量小的热点旅游城市与品牌旅游景区数量匹配、规模匹配关系。

二、频次-规模幂律分布理论

1932 年，Zipf 发现英文单词中绝大多数词语使用的频率较少，只有小部分单词使用频率高，单词使用的频率与其使用的优先度是一个常数次幂的反比关系，这种关系称为 Zipf 定律，其表达式为 $y = cx^{-r}$。

幂律分布普遍存在于自然界中，对其最常见的解释是长尾效应和马太效应。百强旅游景区与城市个体的客流量差异较大，如排名第一的深圳华侨城景区和上海市的客流量分别是排名最后的黄帝陵景区和景德镇的十倍以上。以百强旅游景区与城市的排名次序对数为自变量、客流量对数为因变量，构建品牌旅游景区与热点旅游城市客流量与排名关系二维矩阵散点图，结果发现二者都出现了“长尾”现象，品牌旅游景区散点排列平滑，“长尾”部分较短，说明景区之间客流量的差异较大，存在地区差异；而热点旅游城市的最高点与最低点虽然落差大，但“长尾”部分较长，说明热点旅游城市之间的差异有所缓和。

三、品牌旅游景区幂律分布及规模分级

以 Zipf 定律为理论依据，将公式两边取对数得到

$$\ln Q = \ln c - r \ln N$$

其中，$\ln Q$ 为客流量对数；$\ln N$ 为排名次序对数；c 和 r 为大于零的常数。

以百强旅游景区排名次序的对数为自变量、客流量的对数为因变量，构建品牌旅游景区双对数幂律分布图(图 5-1)，其幂函数关系式为

$$\ln Q = 7.93 - 0.62 \ln N, \quad N=31, \ R=0.96 \tag{5.1}$$

式(5.1)的相关系数为 0.96，拟合程度较高，品牌旅游景区符合幂律分布特征。

从图 5-1 中可以看出，百强旅游景区中间部分的各个点基本分布在一条直线上，且规模具有较为明显的三个分级：第一级是前 8 个百强旅游景区，年客流量在 790 万～1380 万人次，总客流量达到 8500 万人次，占百强旅游景区客流总量的 23.7%；第二级是第 9～30 个共 22 个景区，年客流量在 410 万～670 万人次，总客流量为 11231 万人次，占百强旅游景区客流总量的 31.3%；第三级是最后 70 个景区，年客流量在 128 万～370 万人次，总客流量为 16148 万人次，占百强旅

游景区客流总量的 45%。个体上，第一级的 8 个百强旅游景区年客流量都在 700 万人次以上，景区之间客流量的差异较大，如排名第一的华侨城和第三的长隆旅游度假区虽然都在广东省，但客流量相差了近 200 万人次；第三级的 70 个百强旅游景区年客流量都在 500 万人次以下，但景区之间客流量的差异较小。总体上，第三级中单独景区的客流量低于第一级中任何一个百强旅游景区，但累计的总客流量超过第一级百强旅游景区。

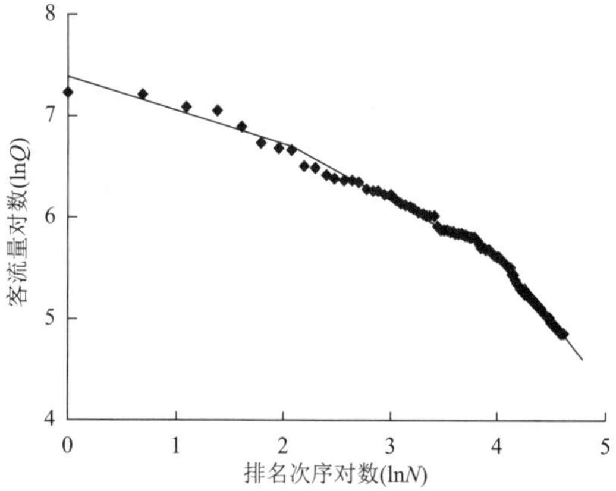

图 5-1 品牌旅游景区双对数幂率分布图

四、热点旅游城市幂律分布及规模分级

图 5-2 是以百强旅游城市排名次序对数为自变量、客流量对数为因变量的热点旅游城市双对数幂律分布图，其幂函数关系式为

$$\ln Q = 10.41 - 0.64 \ln N, \quad N=31, \ R=0.99 \tag{5.2}$$

式(5.2)的相关系数达到 0.99，拟合程度非常高，热点旅游城市符合幂律分布特征。

图 5-2 反映出百强旅游城市的各个点以直线分布，其幂律分布特征比百强旅游景区更为明显，然而，百强旅游城市规模分级并不突出，但仍具有三个分级：第一级是前 7 个城市，年客流量在 9674 万～23100 万人次，总客流量为 111874 万人次，占百强旅游城市客流总量的 27.44%；第二级是第 8～20 个共 13 个城市，年客流量在 5071 万～8351 万人次，总客流量为 83877 万人次，占百强旅游城市客流总量的 20.58%；第三级是最后 80 个城市，年客流量在 1604 万～4565 万人次，总客流量为 211873 万人次，占百强旅游城市客流总量的 51.98%。个体上，第一级的 7 个百强旅游城市年客流量都在 9000 万人次以上且城市之间客流量的差异较大，如排名第一的上海市和第四的广州市的客流量相差 1 亿人次；而第三级的 80 个城市的客流量则不高于 5000 万人次且城市之间客流量相差较小。总体上，最后 80 个百强旅游城市的客流量所占比例最大，产生了客流量小且数量差异小的第三

级百强旅游城市累计起来的总客流量超过第一级百强旅游城市的现象。

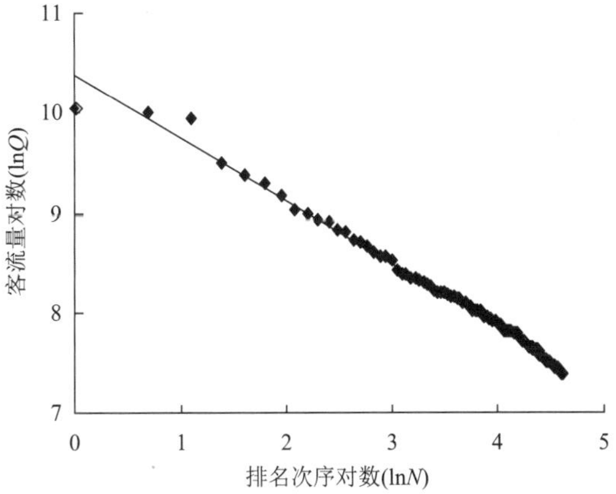

图 5-2　热点旅游城市双对数幂律分布图

第二节　品牌旅游景区与热点旅游城市空间分布及聚集性

为了揭示不同级别品牌旅游景区及热点旅游城市的空间分布结构和地域组合关系，以百强旅游景区(城市)排名为自变量、年客流量为因变量，构建客流量与排名关系散点图，发现二者符合幂律分布特征，相关系数分别为 0.96 和 0.99，拟合程度较高，且都有明显分级。

品牌旅游景区的三个级别分别是：第一级是规模最大的顶级品牌旅游景区，包含前 8 个年客流量在 790 万～1380 万人次的百强旅游景区；第二级是次级品牌旅游景区，包含 22 个年客流量在 410 万～670 万人次的百强旅游景区；第三级是一般品牌旅游景区，包含 70 个年客流量在 128 万～370 万人次的百强旅游景区。个体上，顶级品牌旅游景区年客流都在 700 万人次以上，景区之间客流量差异较大，如排名第一的华侨城和第三的长隆旅游度假区虽然都在广东省，但客流量相差近 200 万人次；一般品牌旅游景区年客流量都在 400 万人次以下，但景区之间客流量差异较小。

热点旅游城市规模分级并不突出，但仍具有三个分级：第一级是前 7 个规模最大的顶级热点旅游城市，年客流量在 9674 万～23100 万人次；第二级是 13 个次级热点旅游城市，年客流量在 5071 万～8351 万人次；第三级是最后 80 个一般热点旅游城市，年客流量在 1604 万～4565 万人次。个体上，顶级热点旅游城市之间客流量差异较大，如排名第一的上海市和第四的广州市客流量相差 1 亿人次；而一般热点旅游城市客流量则不高于 5000 万人次且城市之间客流量相差较小。

一、品牌旅游景区的空间分布及聚集性特性

基于省域范围，我国品牌旅游景区数量分布不均衡，东部地区的数量多于西部地区。三个级别分别用点的大小区分，客流量越大的品牌旅游景区级别越高，所代表的点就越大，客流量较小的品牌旅游景区所代表的点也较小，如图 5-3 所示。

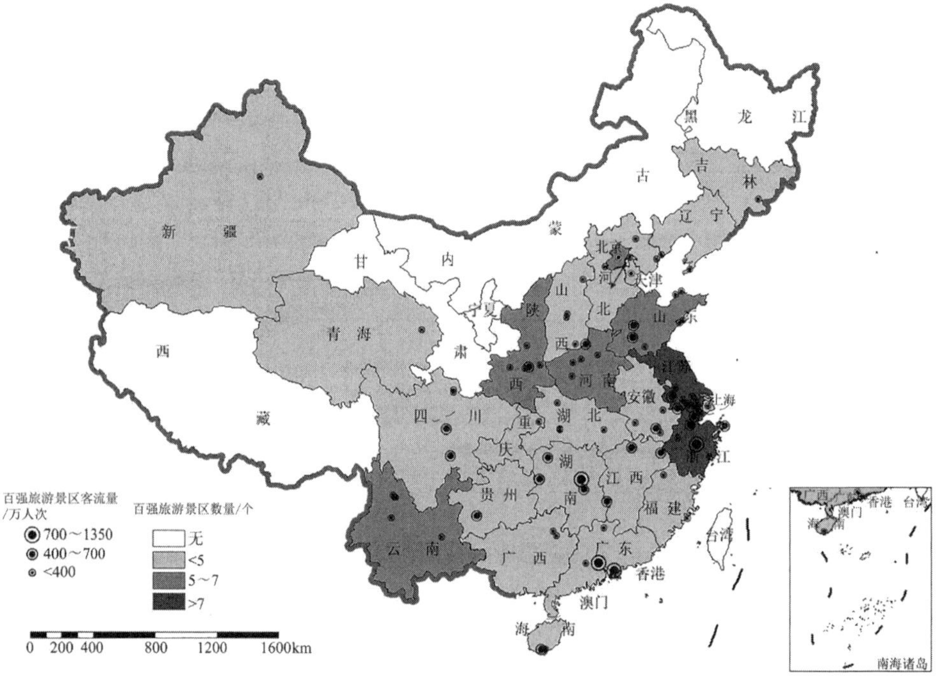

图 5-3 品牌旅游景区空间分布图

江苏省和浙江省内品牌旅游景区数量最多，分别占全国的 13%和 10%；西藏自治区、甘肃省、内蒙古自治区和黑龙江省则无品牌旅游景区。从分布上看，顶级品牌旅游景区南北均衡，各有 4 个；而次级和一般品牌旅游景区南北失衡，南方多于北方，江浙地区尤为突出。

品牌旅游景区多呈区域聚集分布，其大体上分布在环渤海地区、黄河-陇海沿线、长江流域、长江三角洲地区和珠江三角洲地区。究其原因，其聚集区形成不仅与经济因素有关，而且与地理环境紧密联系。

(1) 区域经济发达，人口密度大。珠江三角洲与长江三角洲地区经济发达、客源充足，为该区域品牌旅游景区的发展提供了强有力的后盾。珠江三角洲地区包含 4 个品牌旅游景区，景区数量虽不多但规模很大，其中华侨城和长隆旅游度假区客流量都超过 700 万人次；长江三角洲地区包含 24 个品牌旅游景区，占全国总

量的 24%，区域内有 1 个大规模景区分布——金华东阳横店影视城，其客流量也超过 700 万人次。这一区域景区类型多以度假、休闲、娱乐为主。

(2)交通干线密布。环渤海地区和黄河-陇海沿线交通区位优越，区域之间的联系紧密。环渤海地区除了拥有特殊的政治地位外，还是北方海上门户，大连、天津、青岛等港口城市可进入性强，区域内拥有 20 个品牌旅游景区，其中，北京分布着 4 个顶级品牌旅游景区；黄河-陇海沿线含有 16 个品牌旅游景区，景区分布紧凑，却无客流量超过 700 万人次的顶级品牌旅游景区，景区类型多以宗教文化、名胜古迹、自然风光为主。

(3)靠近江河沿岸。长江流域分布的品牌旅游景区共有 26 个，占全国总量的 26%，数量最多，但是大规模品牌旅游景区的数量只有 1 个(湖南韶山)，小规模品牌旅游景区数量较多，景区类型主要以自然风光类为主。

二、热点旅游城市的空间分布及聚集性特征

同样基于省域分析，我国热点旅游城市多聚集于东南沿海地区，相比之下，西部的新疆、西藏、青海、甘肃和宁夏等则没有分布(图 5-4)。99%的热点旅游城市分布在胡焕庸线的东南方，与我国人口地理密度分布规律相吻合；山东、浙江、广东、江苏分布数量最多，占全国总数的 37%；7 个顶级热点旅游城市中有 4 个沿长江两岸分布，南部地区拥有的数量明显多于北部地区，次级热点旅游城市和一般热点旅游城市聚集性较为分散，但是数量庞大，一些次级热点旅游城市和一般热点旅游城市则以顶级热点旅游城市为中心，呈半环状辐射分布。即规模和影响地区范围大的热点旅游城市数量少，分布不均衡，而规模和影响地区范围小的热点旅游城市数量多，分布广泛，其余中等热点旅游城市分布则介于大、小热点旅游城市之间，符合克里斯泰勒的中心地理论。

热点旅游城市的聚集区域基本呈带状分布，分布区域集中在环渤海地区、黄河-陇海沿线、长江流域、长江三角洲地区、珠江三角洲地区，其形成与经济、社会、地理、政治等因素有关。

(1)热点旅游城市沿经济中心分布，主要聚集在长江三角洲和珠江三角洲地区。这两个地区是我国城市数量最多的区域，人口流动大，人均 GDP 较高，旅游客源地与目的地高度重合，长江三角洲地区共分布 15 个热点旅游城市，上海市年客流量为 23100 万人次，成为该区域的顶级热点旅游城市；珠江三角洲地区共分布 9 个热点旅游城市，广州市以年客流量 13300 万人次成为顶级热点旅游城市。

(2)交通干线沿线分布，主要聚集在环渤海地区、黄河-陇海沿线以及哈大线。22 个热点旅游城市分布在环渤海地区，数量不多但拥有 2 个顶级热点旅游城市：北京市和天津市，年客流量分别是 21000 万和 10800 万人次；黄河-陇海沿线主要分布 15 个热点旅游城市，没有大规模的热点旅游城市，多为次级热点旅游城市和

一般热点旅游城市；哈大线纵贯东北三省，连通哈尔滨、长春、沈阳、大连 4 个主要城市，这一区域没有形成大规模的热点旅游城市，多为次级热点旅游城市和一般热点旅游城市。

(3)沿江河流域分布，主要聚集在长江流域。长江流域共有 26 个热点旅游城市，数量最多，形成 3 个顶级热点旅游城市：重庆市、武汉市、成都市，年客流量分别是 22200 万人次、11800 万人次和 9674 万人次。

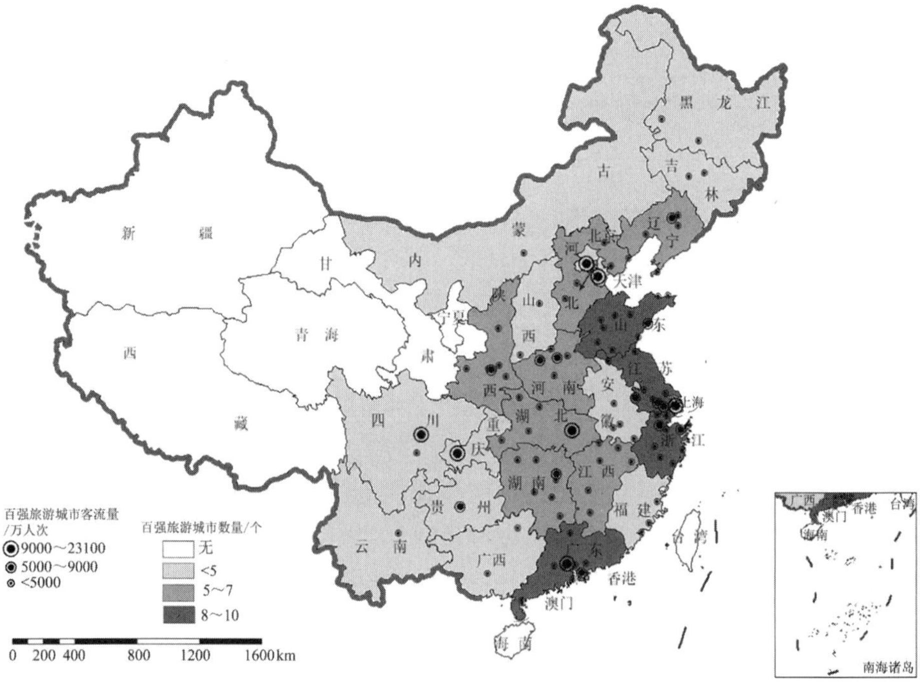

图 5-4　热点旅游城市空间分布图

第三节　品牌旅游景区与热点旅游城市地域组合分析

通过分析品牌旅游景区、热点旅游城市空间结构图，剖析不同的空间结构特征：品牌旅游景区聚集性较强，集中在东部地区；热点旅游城市呈带状分布，多分布在胡焕庸线的东南方；二者在空间结构上具有错位性，如图 5-5 所示。从图 5-5 中可以看出，代表品牌旅游景区的点并不总是与热点旅游城市相重合，二者空间结构的错位性导致其空间组合上的非对应性，针对该特征，借助空间错位理论等，通过二维矩阵模型整理二者的归属地，深入探讨品牌旅游景区与热点旅游城市空间数量与规模等级匹配关系。

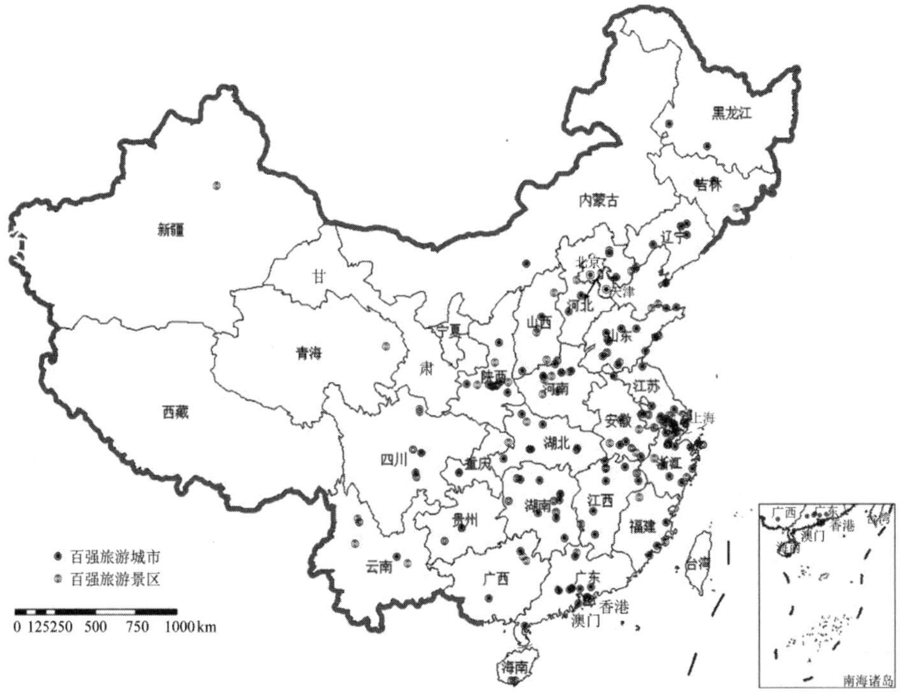

图 5-5　品牌旅游景区与热点旅游城市空间结构分布图

一、品牌旅游景区和热点旅游城市地域数量匹配关系

由于旅游城市职能趋向多元化，城市不再依靠单独旅游景区吸引旅游者，因此品牌旅游景区与热点旅游城市的地域数量匹配关系呈现多元化，具体呈现四种关系，如表 5-1 所示。

表 5-1　品牌旅游景区与热点旅游城市矩阵分析

城市规模 景区丰度	顶级热点旅游城市(1～7)	次级热点旅游城市(8～20)	一般热点旅游城市(21～100)	所属地非热点旅游城市的景区
丰富(>5)	北京			
较丰富(3～5)		苏州、杭州、西安、无锡	常州	丽江古城、玉龙雪山、印象丽江(云南省丽江市)
中等(2)		青岛	烟台、保定、九江、桂林、宜昌、嘉兴、	天涯海角游览区、亚龙湾旅游度假区(海南省三亚市)；九寨沟、黄龙(四川阿坝藏族羌族自治州)；平遥古城、绵山(山西省晋中市)

续表

城市规模 景区丰度	顶级热点旅游城市（1～7）	次级热点旅游城市（8～20）	一般热点旅游城市（21～100）	所属地非热点旅游城市的景区
较贫瘠（1）	上海、重庆、天津、广州、武汉、成都	深圳、洛阳、郑州、贵阳	金华、湘潭、衡阳、肇庆、舟山、安庆、焦作、乐山、宝鸡、秦皇岛、池州、延安、渭南、平顶山、十堰、韶关、吉安、枣庄、承德、大连、温州、昆明、泰安、开封、济宁、扬州、张家界、黄山、上饶	凤凰古城、五台山、武夷山、湄洲岛风景区、芜湖方特欢乐-魔幻世界、大理崇圣寺三塔、塔尔寺、长白山自然保护区、皇城相府生态文化旅游区
未包含品牌旅游景区		南京、沈阳、长沙、宁波	泉州、丽水、福州、合肥、东莞、珠海、咸阳、徐州、太原、日照、邵阳、威海、南通、抚顺、郴州、齐齐哈尔、吉林、唐山、运城、湛江、襄阳、常德、赣州、南昌、锦州、商洛、连云港、恩施、呼和浩特、景德镇、哈尔滨、南宁、绍兴、济南、台州、潍坊、湖州、厦门、佛山、石家庄、长春、本溪、淄博、惠州	

(1)第一种关系是大规模客流量的热点旅游城市与多个品牌旅游景区形成匹配关系。符合该匹配的热点旅游城市共有 13 个，包括北京分布着 7 个品牌旅游景区，景区种类多以历史遗迹为主；苏州、杭州、西安、无锡、常州 5 个热点旅游城市分布着 3～5 个品牌旅游景区，其余青岛、烟台、保定、九江、桂林、宜昌、嘉兴 7 个热点旅游城市分别分布着 2 个品牌旅游景区，景区数量有所减少。城市对景区的整合作用导致区域旅游网络的形成，顶级热点城市可以为多个旅游景区提供旅游设施服务，随着城市规模的下降，被提供旅游服务功能的景区数量也会减少。

(2)第二种关系是大规模客流量的热点旅游城市与数量较贫瘠的品牌旅游景区形成匹配关系。这种特殊的关系是指年客流量较多的南京、沈阳、长沙、宁波 4 个次级热点旅游城市中没有品牌旅游景区分布，而上海、重庆、天津、广州、武汉、成都 6 个顶级热点旅游城市中也只有 1 个品牌旅游景区。出现这一现象的原因可能与旅游需求变化有关，有学者指出旅游者在大城市中对住宿、交通、地图、公园等关键词搜索的频率较高，在中小城市中则对具体景点的关键词搜索频率较高，说明中小城市中旅游景区还是最主要的旅游吸引物，而在大城市中旅游者对景区的需求有所下降。

(3)第三种关系是客流量较小的热点旅游城市与单独品牌旅游景区形成匹配关系。随着热点旅游城市接待量的减少，不含有品牌旅游景区的热点旅游城市数量增多，29 个一般热点旅游城市分布着 1 个品牌旅游景区，44 个一般热点旅游城市没有与品牌旅游景区在地域上形成匹配。进一步说明客流量小的热点旅游城市为景区提供的旅游设施和服务较少，多为一对一的数量匹配关系。其原因主要是城市的功能不仅是旅游客源地和目的地，还是旅游中转地，一些中小城市承载了大城市之间旅游流的交换，起到中转作用；其次，一些中小城市位于大城市周边，大城市对其具有辐射作用，以及一些城市属于交通枢纽，将旅游者聚集后再向周边城市分散，典型的有咸阳、哈尔滨等城市。

(4)第四种关系是18个品牌旅游景区所属地不属于热点旅游城市。这18个品牌旅游景区的知名度和吸引力大于所在城市，客源地往往辐射周边区域，周边多个城市为其提供旅游服务，所在区域旅游发展模式逐步向“景区提升城市”模式发展。

二、品牌旅游景区和热点旅游城市规模等级匹配关系

上述研究以热点旅游城市为主体，分析了不同客流量的热点旅游城市与品牌旅游景区空间上的数量匹配关系，忽略了品牌旅游景区的等级规模，在涉及品牌旅游景区等级规模的情况下(表5-2)，发现热点旅游城市对品牌旅游景区的整合模式有多种，如图5-6所示。

表5-2　品牌旅游景区与热点旅游城市分级标准表

城市分级（数量)	分级标准/万人次	举例	景区分级(数量)	分级标准/万人次	举例
顶级热点旅游城市(7)	>9000	北京、广州、上海	顶级品牌旅游景区(8)	>700	华侨城、故宫博物院、广州长隆
次级热点旅游城市(13)	5000～9000	深圳、杭州、西安	次级品牌旅游景区(22)	400～700	横店影视城、秦始皇兵马俑博物馆
一般热点旅游城市(80)	<5000	大连、昆明、张家界	一般品牌旅游景区(70)	<400	大连老虎滩海洋公园、石林

(1)顶级热点旅游城市与顶级、次级、一般品牌旅游景区形成规模匹配关系。北京、上海、重庆、广州、武汉、天津、成都7个城市的年客流量在9674万～23100万人次，75%的顶级品牌旅游景区分布在这一档次。典型的如北京不仅有故宫博物院、颐和园、八达岭长城等顶级品牌旅游景区，还有圆明园、十三陵、欢乐谷等次级品牌旅游景区。

(2)次级热点旅游城市主要与次级、一般品牌旅游景区形成规模匹配关系。深圳、苏州、杭州、南京、洛阳、西安等13个年客流量在5071万～8351万人次的城市分布着18%的次级品牌旅游景区和24%的一般品牌旅游景区。这一档次没有出现与顶级品牌旅游景区相匹配的情况，但出现次级热点旅游城市与无品牌旅游

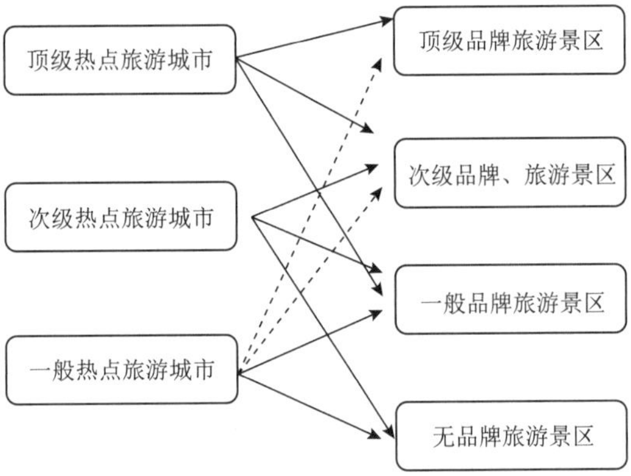

图 5-6 品牌景区和热点旅游城市规模等级匹配关系

景区相匹配的现象。例如，西安分布着次级品牌旅游景区秦始皇兵马俑博物馆和一般品牌旅游景区华清池、大唐芙蓉园，但没有顶级品牌旅游景区，而沈阳与任何品牌旅游景区都没有形成规模匹配关系。

(3)作为数量最多的一般热点旅游城市，除了与同级的一般品牌旅游景区形成规模匹配外，还与顶级品牌旅游景区和次级品牌旅游景区相匹配。80 个年客流量在 5000 万人次以下的一般热点旅游城市与 25%的顶级品牌旅游景区、64%的次级品牌旅游景区和 41%的一般品牌旅游景区相匹配。

由于城市对景区有整合作用，景区依托城市发展，高级别的热点旅游城市往往为同级别或低级别的品牌旅游景区提供旅游服务设施；而低级别的热点旅游城市与高级别的品牌旅游景区相匹配的现象较少，由于单独低级别的热点旅游城市很难为高级别的品牌旅游景区提供充足的客源和旅游服务设施，较常出现的是周边几个城市为一个高级别的品牌旅游景区提供客源市场和旅游服务设施。

第四节 本 章 小 结

我国区域旅游发展正逐步走向“景区提升城市、城市整合景区”的模式，高级别旅游景区是旅游业发展的重点，强有力的知名度、吸引力推动所在城市和周边区域旅游业的发展；城市作为次于省级的行政区域单位，对于不同级别的品牌旅游景区也具有整合作用，能为景区提供对应的旅游服务及设施。

研究发现，在空间分布结构上，品牌旅游景区呈聚集性分布，热点旅游城市呈带状分布，二者空间结构的错位性致使地域组合产生非对应性，通过二维矩阵分析热点旅游城市与品牌旅游景区地域数量匹配关系有四种，分别是：①高级别热点旅游城市与多个品牌旅游景区形成地域数量匹配；②高级别热点旅游城市与单独品牌旅游景区形成匹配或没有品牌旅游景区与其匹配；③低级别热点旅游城市与单独品牌旅游景区匹配；④18 个品牌旅游景区所属地非热点旅游城市。总体上，高级别的热点旅游城市所对应的品牌旅游景区数量并不多，但是所包含的品牌旅游景区级别体系较为完善，以高级别品牌旅游景区为主，满足了不同层面旅游者的需求；中、低级别的热点旅游城市与品牌旅游景区数量匹配情况参差不齐，景区级别主要是中、低级别的品牌旅游景区。

研究还发现，大型旅游城市人口密度高、经济发达、交通可达性优良，在其建设与规划中景区已不再是吸引旅游者的最主要因素，“城市整合景区”模式使区域旅游网络加快形成，旅游业发展应着眼于整体竞争力的提升；而中、小城市还依然要以名牌景区(点)作为拉动当地旅游发展的主要力量，遵循“景区提升城市”的发展模式；对于低级别热点旅游城市中分布着高级别品牌旅游景区的现象，应加强周边区域之间的合作与联系，以“景区联合区域”模式为主要发展方向。

第六章　陕西省品牌旅游景区时空演变特征及空间溢出研究

第一节　陕西省区域概况

一、区域概况

通过对中国旅游地理枢纽的研究，发现品牌旅游景区和热点旅游城市多分布于东部地区，而西部地区却寥寥无几，尤其是西北五省区，虽然存在大量高品质的旅游资源，但是由于旅游景区远离大城市，景区和城市组合状态不佳，交通可进入性差，旅游服务设施开发尚不到位，对区域的带动作用尚不明显，东西部景区品牌化现象差异较大。

通过对旅游地理枢纽的分析，发现选择西部旅游资源禀赋程度高的区域，形成区域次中心与东部枢纽先对应。如以西安为中心的关中城市群、以成都和重庆为中心的成渝城市群等，形成旅游流由东部枢纽向西部次中心扩散，以品牌旅游景区为节点带动城市发展，以城市为枢纽带动区域发展的局面；且“丝绸之路经济带”建设给西北五省区旅游发展带来的机遇较大，以景区和城市组合形式为区域增长极，带动西北五省区与中亚五国的贸易互动、经济发展、交通建设、文化产业整合等。

我国西北五省区包括陕西省、甘肃省、青海省、宁夏回族自治区、新疆维吾尔自治区，分布民族有汉族、回族、蒙古族、维吾尔族、哈萨克族等，形成了少数民族聚集区，少数民族人口占了西北五省区总人口的三分之一。通过第五章品牌旅游目的地空间分布分析，认识到品牌旅游目的地在整个西北地区分布较贫瘠，但是在陕西省却形成了一个中等规模的聚集区。陕西省是“丝绸之路经济带”建设的重要省份，和西北其他省区相比，国内旅游与入境旅游人次、国内旅游与国际旅游收入都位于西北五省区第一位，如图 6-1～图 6-4 所示。随着“丝绸之路经济带”的建设，陕西省成为重要支点，形成连接中、东部地区与西部地区，以及中亚五国的重要枢纽；而西安作为重要节点城市，形成了较完整的旅游产业链，以旅游业较好地带动了周边区域经济的发展。

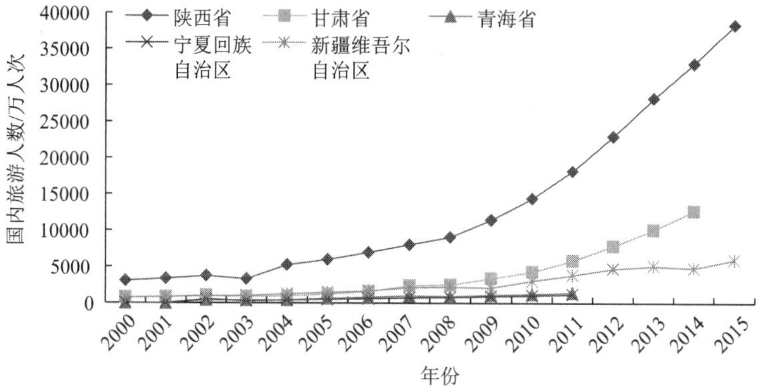

图 6-1 西北五省区国内旅游人数散点图

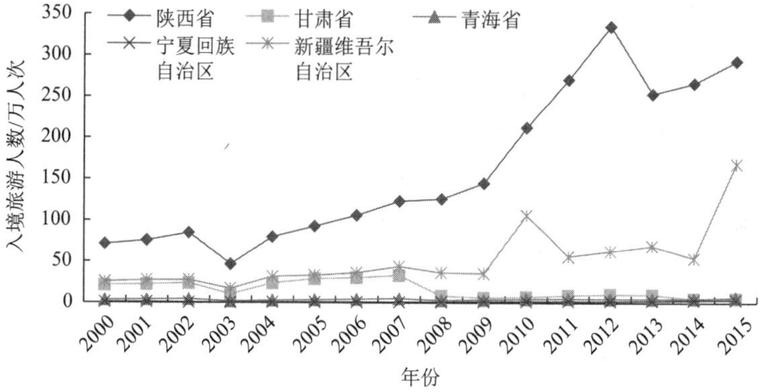

图 6-2 西北五省区入境旅游人数散点图

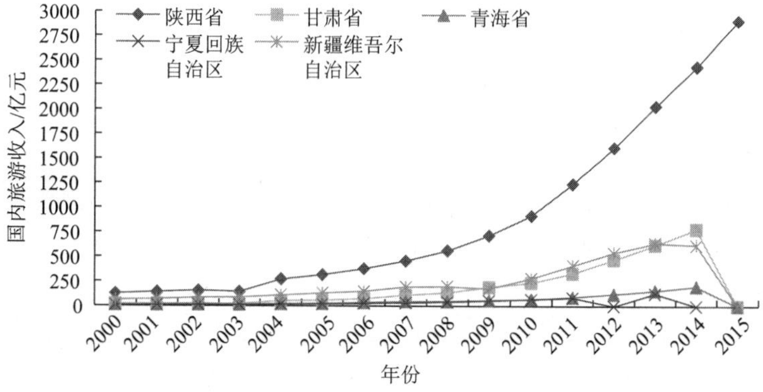

图 6-3 西北五省区国内旅游收入散点图

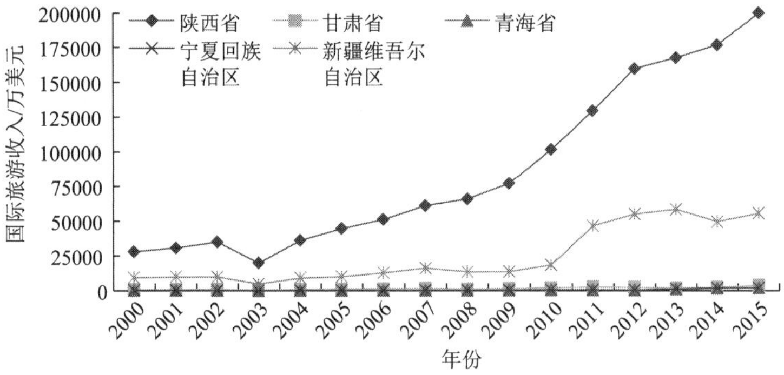

图 6-4 西北五省区国际旅游收入散点图

二、陕西省三大区域旅游资源丰度比较

陕西省位于我国西北内陆腹地，总面积 20.58 万平方公里，地域南北狭长，约 880 公里，东西较窄，有 160～490 公里。下辖 1 个副省级市：西安市，9 个地级市：榆林市、延安市、铜川市、宝鸡市、咸阳市、渭南市、汉中市、安康市、商洛市，以及 1 个杨凌农业示范区；周边与内蒙古、宁夏、甘肃、四川、重庆、湖北、河南、山西 8 个省区市接壤，是我国邻接省区市数量最多的省份。境内可划分为三大板块：北部的黄土高原、中部的关中平原、南部的秦巴山区，三大区域的自然资源和人文景观风格迥异。

旅游资源丰度主要体现了区域旅游发展的核心吸引力和竞争力，参照 2017 年陕西省旅游局公布的最新旅游景点数据，运用数学公式对陕西省各地的旅游资源丰度进行计算，具体如下：

$$\mathrm{RA}=5.0N_5+2.4N_4+1.75N_3+0.5N_2+0.25N_1$$

其中，RA 为旅游资源丰度；N_5～N_1 分别代表 5A 级～A 级旅游景区数量。

2017 年，陕西省共有 418 个 A 级及以上旅游景区，其中，5A 级旅游景区 8 个，4A 级旅游景区 104 个，3A 级旅游景区 260 个，2A 级旅游景区 44 个，A 级旅游景区 2 个。表 6-1 列出了陕西省三大区域旅游资源丰度情况。可以看出，旅游资源禀赋程度最高的地区是关中地区，平均旅游资源丰度为 67.19，其中以西安市的禀赋程度最高，旅游资源丰度为 172.7；其次为陕北地区，平均旅游资源丰度为 64.58；最后是陕南地区，平均旅游资源丰度为 55.87，商洛市由于有 1 个 5A 级旅游景区，资源禀赋程度在陕南地区较高。西安市作为关中旅游圈的核心，资源丰度高达 172.7，其 5A 级旅游景区数量占总数的 37.5%；陕北地区的延安市分布了 1 个 5A 级旅游景区；陕南地区除了商洛市有 1 个 5A 级旅游景区，其他两市均无 5A 级旅游景区分布，但存在大量的 3A 级、4A 级旅游景区。

表 6-1　陕西省三大区域旅游资源丰度情况

地区	城市	5A 级	4A 级	3A 级	2A 级	A 级	景点合计	资源丰度
陕北地区	延安	1	7	26	2	0	36	68.30
	榆林	0	4	29	1	0	34	60.85
关中地区	西安	3	28	48	13	0	92	172.70
	宝鸡	2	12	30	3	1	48	93.05
	咸阳	0	8	19	9	0	36	56.95
	渭南	1	8	35	3	0	47	86.95
	铜川	0	3	8	6	0	17	24.20
	杨凌	0	2	1	0	0	3	6.55
	韩城	0	3	13	0	0	16	29.95
陕南地区	汉中	0	10	13	2	0	25	47.75
	安康	0	10	14	5	0	29	51.00
	商洛	1	9	24	0	1	35	68.85

三、陕西省三大区域旅游资源分布

从资源互补角度出发，将关中地区、陕北地区、陕南地区的各类旅游资源进行比较，结果如表 6-2 所示。可以发现，国家级森林公园和国家级自然保护区主要集中在陕南地区，尤其是汉中市，数量分别达到 4 个和 11 个，说明陕南地区生态良好，自然旅游资源禀赋程度高；而全国重点文物保护单位、国家历史文化名城、全国优秀旅游城市多集中在关中地区和陕北地区，反映了这两大区域历史文化深厚，多人文旅游资源；陕北地区国家级地质公园数量最多，体现了陕北地区拥有独特的地质遗产，黄土风情气氛浓厚。

表 6-2　陕西省三大区域旅游资源类型分布

旅游资源类型	陕北地区		关中地区					陕南地区		
	延安	榆林	西安	宝鸡	咸阳	渭南	铜川	汉中	安康	商洛
国家级森林公园	3	1	8	3	0	1	1	4	5	5
国家级自然保护区	1	0	1	3	0	1	0	11	3	1
国家级风景名胜区	1	0	1	1	0	2	0	0	0	0
国家级地质公园	3	0	1	0	0	0	1	0	1	2
全国重点文物保护单位	11	12	40	22	18	28	5	10	0	0
国家历史文化名城	√	√	√	—	√	√	—	√	—	—
全国优秀旅游城市	√	—	√	√	√	—	—	√	—	—

通过以上两个方面的分析，可以得出以下几个结论：

第一，陕西省高级别旅游资源数量较少。目前，由中华人民共和国文化和旅游部评选的5A级旅游景区和优秀旅游城市在国内认可度较高，相对于东部地区，如江苏省和浙江省 5A 级旅游景区(优秀旅游城市)的数量分别是 23 个(27 个)和16个(27个)，陕西省5A级旅游景区和优秀旅游城市数量分别是8个和6个，旅游核心吸引物较少，竞争力较弱。

第二，陕西省历史文化类资源禀赋程度高于自然类资源。由于陕西省特殊的历史文化背景，人文旅游资源占陕西省总体旅游资源的 70.7%，主要分布于关中地区，且随着向南北地区延伸，数量逐渐递减；而自然旅游资源只占 29.3%，集中分布于陕南地区，数量呈现从南向北骤减的趋势。

第三，关中地区独占鳌头，陕南地区旅游逐步崛起。三大区域之间依旧是关中地区旅游资源禀赋程度高，高级别旅游目的地数量多，竞争力强，构成以西安为主的大西安旅游圈；陕北地区延安市拥有 1 个 5A 级旅游景区，旅游资源丰度较高，但其他地级市的旅游资源丰度都低于陕南地区；陕南地区拥有大量高品质的3A级、4A级旅游景区，致使其旅游资源丰度高于陕北地区，但旅游目的地之间的旅游资源差异较小，基本以地文景观类自然资源为主。

针对以上问题，第六章及第七章主要进行以下研究：第一，对陕西省 8 个 5A级旅游景区时空演变特征进行分析，并划分其阶段；第二，揭示 8 个 5A 级旅游景区空间溢出关系，对景区之间是否有带动关系进行研究；第三，利用网络游记对陕西省品牌旅游景区形象感知进行分析，通过微观景区形象探索宏观陕西省旅游形象；第四，对较为成熟的6个陕西省景区品牌成长性进行分析，通过概念模型解释造成品牌地域差异的原因，以此为基础，探索其所在的十地市旅游品牌成长差异；第五，探索陕西省品牌旅游景区与热点旅游城市的形成机制与地域组合关系。

第二节　陕西省品牌旅游景区时空演变特征及阶段划分

早在 1990 年，陈传康先生就对旅游资源进行了定义，认为旅游动机的产生以及旅游活动的实践等各方面相加构成了旅游资源的总体。毫无疑问，旅游资源是旅游业发展的基础，旅游景区资源，作为旅游资源中非常重要的部分，直接刺激旅游者产生旅游意愿，从物质方面承载着旅游业，同时从文化方面依托其发展。旅游景区发展对旅游目的地在经济、社会、文化、资源和生态环境保护等方面有重要的溢出效应。1999 年，我国首次尝试以 A 级制度划分旅游景区，主要依据环境、服务、景观等质量高低，随着旅游业的逐步成熟，在 2007 年又推出 5A 级旅游景区。近几年地理学中的“时空思维”越来越多地运用到旅游学领域的研究上，而对旅游资源的研究，更微观到 A 级旅游景区的研究上，研究方法已经相对成熟。

一、研究方法

(一)最邻近点指数

事物之间的差异性往往可以通过距离大小来间接评判，差异性和相似性是两事物相关性的对立面。因此，距离是在研究中定量得出事物间相关性的重要数据基础和指标，结合前人在各个领域的研究成果，可以发现，在假设研究对象在某一空间范围内随机分布的基础上，结合实际的分布状况，再经过简单的运算和相互比较，便可对其分布的随机性提供参考依据。这种方法所得结果转化为一个指标，即最邻近点指数。

吴必虎和唐子颖(2003)曾经利用最邻近点指数计算了中国世界遗产地的空间组织结构特征，得出了中国世界遗产地属于凝聚分布的结论。如今最邻近点指数仍然适用于本节的研究，其计算公式为

$$I = \overline{r_i} / r_E \tag{6.1}$$

其中，I 表示最邻近点指数；$\overline{r_i}$ (i=1, 2, 3, …, n)表示在研究空间范围内的研究对象(抽象为研究点)与其最邻近的对应点之间的欧氏距离 r_i 的平均值，即

$$\overline{r_i} = \frac{1}{n}\sum_{i=1}^{n} r_i \tag{6.2}$$

r_E 表示假设 i 个研究对象在上述区域内随机分布时的最邻近距离，即理想最邻近距离，其计算公式为

$$r_E = \frac{1}{\sqrt{\frac{S}{n}}} \tag{6.3}$$

其中，S 为研究空间的面积，即陕西省总面积；n 为研究对象个数，即陕西省某年 A 级旅游景区数量。

当 I>1 时，表明 A 级旅游景区在陕西省分布均匀，关联性小；当 I=1 时，表明 A 级旅游景区在陕西省分布状态随机；当 I<1 时，表明 A 级旅游景区在陕西省呈集群状态分布，其相互之间可能存在关联性。从这些数据中可以对陕西省 A 级旅游景区在省际范围内做初步的判断。

(二)地理集中度指数

在最邻近点指数的基础上，进一步将定量分析的范围细化，即在市级行政范

围内分析陕西省A级旅游景区在不同时间节点的集中程度。在学者近几年的研究以及作者经过几种不同指数的对比发现，地理集中度指数作为一个可以衡量研究对象集中或分散分布的重要指标，可为我们的分析提供可靠的参考。其计算公式为

$$G=\sqrt{\sum_{i=1}^{n}\left(\frac{x_i}{T}\right)^2}\times 100 \tag{6.4}$$

其中，G 表示陕西省各市际尺度的地理集中度指数；T 表示陕西省某年的A级旅游景区总数；x_i 表示陕西省第 i 市；n 表示陕西省地级市总数。设某年所有A级旅游景区平均分布在陕西省的各个市，其平均地理集中度指数为 $\bar{G}$，如果 $G<\bar{G}$，说明该年A级旅游景区在市际尺度上分散分布；如果 $G=\bar{G}$，说明A级旅游景区在市际尺度上平均分布；如果 $G>\bar{G}$，说明A级旅游景区在市际尺度上集中分布。

（三）标准差椭圆法

标准差椭圆法最早出现在1962年，被美国南加州大学的Lefever应用于社会学的研究中。随着GIS逐渐被广泛应用，标准差椭圆法可以基于ArcGIS将研究对象在其分布区域内直观地进行表达，以及进一步量化分析数据的方向和分布。本节选择此方法，旨在分析空间维度上陕西省A级旅游景区的总体分布特点、各A级旅游景区的分布特点及其在时间维度上的演变过程。标准差椭圆法可以通过不同时间的研究对象分布绘制出椭圆沿原椭圆主轴和辅轴转角的标准差，进一步找到A级旅游景区的重心迁移趋势和迁移程度、离散度等相关线索，从定性和定量分析方面为研究提供参考。其计算公式为

$$E_x=\sqrt{\frac{\sum_{i=1}^{n}\left(x_i-\bar{x}\right)}{n}},\quad E_y=\sqrt{\frac{\sum_{i=1}^{n}\left(y_i-\bar{y}\right)^2}{n}} \tag{6.5}$$

$$\tan\theta=\frac{\left(\sum_{i=1}^{n}a_i^2-\sum_{i=1}^{n}b_i^2\right)+\sqrt{\left(\sum_{i=1}^{n}a_i^2-\sum_{i=1}^{n}b_i^2\right)^2+4\left(\sum_{i=1}^{n}a_ib_i\right)^2}}{2\sum_{i=1}^{n}a_ib_i} \tag{6.6}$$

其中，E_x 为长轴长度；E_y 为短轴长度；任意旅游景区 i 的坐标为 (x_i, y_i)，设有 n 个景区，所有景区的平均坐标为 (x, y)；θ 表示不同时间点的标准椭圆之间的夹角，在计算 $\tan\theta$ 时，a_i、b_i 分别表示某旅游景区 $i(x_i, y_i)$ 到 $(\bar{x}, \bar{y})$ 的距离，即

$$a_i=\left|x_i-\bar{x}\right|,\quad b_i=\left|y_i-\bar{y}\right|$$

二、陕西省A级旅游景区时空演变特征

(一)陕西省A级旅游景区的时间序列变化特征分析

根据2002～2016年陕西省A级旅游景区数量统计表(表6-3)和等级结构统计图(图6-5)可以发现，在时间尺度上，陕西省A级旅游景区的数量总体处于不断递增的趋势，其中A级旅游景区总计数目所绘制出的折线图表明，陕西省A级旅游景区所呈现的该省旅游发展大致可以分为两个阶段，2002～2008年A级旅游景区的数量增长较为缓慢，从2009年开始大幅增加，尤其到近几年，其增长斜率接近1，甚至有大于1的态势。这两个阶段可以概括为2002～2008年缓慢发展期和2009～2016年快速发展期。

表6-3　2002～2016年陕西省A级景区数量统计表

年份	5A级	4A级	3A级	2A级	A级	合计
2002	0	17	7	18	0	42
2003	0	17	28	24	4	73
2004	0	13	28	23	6	70
2005	0	13	24	27	6	70
2006	0	21	31	23	6	81
2007	3	18	31	23	6	81
2008	3	23	33	24	5	88
2009	3	27	40	29	5	104
2010	5	24	70	34	4	137
2011	5	34	78	41	5	163
2012	5	43	97	61	4	210
2013	5	48	144	54	2	253
2014	6	71	165	44	2	288
2015	7	85	177	43	2	314
2016	8	93	192	42	2	337

进一步分析A级旅游景区的等级结构可知，A级旅游景区在时间跨度上数量逐渐减少，甚至有即将缺失的态势。2A级旅游景区在2012年之前稳步增加，但近几年也在不断减少。而3A级旅游景区在旅游景区中所占比例基本是最大的，2002～2016年增长数目最多，增幅也最大，尤其在2010年旅游景区数量变多、范围变广的黄金时期，3A级旅游景区所占比例能达到50%以上，到2016年的统计表明，陕西省3A级旅游景区共计192个，比例高达57%，成为A级景区中的

主力军。对应的，高A级景区(包括4A级和5A级)所占比例在20%～30%，2008年和2009年这两年所占比例达约30%后，有略微下降的趋势，到2014年高A级景区比例又有所上升，达26.7%，2016年数据表明，陕西省4A级旅游景区增至93个，5A级旅游景区增至8个，高A级景区占总数的30%。高A级景区是一个地区的旅游担当，同时也象征着一个地区的旅游地位，以上数据显示出近几年陕西省旅游业发展的良好态势，同时也表明在旅游产品的优化升级等方面，陕西省还有很大的发展空间。

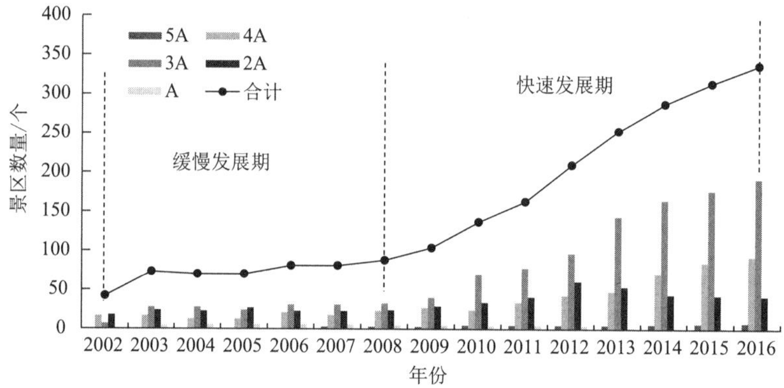

图 6-5　2002～2016 年陕西省 A 级景区数量及等级结构变化图

图 6-6、图 6-7、图 6-8 分别呈现出 2003～2016 年陕北(包括榆林市、延安市)、关中(包括西安市、宝鸡市、铜川市、咸阳市、渭南市和杨凌市示范区)、陕南地区(包括汉中市、安康市和商洛市)三个地区 A 级景区数量及等级结构变化图。

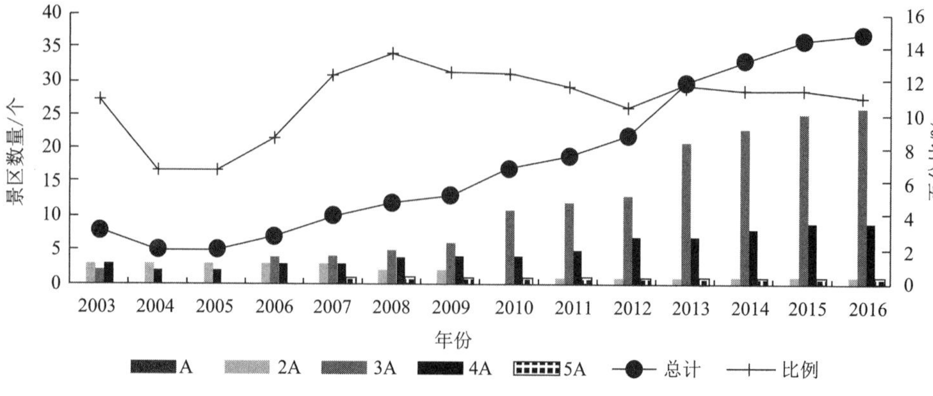

图 6-6　2003～2016 年陕北地区 A 级景区数量及等级结构变化图

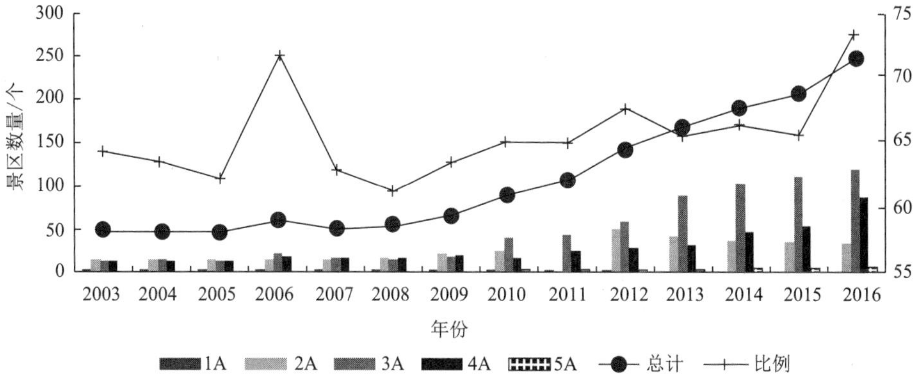

图 6-7 2003～2016 年关中地区 A 级景区数量及等级结构变化图

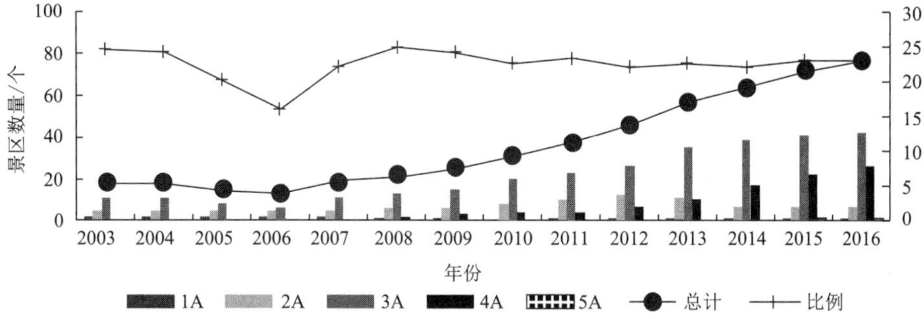

图 6-8 2003～2016 年陕南地区 A 级景区数量及等级结构变化图

陕北地区相关统计图表明，随着旅游业不断发展，A 级、2A 级旅游景区所占比例由 60%减少至 2%～3%，而 3A 级旅游景区不断取而代之成为高级别景区中的主力军，至 2014 年其比例已经上升到近 80%；高 A 级景区在数量上有所增加，但其所占比例在基本稳定的基础上有所下降，从近几年的数据来看，2012 年高 A 级景区占陕北地区景区总数的 36.4%，到 2014 年，由于 A 级景区总数的增加程度大于高 A 级景区，高 A 级景区所占比例只有 27.3%。在旅游景区的发展上，陕北地区由于其千百年来的历史积淀、近百年特殊的历史背景等因素，其旅游业的发展有一定的阻力，也有非常特别之处，机遇和挑战并存，在未来的很长一段时间都有非常大的发展空间。

关中地区的旅游业整体状况在全省看来都更良好，2003～2016 年旅游数据显示，在 A 级旅游景区数量大致符合指数型增长的过程中，其内部等级结构所占比例基本保持稳定，低 A 级和高 A 级旅游景区所占比例稳中有降，3A 级旅游景区数量增加幅度最大，所占比例也稳中有升，到 2014 年占关中地区 A 级景区总数的近 54%，数量超半。

陕南地区的A级景区数量一直很少，反映了陕南旅游行业发展的不足。2016年A级景区只占陕南地区旅游景区总数的10.4%；3A级旅游景区仍是其等级结构中比例最大的部分，基本稳定在50%左右。

三个地区整体对比后可以发现，陕北、关中、陕南地区的A级旅游景区数量逐年增长趋势和增长程度呈现出一致性的特点：均在2003～2008年增长缓慢，即前面描述的缓慢发展期，在2009年之后，三个地区均迎来了旅游景区的黄金时段，至今这种增长势头仍在继续，即快速发展期，与全省范围的增长趋势吻合，同时反映出三个地区在每一个阶段发展的同步性和平衡性。而从其数量所占比例来讲，大部分的旅游资源和A级旅游景区集中在关中地区，剩下的少部分中，陕南地区的A级景区数量略胜陕北地区一筹。在时间跨度上，陕北、关中、陕南地区景区数量所占比例一直变化寥寥，再次印证了上述“发展同步”观点的同时，进一步从某些方面表明在陕北、关中、陕南地区A级旅游的空间分布基本模式并未出现大的变化。

（二）陕西省A级旅游景区空间演变特征

陕西省A级旅游景区的空间分布分析对进一步阐述其空间演变具有重要意义。从空间的角度来看，如果将每一个A级景区都抽象为点状要素呈现在地图上，其分布可能会因受各种内、外动力因素的影响而存在某种相关关系，因此本书选择几个特殊的年份对陕西省A级旅游景区空间分布进行分析。在查询过程中，最早可以找到2003年至今每年陕西省A级旅游景区的详细资料，2007年我国首次出现了5A级旅游景区，2011年开始陕西省的旅游业迎来了一个发展的高潮，至今这种高潮的趋势还在继续。因此，选择对2003年、2007年、2011年和2016年陕西省的A级景区进行细致的分析。

最邻近点指数可以表示省际区域内陕西省A级景区的分布模式，在借助GIS的空间统计功能基础上，设2003～2007年的最邻近点指数分别为I_1、I_2、I_3、I_4，通过式(6.1)～式(6.3)计算得出I_1=0.414、I_2=0.598、I_3=0.618、I_4=0.617，统计结果如表6-4所示。陕西省A级景区在分布上一直属于集群分布，且随着时间的变化，其I值基本上不断变大，说明分布程度越来越分散，分布状态也越来越随机。但I_3和I_4在数值上非常接近，结合之前的分析，说明从2011年开始，陕西省整体的A级景区数量是不断增加的，但其大致分布范围固定，并没有向越来越分散的方向发展。从短期发展来看，旅游景点分布越集中，自然为相应的旅游线路规划、交通的发展、服务的优化等提供了方便，政府的政策也可以更好落实，但从长期发展的角度来看，旅游景点的集中意味着旅游业结构无变化，无疑会为旅游产业和旅游产品的品质再上一个台阶、旅游业管理模式转变等带来阻力，起到“集群负效应”。事实证明，旅游景点和旅游资源的逐渐分散才更有利于这个地区旅游业的发展。

表 6-4　2003～2016 年陕西省 A 级景区最邻近点指数和地理集中度指数

指数	2003 年	2007 年	2011 年	2016 年
I	0.414	0.598	0.618	0.617
G	37.289	38.750	37.201	34.630

如表 6-5 所示，从其最邻近点指数可以发现，旅游景区的等级与它们的分布集中程度存在一定的相关性，对于陕西省，旅游景区等级越高，分布越分散。A 级、2A 级旅游景区的最邻近点指数很明显小于 5A 级旅游景区，表现为分布集中。因此，陕西省的 A 级景区在增加景区数量、扩大景区规模的同时，其现有景区的优化程度还要进一步加强。

表 6-5　2016 年陕西省 A 级景区最邻近点指数

指数	5A	4A	3A	2A	A
I	0.696	0.633	0.689	0.533	0.472

从市际角度分析 2003～2007 年的地理集中度指数，具体结果如表 6-4 所示。从表中可以反映出，地理集中度指数分别为 G_1=37.289、G_2=38.750、G_3=37.201、G_4=34.630，陕西省总面积为 20.59 万平方公里，包括西安市、宝鸡市等 11 个市级行政单位，由此根据式(6.4)可计算出陕西省 A 级景区平均地理集中度指数 $\overline{G}$=30.151，通过 G 与 $\overline{G}$ 的比较不难发现，陕西省 A 级景区在各市的分布也很集中，但分布的集中程度在 2011～2016 年出现了较大的差距，说明各市的 A 级景区分布状况在逐渐分散，此结论与最邻近点指数得出的结论在总体上一致，在变化程度上却存在一定的差异，这说明在市际范围内 A 级景区分布的情况在陕西省某些市级单位向越来越均匀的方向发展。为了更加直观地证明此结论，基于 ArcGIS10.2 绘制 2003 年、2007 年、2011 年、2016 年陕西省 A 级景区分布图，在其基础上又做了每年对应的核密度分布图和标准差椭圆，如图 6-9 所示。

从历年的核密度分布图对比来看，2003 年陕西省 A 级景区主要集中在西安市、咸阳市、宝鸡市和汉中市，在旅游资源的开发和利用上，各市都呈现点状分布，留白很大。特别是榆林市和商洛市，其旅游景区分布几乎为空白。到 2007 年，关中地区和陕南地区的景区聚集成的点多了起来，景区出现了“扩散现象”，但对于陕北地区，除延安的黄帝陵景区和各革命老区形成了一个核心外，旅游业的发展依旧滞后，并存在不同程度的缺陷。2011 年的陕西省 A 级景区核密度分布图表明，当年的旅游景区多且密集，其主要的核心(即颜色较深的区域)分布在西安市，其

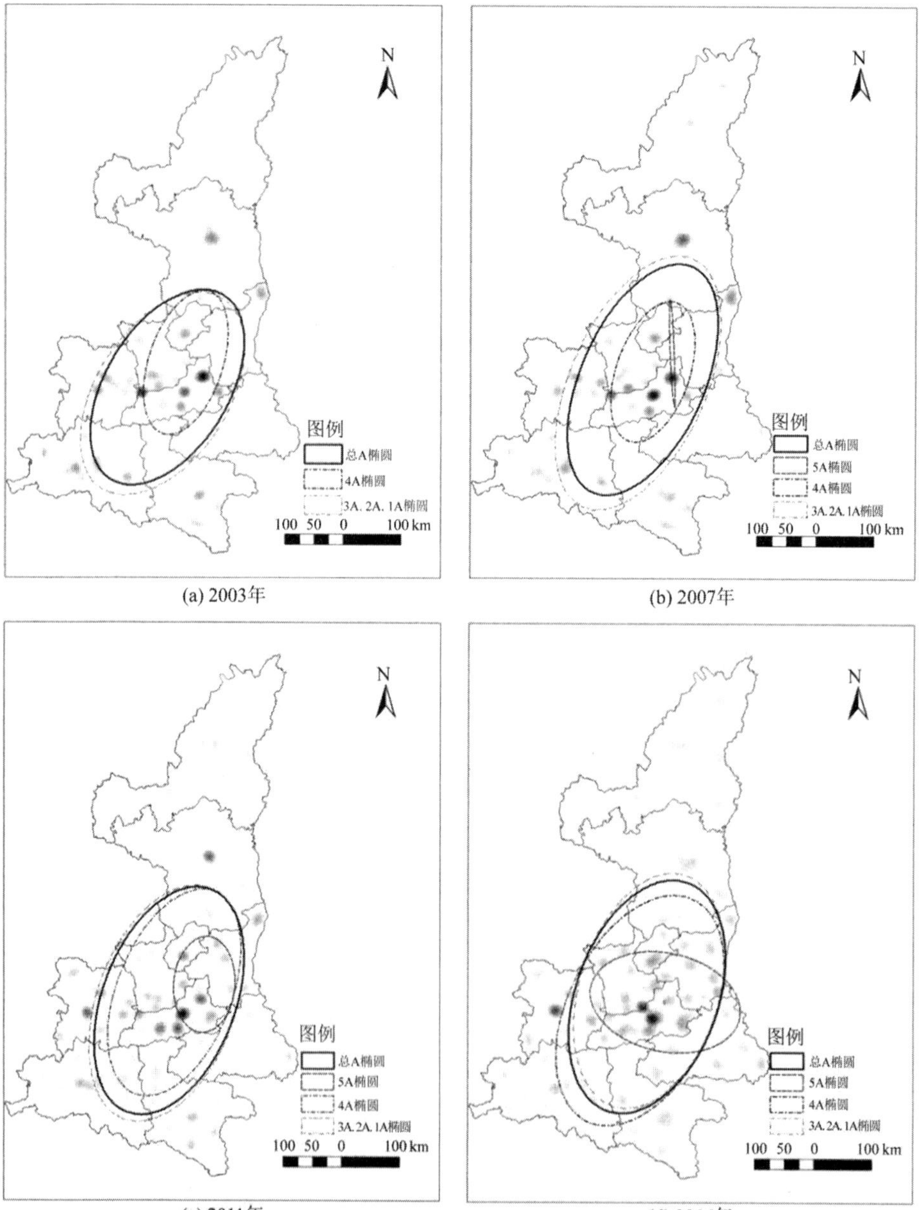

(a) 2003年　(b) 2007年

(c) 2011年　(d) 2016年

图 6-9　历年陕西省 A 级景区核密度分布图和标准差椭圆

他各市的 A 级景区主要集中在各高 A 级旅游景区的周围，这说明高 A 级旅游景区作为核心吸引力，能够辐射周边地区，促进其旅游业的发展；2016 年，陕西省 A 级旅游景区有“点成面”发展的趋势，增强了分布的随机性，与前面分析地理集中度指数时提出的假设一致。这种趋势依旧保持了以西安市为首的关中地区最为明显，陕南地区次之，陕北地区通过其特有的“窑洞”和“红色革命老区”等优势，以及“红色景区免费政策”，也进一步提升比例。这种分布结构充分说明了景区之间的相互联系逐步密切，通过资源的互补、交通方式的多元化等使陕西省旅游点轴网络更加完善。

将这些 A 级景区进一步进行空间统计分析，做出相应的标准差椭圆，进而从分布范围、分布方向和旋转角度等方面整理陕西省旅游景点的发展态势。ArcGIS10.2 做出的椭圆图及所涉及的椭圆参数统计表（表 6-6）反映出，2003～2016 年，A 级景区对应的椭圆中心并无太大变化，中心点分别定格在咸阳兴平市（2003 年）、咸阳市区（2007 年、2011 年）、咸阳市高陵县（2016 年），沿西安市和咸阳市交界线从西南到东北小幅度移动，主轴（即 X 轴）长度随着时间的推移逐渐由 2003 年的 105.9km 增加到 2016 年的 119.8km，辅轴（即 Y 轴）长度由 186.7km（2003 年）快速增加到 212.5km（2007 年）后，又迎来了一段时间的缩短，到 2016 年才逐渐增加到 206.7km。总的来说，总 A 椭圆正在逐步变得“狭长”。另外，椭圆的方向变化也很明显，十多年来，其角度已经由 30.9°（2003 年）变化到 18.7°（2016 年），其中 2003～2007 年的变化最为明显，陕西省 A 级景区在总体上呈现“东北—西南”走向的同时不断向北旋转。陕西省的整体轮廓呈现“跪俑”形状，这种转角实际上再次证明了近年来陕北地区旅游业的发展速度较快。

表 6-6 2003～2016 年陕西省 A 级景区标准差椭圆参数

景区级别	年份	中心坐标	主轴长度/km	辅轴长度/km	旋转角度/(°)
总 A 级	2003	(328.8,3658.8)	105.9	186.7	30.9
	2007	(334.3,3674.9)	104.5	212.5	22.7
	2011	(331,3672.6)	114.1	204.3	20.6
	2016	(346,3682.9)	119.8	206.7	18.7
5A 级	2007	(384.3,3719.7)	93.2	3.3	177.7
	2011	(391.8,3699.8)	52.9	82.4	4.2
	2016	(376.7,3673.3)	127.9	84.3	102.8
4A 级	2003	(356.9,3701.6)	63.8	129.4	18.1
	2007	(351.4,3687.9)	61.8	126.3	18.1
	2011	(340.5,3686.2)	98.4	186.8	21.3
	2016	(334.4,3659)	121.5	209.8	24.7

续表

景区级别	年份	中心坐标	主轴长度/km	辅轴长度/km	旋转角度/(°)
3A级及以下	2003	(316.3,3647.4)	113.6	194.8	32.1
	2007	(327,3669)	114.8	233.8	22.8
	2011	(326,3667.7)	118.8	211.3	20
	2016	(349.6,3692.7)	117.8	206.7	16.2

5A级旅游景区由于评定时间晚，数量少且变化明显等，其椭圆的对比结果差异也最明显。2007年，陕西省5A级旅游景区只有3个，分别是位于西安市临潼区的秦始皇兵马俑博物馆和华清池，以及位于黄陵县的黄帝陵景区，在地图上基本呈现由南向北的线状分布，在对应椭圆上，主轴长93.2km，远大于辅轴长度(3.3km)，到2011年，陕西省5A级旅游景区增加到5个，椭圆范围进一步扩大，椭圆的旋转角度也由177.7°旋转到4.2°，到2016年，陕西省5A级旅游景区增加到8个，包括西安市、宝鸡市、渭南市、延安市和商洛市在内都有了自己的5A级旅游资源，此时椭圆的主轴长127.9km，辅轴长84.3km，旋转角度为102.8°，呈“西北—东南”走向。

陕西省4A级旅游景区的标准差椭圆随时间在不断扩大，主轴长度由63.8km(2003年)增加到121.5km(2016年)，辅轴长度129.4km(2003年)增加到209.8km(2016年)，其中心由2003年的咸阳市泾阳县内最终在2016年落点在咸阳市区，过程中不断向西南移动。在分析陕西省4A级旅游景区分布的过程中，发现其分布方向与整个陕西省的主要公路和铁路干线的分布方向大致重合，陕西省4A级旅游景区的分布与交通相关性很大。

3A级及以下旅游景区作为陕西省A级景区中的主力军，做出的标准差椭圆、其相关参数及参数的变化情况都与总A级椭圆接近，揭示了陕西省A级景区结构主要以3A级及其以下旅游景区分布为主，这些景区数量庞大，创收益较小，但可利用空间很大。

三、结论

(1)陕西省A级景区的发展大致可以划分为2002～2008年缓慢发展期和2009～2016年快速发展期两个阶段，陕西省旅游业的快速发展与我国旅游业的相关政策以及“一带一路”的发展关系密切。

(2)陕西省A级景区的最邻近点指数2016年为0.617，呈现集中分布，但逐步变得分散，景区等级与分散程度有很大的相关性，等级越高，分布越分散；地理集中度指数随时间不断减小，到2016年为34.63，在市际范围内，西安市、咸阳市、宝鸡市等关中地区的城市景区正在逐步分散，陕北地区因为旅游业发展起步晚等原因，目前的分布还较为集中，延安市主要分布在宝塔山附近。

(3)陕西省A级景区在2003～2016年逐渐由个别的点状扩散成片状，高A级旅游景区会对低A级旅游景区的发展有带动作用，但作为陕西省A级景区中主力军的3A级及以下旅游景区，产品升级仍然是主要的问题，也是陕西省突破目前旅游业瓶颈的重要方面。

(4)陕西省A级景区的分布范围大致固定，但5A级和4A级旅游景区的分布范围和分布方向都变化较大，尤其2016年，陕西省的5A级旅游景区增至8个，4A级旅游景区93个，涉及陕西省的多个城市，这些高A级旅游景区对带动就业、引导投资、拉动消费等都具有重大作用。

第三节　陕西省品牌旅游景区旅游空间溢出研究

一、空间溢出概念及理论分析

近十年来，伴随着国内游、散客游、自驾游的兴起，中国旅游业发展呈现出新格局，作为旅游系统的核心组件，级别较高的旅游景区往往成为区域旅游的符号，其作用不可小觑。在国内旅游市场需求大于供给的背景下，供需不平衡导致各个旅游景区的客流量在时空分布与活动行为上差异较大，极化作用明显集中在重点旅游景区上，形成热点景区更热、冷点景区更冷的现象；散客游数量上升，使得微观层面上旅游者行为模式、活动规律、移动轨迹更加复杂化；自驾游兴起导致一些无景点旅游的追捧，如古街、广场、民居等都可能成为旅游者所重视的体验对象，这种旅游非景区化现象是对传统景区时代的挑战。

第二节分析了级别较高的旅游景区在时空中如何演变形成增长极，本节着重探讨旅游景区之间如何互动形成溢出，以及旅游景区如何组合能够发挥溢出效应最大化的问题。基于此，本节以陕西省八个5A级旅游景区为研究对象，使用数理统计、比较分析、最邻近点指数、地理集中度指数、标准差椭圆法等方法，并引入空间这一因素，以空间溢出理论为基础，揭示影响旅游空间溢出的关键因素，构建旅游空间溢出模型，分析陕西省品牌景区时空演变特征及空间溢出，为旅游经济领域及其他相关领域奠定理论基础。

(一)溢出

溢出(spillover)的概念最早由Grossman和Helpman(1991)提出，其含义为个人或者组织进行社会活动时，除了实现自身期望的目标及效果外，也会对其他组织或个人产生不可预期的影响。在经济学领域，溢出特指活动的外部性，因此本书采用经济学家的观点，将溢出定义为：一个经济主体的相关行为不仅会对自身产生影响，也会对其他的经济主体产生影响，即指没有行动或付出，却收获福利或受损害的现象。由此可见，从溢出的产生角度，有接受溢出和产出溢出两个方面，接受溢出是指无需成本而得到效益或遭受损害的现象；产出溢出是指能量、资源、经济等向其他地区释放或辐射的现象。

在经济体系开放的大背景下，区域经济增长不仅受其内在因素影响，也受其他区域的影响，即呈现出明显的外生性特征。Marshall 认识到这一点，在 *Principles of Economics*（《经济学原理》）中提出了“外部经济”的概念，其含义是指企业活动易受外部影响；此后，1920 年，Pigou 在《福利经济学》一书中，在 Marshall “外部经济”的基础上补充了“外部不经济”的概念和内涵。1960 年，Coase 在《社会成本问题》中进一步指出，外部效应具有相互性，而不仅仅是一方侵害另一方的单向问题；美国经济学家 Solow 认为，经济增长仅受资本和劳动力两个因素影响，这是新古典经济增长理论（new-classical theory of economic growth）的主要观点。但在此后核算国民经济过程中，人们发现资本和劳动力两个因素的增加不能全然解释经济总产出的增长，溢出研究应运而生。Dension（1962）分析了美国经济增长并提出了“知识进步和混杂因素”，以此来概括不能被新古典经济理论解释的那些因素，“技术进步”由此进入大众视野；1962 年，Arrow 提出“知识溢出”的概念，最早阐述了知识的积累过程以及它的经济涵义，是溢出研究的开端；1991 年，Grossman 和 Helpman 发表《国际贸易中的知识溢出》，从知识溢出角度重新分析了区域间的分工及协作关系，从此知识溢出和一般 GDP 的研究进入了新阶段。与此同时，溢出与技术进步、溢出与区域经济增长、溢出与产业集聚等主题也引起了学术界的广泛关注与讨论，在区域经济联系越来越紧密，知识资本对区域经济增长影响越来越大的前提下，影响一个区域经济增长的因素不完全是内部因素，因此在多区域经济系统中探讨经济增长是非常有必要的。

（二）空间溢出

根据 Englmann 和 Walz（1995）的观点，空间溢出是一种空间相互作用的形式，表现为空间上的扩散。它是指某些特定区位上的行业（企业）产生的、影响关联企业生产过程的知识及技术的外部效应。空间溢出又分为局域空间外溢和全域空间外溢，局域空间外溢指一个区域企业的生产仅仅受益于该区域的知识积累，这种情况会使经济活动出现不平衡的空间分布。全域空间外溢是指某个区域的知识积累将受益于任何地方或区位的所有企业的生产力，一般来说，企业在某个区域的聚集将对不同区域产生不同强度的局域空间外溢和全域空间外溢。

从国外研究情况来看，Mundell（1963）和 Fleming（1962）率先提出 M-F（Mundell-Fleming）模型，从国家层面上对经济增长的研究奠定了理论基础；

此后，McKibbin 和 Sachs(1991)对 M-F 模型进行实证分析并加以改进；Douven 和 Peeters(1998)提出了一个新的动态模型,研究发现多国间都存在经济溢出现象；Brun 等(2002)运用新古典增长模型，使用截面数据对中国各省进行回归分析，发现沿海地区、非沿海地区和东部地区间均存在 GDP 溢出效应；Márquez 等(2007)利用空间自相关模型，对欧盟内部 163 个区域进行分析，研究发现区域经济的收敛性受经济增长的空间溢出效应影响等。总的来说，国外对空间溢出效应研究较多，但大多集中在对经济溢出效应的探讨，但在旅游领域，研究溢出效应的文献寥寥无几。

（三）旅游空间溢出

旅游溢出的概念由经济溢出演化而来。事实上，旅游溢出现象主要有两方面内容：其一是指旅游业发展对其他行业的外部性影响，如旅游业发展会带动本地餐饮、住宿和交通等行业的收入增加；其二是指各区域旅游业的相互影响。对接受溢出方来说，这种影响既可能是“动力”，也可能是“阻力”，其产生“动力”或“阻力”的原因受多种因素主导。通常，旅游空间溢出表现为一个地区旅游经济状况对周围地区旅游经济状况的影响，对同一区域内的旅游景区而言，如果两个景区相互间存在正的旅游溢出，则具有景区之间合作的动力，反之，景区之间将会产生竞争的倾向。

从国内来讲，近年来，众多研究者开始关注溢出效应，并将其运用到经济研究领域：王铮等(2003)在 M-F 模型的基础上，建立适合本国的 GDP 溢出模型，研究发现我国的东中西部 GDP 溢出效应明显；罗守贵和高汝熹(2005)使用下梯形法实证分析中国地区之间区域经济差异的变动规律，发现各省之间的经济联系度与空间距离呈负相关关系；李凡和黄耀丽(2008)将 M-F 模型进行改造，并对珠江三角洲各城市间的旅游溢出效应进行了实证分析等。在旅游研究领域，虽然空间溢出效应在近几年才被广泛提及，但关于溢出效应的重要影响因素很早之前就被学者发现。保继刚(1988)指出，在区域内，旅游资源及产品的品质等级差异大小与旅游溢出的大小成正比；保继刚(1991，1994)、王衍用(1993)研究发现，在邻近地区，同质化资源之间存在很强的替代性，这是旅游空间溢出负效应的体现；曹宇(2006)通过对上海市的旅游产业进行研究，发现旅游业具有明显的溢出效应，带动了区域经济的增长；刘承良等(2009)以武汉城市旅游圈为例，发现武汉对周边城市旅游的发展有显著的促进作用，旅游溢出效应明显；李山和王铮(2009)基于知识溢出，尝试构建缺口模型来定量测定旅游溢出值，并对长江三角洲地区进行了实证分析；秦云峰(2013)则实证分析了旅游经济溢出效应的产生机制等；赵磊等(2014)采用空间面板计量方法，研究表明旅游发展对经济增长具有明显的正向促进作用；吴玉鸣(2014)基于中国 31 个省区市的面板数据，发现邻近省旅游资本投入与旅游经济增长具有明显的溢出效应等。

综合国内外研究发现，大多数文献研究旅游对经济增长的溢出效应时一般通过计量经济学对相关数据进行分析，而往往忽略了地方之间的地理空间对其影响。另外，大多研究对象是省或市，从微观角度选择景区作为研究对象的更是寥寥无几。本节将引入空间这一因素，以空间溢出理论为基础，构建旅游空间溢出的模型，计算出兵马俑、华清池、黄帝陵、华山、大唐芙蓉园、法门寺、金丝峡和太白山 8 个 5A 级旅游景区相互之间的溢出值，探讨景区之间的相互带动作用。

二、数据来源与研究方法

(一)数据来源

对 2016 年陕西省各 5A 级旅游景区进行数据统计，整理出了各景区的人均 GDP、到访人数和旅游总收入，并将各景区进行详细的旅游资源分类，统计结果如表 6-7 所示。表中 A 代表的旅游资源的主类别是地文景观，AA 表示的亚类为综合自然旅游地，包括华山和太白山，而 AB 表示地质地貌过程形迹，只有金丝峡符合此类别；E 代表的旅游资源的主类别是建筑与设施，EA 表示综合人文旅游地，包括华清池和法门寺，EC 代表景观建筑与附属性建筑，只有大唐芙蓉园属于此类，EE 表示归葬地，包括黄帝陵和兵马俑。

表 6-7　2016 年陕西省 5A 级旅游景区客流量等数据

景区	2016 年旅游总收入/亿元	2016 年客流量/万人次	资源类型	本底景观	人均 GDP/元
黄帝陵	0.82	138.5	EEE	历史古迹、自然风光	48300
华山	3.40	265.42	AAA	自然风光、历史古迹、现代人造	27743
兵马俑	7.24	532.84	EEE	历史古迹	66800
华清池	3.90	309.8	EEA	历史古迹、现代人造	66800
大唐芙蓉园	2.65	306.5	EEC	历史古迹、现代人造	66800
法门寺	1.01	147.98	EEA	历史古迹、现代人造	51262
太白山	1.04	165	AAA	自然风光、历史古迹、现代人造	51262
金丝峡	0.63	55.09	AAB	自然风光	29574

(二)研究方法

随着旅游业的迅速发展，更多的学者投入到“旅游外部性”研究中，其研究方法和模型也越来越多。例如，严伟宾和张运构建国外旅游者入境旅游消费与地区经济增长关系的面板数据模型进行实证分析，结果发现，不同地区的外国游客入境旅游消费对经济增长具有不同的溢出效应。刘华军和杨骞(2014)利用我国2000～2011年各省面板数据，采用LeSage和Pace提出的空间回归模型偏微分方法，衡量了金融深化对经济增长的区域内溢出、区域间溢出及总体空间溢出效应；赵磊等(2014)采用经济学较为前沿的空间面板计量方法，利用我国各省1999～2009年面板数据，实证检验了旅游发展与经济增长之间的影响关系。虽然方法和模型较多，但仍需选择适合本书的模型方法，因此在选择模型定量分析旅游空间溢出效应之前，应先充分认识影响旅游空间溢出的相关因子。本书通过总结其他文献的研究，整理出了旅游空间溢出的关键因子，主要包括以下五个方面。

1. 空间距离

通常认为旅游的溢出效应大小与地理位置即空间距离的大小有关，因为旅游的溢出是要在一定条件和一定范围下产生的。一般来讲，当旅游者做出决策时，一般会倾向于将距离较近、交通成本较低及花费时间较少的景区联系在一起，即交通和时间成本越小、距离越近的景区越容易产生空间溢出效应。已有学者表明，空间距离会抑制溢出效应。例如，金刚等(2015)基于地理距离视角实证研究了中国省际知识的空间溢出效应及其地理边界，研究发现，随着地理距离的增加，知识空间溢出效应都会呈现下降趋势。张浩然和衣保中(2011)利用空间面板模型研究地理距离因素对城市间溢出效应的影响。结果发现，城市间的溢出效应在180km内表现最为显著，而在200km以外明显减弱。刘华军和杨骞(2014)衡量了金融深化对经济增长的区域内溢出、区域间溢出及总体空间溢出效应。结论显示，金融深化对本区域经济增长的作用要远大于对外区域经济增长的作用，而且金融深化对外区域经济增长的促进作用对相邻或者距离较近的省份更为明显。可见，空间距离与旅游的溢出效应呈反向关系，即空间距离越大，旅游的溢出效应越小。

2. 旅游资源类型差异

边际效用递减规律指出，在一定时间内，以其他商品消费数量保持不变为前提，随着某一种商品消费数量的增加，消费者从该商品增加一单位消费所获得的效用是递减的。同时，旅游产品因其具有较大的享乐消费性，更易受此规律的影响，如旅游消费中的一次性、重游率低等现象。旅游者也通常会选择不同种类的景点来满足其多样性的偏好。隋晴晴(2011)提出旅游产品差异化对旅游市场的市场价格、市场竞争、市场集中度、市场进入壁垒、市场绩效均有不同程度的影响。方琰和卞显红(2015)定量探析了2003～2011年长江三角洲地区旅游资源的差异对旅游经济的动态影响。结果表明，长江三角洲各地区的旅游经济发展水平形成差异的主导因子是旅游资源的禀赋差异。因此，本节认为旅游资源类型属于旅游溢出效应的“促进因子”。也就是说，旅游资源类型差异越大，旅游空间溢出效应也就越大。因为差异较大的旅游资源更能满足旅游者的“多样性需求”，所以二者呈正向相关。

3. 接受溢出方和产出溢出方的等级差异

一般来说，旅游目的地之间的等级差距越大，其旅游溢出效应越小。因为等级差距较大的景区更不容易存在某些竞争或者合作，从而两地的溢出效应也随之变小。一般来说，对于等级低的旅游景区，主要原因是缺乏高级的旅游资源，这就大大降低了与高级景区合作的可能性。基于此结论，将选择同等级的景区作为研究对象。

4. 接受溢出方的学习能力

当两个景区之间产生溢出效应时，作为溢出效应接受方的景区需要具备接受这些“溢出”的承载力。作为旅游的供给方，景区接待力的大小是其发展的基础。一个景区的旅游基础设施建设是否完善、接待设施是否齐全、服务质量是否达标直接影响该景区的旅游经济发展。一般而言，旅游交通运输设施完善，可进入性强，宾馆饭店建设合理，接待能力高，旅游购物、餐饮、娱乐设施完善，能满足旅游者多样化需求的旅游景区，在作为接受溢出方时，旅游接待能力越高，更容易实现旅游溢出效应。反之，如果景区的消化能力不足，也就不能很好地接受产出溢出方的溢出效应，从而会使二者的溢出效应产生阻碍作用。因此接受溢出方的学习能力与旅游溢出呈正向相关。

5. 产出溢出方的旅游规模

旅游景区空间溢出产生的直接原因是旅游者选择目的地的多样性，对于产出溢出方，旅游规模即旅游收入或者客流量越大，其到访旅游者数量越多，则越可能有更多的旅游者选择到其他目的地旅游，从而使旅游空间溢出效应更大。

三、模型构建与变量确定

(一)模型构建

在经济学中分析溢出有联立方程法、似不相关回归模型、空间计量模型、缺口模型四种常用研究方法。联立方程法、似不相关回归模型、空间计量模型对其他影响因子的考虑有所欠缺，仅以客流量和旅游收入作为关键指标。本书在剖析旅游空间溢出效应影响因素的基础上，选取 Li 等(2011)提出的改进缺口模型，其模型涵盖了空间距离、旅游资源类型差异、接受溢出方的学习能力、接受溢出方与产出溢出方的等级差异、产出溢出方的旅游规模五大因素，其表达式为

$$S_j^{(i)} = q_i \delta_j \exp\left[-\left(\frac{G_{ij}^{(l)}}{\delta_j^{(l)}} \right)^2 + \delta_j^{(k)} G_{ij}^{(k)} - \beta \gamma_{ij} \right]$$

由于上述表达式计算出的结果均为正值，而景区间的溢出可正可负，所以对正负的判断还需新的界定，可以由指数 I_{ij} 的正负判断旅游溢出的正负值，其计算公式为

$$I_{ij} = -\left(\frac{G_{ij}^{(l)}}{\delta_j^{(l)}} \right)^2 + \delta_j^{(k)} G_{ij}^{(k)} - \beta \gamma_{ij}$$

其中，I_{ij} 表示溢出指数，同时也是衡量溢出值正负的标尺。当 $I_{ij}>0$ 时，认为 j 景区接受 i 景区的溢出为正；当 $I_{ij}<0$ 时，认为 j 景区接受 i 景区的溢出为负；当 $I_{ij}=0$ 时，认为 i 景区对 j 景区没有溢出。可见，旅游资源类型差异、接受溢出方和产出溢出方的等级差异及空间距离远近共同决定了旅游空间溢出值的正负，产出溢出方的旅游规模和接受溢出方的学习能力共同决定了空间溢出本底值的大小。

旅游景区间的溢出是相互的，一个景区接受其他景区旅游溢出的同时，也会向其他景区产生溢出，且数值一般不相等，因此，以溢出共轭 CV_{ij} 表示 i 景区和 j 景区相互产出和接受溢出的总体水平。其中，CV_{ij} 的值越大，表示 i 景区和 j 景区的相互溢出值越大，互惠效应越明显。其计算公式为

$$\text{CV}_{ij} = S_j^{(i)} + S_i^{(j)}$$

（二）变量及参数确定

（1）q_i 表示产出溢出方接待旅游者规模，为了便于计算，将入境旅游人数和国内旅游人数合并，利用旅游总人数来衡量旅游者规模。

（2）$G_{ij}^{(l)}$ 表示 i 景区和 j 景区的旅游等级差异，本节将用李山和王铮（2009）的方法即用两景区的旅游总收入差异来反映两景区的旅游等级差异，计算公式为

$$G_{ij}^{(l)} = \left| \ln \frac{l_i}{l_j} \right|$$

其中，l_i 和 l_j 分别表示 i 景区和 j 景区的旅游总收入。

（3）$G_{ij}^{(k)}$ 表示两地区的旅游资源类型差异，本节取两地区核心吸引物与本底景观差异的均值来最终确定两地区的旅游资源类型差异，用 k_{ij} 表示，计算公式为

$$G_{ij}^{(k)} = \ln k_{ij}$$

为了便于计算，本节依据《旅游资源分类、调查与评价》（GB/T 18972—2017），

将不同景区的旅游资源分为主类、亚类、基本类型三大类。A、B、C 分别代表本底景观在旅游资源分类中的主类、亚类和基本类型。1 代表同类，0 代表不同类。当两地区的核心吸引物主类不同时，k_{ij} 取值为 4；当主类相同但亚类不同时，k_{ij} 取值为 3；当主类和亚类相同但基本类型不同时，k_{ij} 取值为 2；当两地区核心吸引物完全相同时，k_{ij} 取值为 1。例如，当两景区的基本类型都相同时，取 $A=B=C=1$，即 $k_{ij}=(1,1,1)=1$，所以 $G_{ij}^{(k)}=\ln 1=0$，此时两景区差异最小。而当两景区基本类型不同时，取 $A=0$，此时 $k_{ij}=4$，$G_{ij}^{(k)}=\ln 4\approx 1.386$，此时两景区差异最大。

(4) γ_{ij} 为 i 景区和 j 景区的空间距离，旅游者在实现不同旅游目的地间的位移时主要依赖交通工具，而受两地间的球面距离影响较小。因此，本节以谷歌地图为依据，查询两景区的交通距离，并以最短距离为准。至于参数估计，Li 和 Xiao 等(2011)对模型进行了检验，表明当 $\alpha=0.069$、$\beta=0.00446$ 时，模型拟合度最好。在本节中，α 和 β 取值均以此为准。通过对溢出计算公式的定量化，最终可进行计算。

(5) δ_j、$\delta_j^{(k)}$、$\delta_j^{(l)}$ 都代表接受溢出方 j 的消化能力即学习能力，这与 j 地区的经济发展水平相关，具有归一化的意义。地区经济发展水平越好，其投入建设旅游业的资金越多，旅游基础设施和接待设施越完善，为地区旅游业的良性发展提供基础保障，可见接受溢出方的消化能力与 j 地区的经济发展水平呈正相关关系。李山和王铮(2009)的研究已经说明出游率与人均 GDP 存在显著的幂函数关系，在此本节统一用 C_j^{α} 表示学习能力。

四、旅游景区空间溢出总体水平分析

本书根据各个数据参数的计算公式以及缺口模型，计算得到每两个景区之间的空间溢出水平，再分别求纵向和横向平均值，得出各景区旅游空间溢出总体水平，一个景区会对多个景区产生溢出或者一个景区会接受多个景区的溢出。例如，黄帝陵会接受大唐芙蓉园、兵马俑及其他 5A 级景区产生的溢出，也会对其他 7 个景区产生溢出，具体情况如表 6-8 所示。

表 6-8 陕西省 5A 级景区各个溢出值分析

景区	学习能力	接受溢出	产出溢出	接受溢出与产出溢出的差值
黄帝陵	2.105	0.354	0.178	0.176
华山	2.026	0.436	0.501	−0.065
兵马俑	2.152	0.553	1.603	−1.050
华清池	2.152	0.477	0.616	−0.139

续表

景区	学习能力	接受溢出	产出溢出	接受溢出与产出溢出的差值
大唐芙蓉园	2.152	0.442	0.532	–0.090
法门寺	2.113	0.447	0.232	0.215
太白山	2.113	0.648	0.350	0.298
金丝峡	2.035	0.787	0.132	0.655

(1)学习能力方面，大唐芙蓉园、兵马俑、华清池的学习能力最高，其次是太白山、法门寺、黄帝陵、金丝峡、华山。其中，大唐芙蓉园、兵马俑、华清池、太白山和法门寺均高于平均学习能力，其余均低于平均学习能力。从实际情况来看，大唐芙蓉园、兵马俑和华清池均位处西安市，人均 GDP 最高，因此其学习能力最强；太白山和法门寺位于宝鸡市，人均 GDP 高于黄陵县的黄帝陵、商洛市的金丝峡和渭南市的华山，而黄帝陵、金丝峡和华山所处区域人均 GDP 较低，因此其学习能力与经济发展水平密切相关。

(2)接受溢出方面，金丝峡景区接受平均溢出最多，为 0.787，其次为太白山(0.648)、兵马俑(0.553)，华山、华清池、大唐芙蓉园、法门寺接受平均溢出相近，在 0.436～0.477，黄帝陵接受平均溢出最少，为 0.354。在陕西省 8 个 5A 级旅游景区中，黄帝陵与金丝峡景区分别位于陕西省的北部与南部地区，独自形成一个集群，然而，金丝峡接受其他景区的平均溢出值位于 8 个景区之首，而黄帝陵接受溢出较弱。探其原因不难发现，第一，黄帝陵属于较为成熟的 5A 级旅游景区，产出必定大于接受，而金丝峡属于新兴 5A 级旅游景区，接受大于产出；第二，金丝峡的区位优势大于黄帝陵，伴随着沪陕等多条高速公路的开通，以及休闲度假游的普及，西安客源群体进入陕南地区更为便捷，因此金丝峡景区接受关中地区景区的溢出更强。

(3)产出溢出方面，兵马俑产出平均溢出最高(1.603)，高出第二位华清池近 1 个百分点，反映出兵马俑景区在陕西具有较高的知名度，成为区域符号的带动景区；华清池、大唐芙蓉园、华山作为较为成熟的景区，知名度大，并且与兵马俑距离较近，受兵马俑的辐射，因此自身的产出溢出也非常高，在 0.501～0.616；法门寺与太白山产出平均溢出相近，分别是 0.232 和 0.350，由于它们是新兴品牌旅游景区，知名度较弱，且距离省会城市西安有 1～2h 车程，大大降低了客流量；黄帝陵与金丝峡产出平均溢出较低，分别为 0.178 和 0.132，由于二者分布于陕北和陕南地区，与关中景区集群分离，因此对其他景区的接受与产出作用并不明显。

(4)接受溢出与产出溢出差值方面，金丝峡接受和产出溢出的总体水平(0.655)最为明显，其次是太白山(0.298)、法门寺(0.215)、黄帝陵(0.176)、华山(–0.065)、大唐芙蓉园(–0.090)、华清池(–0.139)、兵马俑(–1.050)。金丝峡、太白山、法门寺、黄帝陵的接受平均溢出大于产出平均溢出，其接受溢出水平分别是产出溢出水平的 5.96 倍、1.85 倍、1.93 倍、1.99 倍。而华山、大唐芙蓉园、华清池、兵马俑的产出平均溢出大于接受平均溢出，其产出溢出水平分别是接受溢出水平的 1.15 倍、1.20 倍、1.29 倍、2.90 倍。金丝峡不仅接受平均溢出最高且产出平均溢出最低，因此其差值最大，在 8 个景区中 4 个景区接受的旅游溢出值为正值，4 个景区接受的旅游溢出值为负值。

通过陕西省 8 个 5A 级旅游景区空间溢出的研究，首先对景区两两相互溢出关系进行了分析，发现：第一，陕北地区的黄帝陵景区对华山的产出溢出及接受兵马俑的溢出最为明显；第二，关中地区形成 3 个景区集群，其中，第二个集群里的兵马俑景区的产出溢出水平最为明显，对法门寺产出溢出最强，而七大景区都接受兵马俑的溢出较多；第三，陕南地区的金丝峡景区对兵马俑的产出溢出最为明显，接受兵马俑和大唐芙蓉园的溢出最大。再从学习能力、接受平均溢出、产出平均溢出、接受溢出与产出溢出的差值进行分析，发现：第一，大唐芙蓉园、兵马俑、华清池、太白山和法门寺均高于平均学习能力，学习能力与经济发展水平相关；第二，金丝峡与黄帝陵景区接受平均溢出最多，兵马俑、华清池、大唐芙蓉园、华山产出平均溢出较多；第三，在 8 个景区中，金丝峡(0.655)、太白山(0.298)、法门寺(0.215)、黄帝陵(0.176)接受的旅游溢出值为正值，华山(–0.065)、大唐芙蓉园(–0.090)、华清池(–0.139)、兵马俑(–1.050)接受的旅游溢出值为负值。

五、旅游景区空间溢出的互动关系分析

为了进一步反映陕西省品牌景区之间的互动关系，本节列出陕西省品牌景区相互溢出值，如表 6-9 所示，纵向为产出溢出方 i，横向为接受溢出方 j，纵向数值可理解为接受溢出值，横向数值可理解为产出溢出值。

表 6-9　2016 年陕西省 5A 级景区相互溢出值

	黄帝陵	华山	兵马俑	华清池	大唐芙蓉园	法门寺	太白山	金丝峡
黄帝陵	—	0.281	0.173	0.250	0.188	0.105	0.149	0.099
华山	0.517	—	0.758	0.660	0.581	0.483	0.091	0.414
兵马俑	0.661	1.231	—	1.276	1.259	1.446	1.206	1.145
华清池	0.532	0.614	0.742	—	0.339	0.299	0.648	0.238
大唐芙蓉园	0.392	0.535	0.724	0.336	—	0.263	0.716	0.699
法门寺	0.131	0.237	0.414	0.148	0.132	—	0.427	0.132
太白山	0.200	0.053	0.711	0.477	0.445	0.476	—	0.084
金丝峡	0.045	0.100	0.348	0.191	0.148	0.057	0.038	—

金丝峡、大唐芙蓉园、太白山、华山、法门寺、兵马俑、华清池、黄帝陵分布于陕南、陕北、关中三大区域，其中，金丝峡位于陕南地区，该区域雨量充沛且气候湿润，自然风光类及生态类旅游资源较为突出，人文历史类则不明显；关中地区则呈现大陆性气候，其所在区域拥有丰厚的历史文化底蕴，因此旅游资源大都呈现人文历史类，如大唐芙蓉园、兵马俑、法门寺和华清池，此外，关中地区也不乏自然风景类资源，如华山和太白山；陕北地区是中国黄土高原的中心部分，属于革命老区，区域管辖的黄帝陵属于历史文化类旅游资源。

（一）陕北地区

黄帝陵作为陕北地区唯一的 5A 级旅游景区，由于位于陕北高原，其交通可达性较差，与其他景区空间距离较远，从产出溢出方来看，对华山的产出溢出最为明显，为 0.281，其次对西安市的 3 家景区华清池、大唐芙蓉园、兵马俑的产出溢出值分别为 0.250、0.188、0.173，对法门寺和太白山的产出溢出值较小，对金丝峡的产出溢出值最小，为 0.099，因此黄帝陵景区对其他景区的辐射力度符合距离衰减规律。从接受溢出方来看，黄帝陵接受兵马俑的溢出最为明显，为 0.661，兵马俑作为“老牌”历史观光型景区，对其他景区的溢出值都较大，其次是华清池、华山和大唐芙蓉园，而接受太白山、法门寺和金丝峡的溢出最少。

（二）关中地区

关中地区的 5A 级旅游景区较为丰富，包括华山、兵马俑、华清池、大唐芙蓉园、法门寺、太白山景区，分布自东向西，形成 3 个集群。第一个集群包括渭南市的华山景区，第二个集群包括西安市的兵马俑、华清池、大唐芙蓉园景区，第三个集群包括宝鸡市的法门寺、太白山景区。其中，兵马俑、华清池、华山景区品牌化时间较长，而大唐芙蓉园、法门寺、太白山属于新兴景区。

从产出溢出方角度，第二个集群里的兵马俑景区的产出溢出水平最为明显，除去黄帝陵景区，对其他景区的溢出值均超过 1，其中，对法门寺产出溢出最为明显，为 1.446。华山、华清池、大唐芙蓉园由于区位相邻，其溢出作用较为相似，华山对兵马俑的产出溢出最为明显，为 0.758，对太白山的最弱，为 0.091，性质相同的景区溢出作用也最为不明显；华清池与大唐芙蓉园都对兵马俑产出溢出最强，分别为 0.742 和 0.724，华清池对金丝峡产出溢出较弱，为 0.238，大唐芙蓉园则对法门寺产出溢出较弱，为 0.263。第三个集群包括的景区都为新兴景区，因此产出溢出值都较小，在 0.05～0.7，其中，法门寺对太白山的产出溢出较强，为 0.427，对黄帝陵的产出溢出较弱，为 0.131；太白山对兵马俑的产出溢出较强，为 0.711，对华山的产出溢出较弱，为 0.053。

从接受溢出方角度，七大景区都接受兵马俑的溢出较多，反映出兵马俑的带动作用较强，而兵马俑接受华山的溢出较强，为 0.758；黄帝陵接受金丝峡的溢出较弱，为 0.045，华山接受太白山的溢出较弱，为 0.053，兵马俑接受黄帝陵溢出较弱，为 0.173，华清池和大唐芙蓉园都接受法门寺的溢出较弱，分别为 0.148 和 0.132，法门寺与太白山都接受金丝峡的溢出较弱，分别为 0.057 和 0.038，金丝峡接受太白山的溢出较弱，为 0.084。

（三）陕南地区

位于陕南地区的 5A 级旅游景区仅有金丝峡，从产出溢出方来看，金丝峡对兵马俑的产出溢出最为明显，其次是华清池、大唐芙蓉园和华山，而对法门寺、黄帝陵、太白山的产出溢出最弱，均在 0.1 以下；从接受溢出方来看，金丝峡接受兵马俑的溢出最大，其次是大唐芙蓉园、华山和华清池，而接受法门寺、黄帝陵和太白山的溢出最不明显，均在 0.2 以下。

六、旅游景区空间溢出共轭均值比较

本书分别选取了 2 景区、3 景区、4 景区和 5 景区为组合，研究景区组合的旅游空间溢出水平，并用 MATLAB 编程软件，计算出其共轭均值，并将四种组合进行对比分析，计算结果如表 6-10 所示。

表 6-10 陕西省品牌景区组合的旅游空间溢出对比

景区组合	包含景区	共轭均值
2	兵马俑、华清池	2.0180
3	兵马俑、华清池、华山	1.7603
4	兵马俑、华清池、华山、大唐芙蓉园	1.5092
5	兵马俑、华清池、华山、大唐芙蓉园、太白山	1.3402

由表 6-10 可以看出，对于陕西省品牌景区，旅游空间溢出共轭均值最高的 2 景区组合为兵马俑和华清池，值为 2.018，兵马俑和华清池作为 2007 年第一批入选 5A 级旅游景区，距离相近，文化相亲，级别相等，兵马俑和华清池之间的互动与互惠效应最明显，或者说交流最为密切。共轭均值最高的 3 景区组合为兵马俑、华清池和华山，值为 1.7603，这三个景区距离相近，都是陕西省东线旅游的著名旅游景区，其空间带动作用较大。共轭均值最高的 4 景区组合为兵马俑、华清池、华山和大唐芙蓉园，值为 1.5092，大唐芙蓉园作为新兴景区于 2005 年开业，2011 年入选 5A 级旅游景区，其生命周期较短，但由于其位于西安市曲江新区，接待客流量较大，知名度较高。共轭均值最高的 5 景区组合为兵马俑、华清池、华山、大唐芙蓉园和太白山，值为 1.3402，太白山位于宝鸡市，与兵马俑、华清池、华山、大唐芙蓉园景区群疏离，但其两两之间的互动关系较显著，共轭值较高。

七、结论

(1)从学习能力、接受平均溢出、产出平均溢出、接受溢出与产出溢出的差值进行分析，发现：①大唐芙蓉园、兵马俑、华清池、太白山和法门寺均高于平均学习能力，学习能力与经济发展水平相关；②金丝峡与黄帝陵景区接受平均溢出最多，兵马俑、华清池、大唐芙蓉园、华山产出平均溢出较多；③在八个景区中金丝峡、太白山、法门寺、黄帝陵 4 个景区接受旅游溢出值为正值，华山、大唐芙蓉园、华清池、兵马俑 4 个景区接受旅游溢出值为负值。总体上，兵马俑景区产出溢出水平在八个景区内“独占鳌头”，印证了兵马俑景区具有符号带动作用，能够代表陕西省旅游形象。兵马俑产出溢出大于接受溢出，说明其对周边旅游景区发展的“恩惠”和辐射作用较大，华清池与华山是“兵马俑圈层”中接受溢出和产出溢出均较高的景区，原因是：二者区位较好，与兵马俑空间距离较近，能够更好地“近水楼台先得月”；二者的旅游资源较为独特，华山为五岳之一，以险闻名，华清池多为体验式游览，如温泉、长恨歌等。

(2)分析了陕西省八个 5A 级旅游景区两两之间的相互溢出关系，分别从陕北、关中、陕南三大区域进行分析，发现陕北地区黄帝陵景区对华山产出溢出及接受兵马俑溢出最为明显；关中地区形成 3 个景区集群，其中，第二个集群里兵马俑景区产出溢出水平最为明显，对法门寺产出溢出最强，而七大景区都接受兵马俑的溢出较多；陕南地区的金丝峡景区对兵马俑产出溢出最为明显，接受兵马俑和大唐芙蓉园的溢出最大。

(3)在空间组合中，旅游空间溢出共轭均值最高的 2 景区组合为兵马俑和华清池，值为 2.018；共轭均值最高的 3 景区组合为兵马俑、华清池和华山，值为 1.7603；共轭均值最高的 4 景区组合为兵马俑、华清池、华山和大唐芙蓉园，值为 1.5092；共轭均值最高的 5 景区组合为兵马俑、华清池、华山、大唐芙蓉园和太白山，值为 1.3402，太白山位于宝鸡市，与兵马俑、华清池、华山、大唐芙蓉园景区群疏离，但其两两之间的互动关系较显著，共轭值较高。

第四节　基于网络游记的陕西省品牌旅游景区形象感知研究

旅游目的地是能够对一定规模旅游者形成旅游吸引力，并能满足其特定旅游目的的各种旅游设施和服务体系的空间集合，既包括大尺度的国家，也包括小尺度的旅游景区。20 世纪 90 年代，旅游目的地形象(tourism destination image)成为业内研究的热点，随着研究的深入，越来越多的相关研究开始倾向于认知心理学角度。良好的目的地形象不仅可以提升旅游者的满意度和忠诚度，还有利于旅游目的地的长期发展。在网络信息时代，新媒体以其传播更新快、成本低、内容丰富的优势应用于各个领域。随着新媒体在旅游业中的应用，越来越多的旅游者通过网站宣传、网络游记和攻略等快速获得旅游目的地的各种信息并进行初步形象定位。因此，基于互联网旅游信息的感知研究已经成为旅游信息科学研究的重要手段。

本节将以陕西省 5A 级旅游景区为案例，这些景区具有较高的知名度、美誉度、到访率和重游率，是区域旅游发展打造的重点和精髓，带动区域旅游经济的发展，属于对区域旅游业产生深远影响的品牌旅游景区。通过收集陕西省 5A 级旅游景区的游记，提取网络游记中的关键词，对其进行相关的分析和归纳，研究旅游游记与形象之间的关联性特征，分析每个景区的旅游形象，并在此基础上进行提炼概括得出整个陕西省旅游目的地形象。

一、数据来源与研究方法

为了便于进行分析，本节选取面包旅行、驴妈妈、携程旅游、途牛旅游、去哪儿旅游、同程旅游、蚂蜂窝、游多多这 8 个目前国内以分享旅行见闻、完整生成游记为主或含有“游记”板块且浏览量较高的旅游网站。在这些网站中，以陕西省的 5A 级旅游景区名称“兵马俑”“大唐芙蓉园”“黄帝陵”“华山”“华清池”“法门寺”“金丝峡”“太白山”为关键词对旅游攻略或游记板块进行检索，每个景区分别采用随机抽样的原则抽取国内旅游者的 100 篇高浏览量有效游记，8 个景区共 800 篇。每个景区所收集的 100 篇游记均按照以下筛选原则筛选后收集：①样本时间，本书的样本选择时间覆盖 2013 年、2014 年、2015 年、2016 年、2017 五个整年度，在保证较好的时效性的同时尽量做到涵盖广泛；②样本体裁，所选游记的主要体裁为记叙文，剔除仅有图片或以介绍景区为主的科普类游记，能全面地展现旅游者的旅游过程，且游记样本内容完整，有针对性地将各景区作为旅游行程的唯一目的地，有利于进行全面深入的内容分析。

为了提高有效性和准确性，本节将选取出的 800 篇有效样本进行了预处理：①将同一作者发布的系列游记加以合并；②删除游记中的图片或科普性介绍文字；③把相似文本做同义替换，如兵马俑景区游记中出现的“秦兵马俑”“秦俑”“秦代兵马俑”统一，把大唐芙蓉园景区游记中出现的“杨贵妃”“杨玉环”统一；④把修正处理过后的各景区文本各自合并，分别存入 8 个文本文档(.txt)。预处理后再将文本文档进行分析和后续研究。

研究方法采用内容分析法，内容分析法是一种能够透过现象看本质并客观分析显性内容，对研究对象进行深入分析的科学方法。研究选用具备文本分词、词频分析、语义分析等功能的 ROST Content Mining 软件(简称 ROST CM6)作为分析工具，通过该软件可对与研究内容无关的词进行过滤，从而使有效的高频特征词得到筛选提取；同时，软件能够对样本游记进行语义网络分析，得出其可视化图形(Net Draw 图)。

首先，用ROST Content Mining软件将已经进行预处理的8个文本文档(.txt)进行分词。在分词完成后，使用“词频分析(中文)”功能对分词后的文本进行词频统计，生成词汇频数表。利用ROST Content Mining软件中“社会网络和语义网络分析”功能进行语义网络分析，剔除无意义的词汇，得出其可视化图形作为分析依据，以此来了解网络游记中的陕西省5A级旅游景区旅游目的地形象特征。然后，用Excel对8篇词汇频率统计后的词汇表，按照词汇出现的频率进行降幂排列，并选取30位旅游者的情感倾向词制成高频情感词表。最后，通过软件功能性分析中的“情感倾向分析”功能获取各文本的情感分布统计。通过高频情感词和情感分布统计来精准旅游者对陕西省旅游目的地形象的情感认知。

二、陕西省5A级旅游景区认知构成

旅游目的地形象包括三个部分(Baloglu 和 McCleary，1999)：①认知形象，即对目的地各种属性的信念和认识(Gartner，1994)；②情感形象，即对目的地各种属性的感情，它是建立在认知形象基础之上的；③总体形象，即对目的地的整体感知。本节通过对网络游记文本进行挖掘分析，从认知、情感、整体感知三方面分析得出陕西省8个5A级旅游景区更加具体的旅游形象，并在此基础上，对8个5A级旅游景区形象进行分析总结进而得出陕西省的旅游形象。本节利用ROST Content Mining 软件进行语义网络分析，剔除无意义词汇，得出其可视化图形。

(一)秦始皇兵马俑博物馆景区认知形象分析

秦始皇兵马俑博物馆位于陕西省西安市临潼区，是首批国家5A级旅游景区。其中兵马俑，亦简称秦兵马俑或秦俑，是世界十大古墓稀世珍宝之一，是我国第一批全国重点文物保护单位，被誉为“世界第八大奇迹”，由图6-10中的“八大”“奇迹”也可以看出。

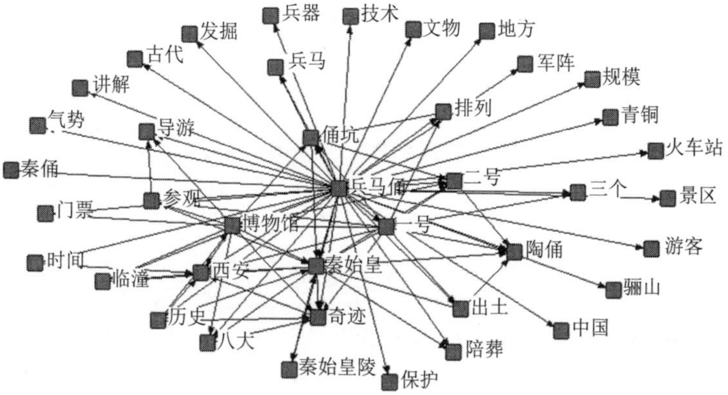

图6-10　兵马俑样本语义网络分析

兵马俑的认知形象主要有以下几个方面：第一，旅游吸引物。位于语义网的核心位置，包括关键搜索词“一号”“二号”“俑坑”“陶俑”“博物馆”等，且其出现的频率较高，可以发现旅游者对兵马俑的搜索主要集中于对旅游吸引物的搜索。第二，旅游服务。位于语义网的中部位置，包括 “导游”“参观”“讲解”等高频词汇，表明兵马俑仍旧以传统历史观光型的引导参观方式为主，主要旅游活动围绕讲解与参观。第三，区位信息。位于语义网的边缘，包括“西安”“临潼”“骊山”等高频词汇，可以发现旅游者对兵马俑的区位较熟悉，兵马俑的认知与西安市具有很强的关联性。

(二)华清池景区认知形象分析

华清池位于西安市临潼区骊山北麓，西距西安 30km，南依骊山，北临渭水，以三千年的皇家园林史和六千年的温泉利用史而享誉全球，被列为全国第一批重点风景名胜区和国家 5A 级旅游景区。

华清池的认知形象分为以下几个方面：第一，人文旅游资源。从高频词汇可以看出在华清池发生过的历史事件和背景，如“杨贵妃”“唐玄宗”“爱情”“故事”“蒋介石”“西安”“事变”等。第二，旅游活动。从“温泉”“沐浴”“汤池”“温泉水”“长恨歌”可以发现，华清池主要旅游活动围绕泡温泉及观看长恨歌表演。第三，区位信息。从“西安”“骊山”“临潼”可以得知华清池的大体方位(6-11)。

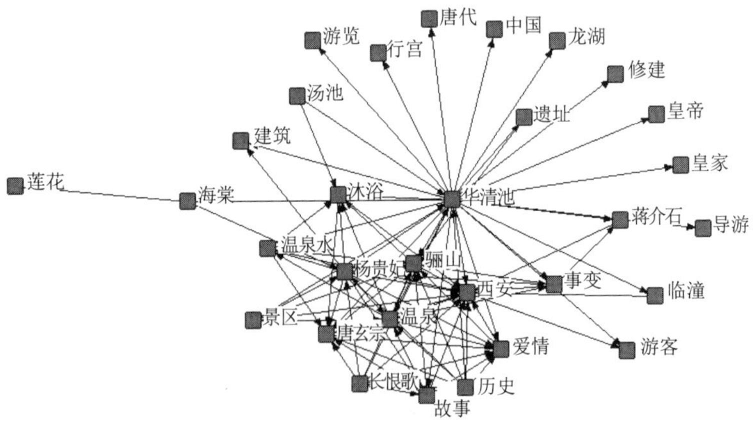

图 6-11 华清池样本语义网络分析

(三)大唐芙蓉园景区认知形象分析

大唐芙蓉园位于陕西省西安市城南的曲江开发区，大雁塔东南侧，在原唐代芙蓉园遗址以北，这一点也可以从图 6-12 中的“曲江”“雁塔”看出。它是中国第一个全方位展示盛唐风貌的大型皇家园林式文化主题公园，也是中国最大的仿唐皇家建筑群，因此“园林”“建筑”也构成了旅游者对其的认知内容。

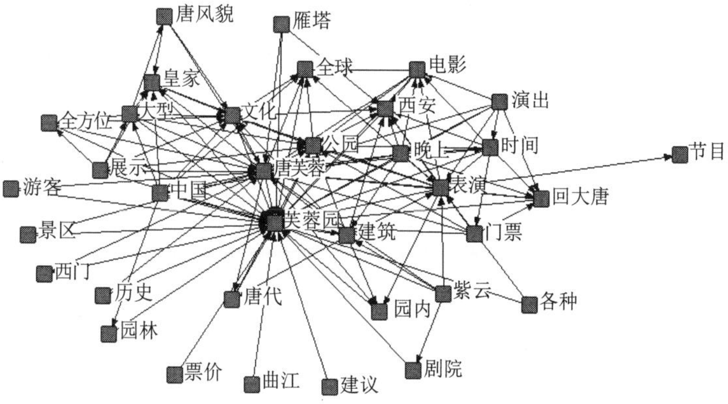

图 6-12　大唐芙蓉园样本语义网络分析

大唐芙蓉园的认知构成主要分为以下方面：第一，旅游吸引物及活动。从图 6-12 中可以看出，“表演”“(梦)回大唐”“(水幕)电影”出现的频率很高，伴随“演出”“节目”等，游客活动主要围绕观赏歌舞表演和水幕电影，且“晚上”“时间”说明旅游者游览时间主要是晚上，而“票价”“门票”也是旅游者的关注点。第二，旅游资源。大唐芙蓉园首先是一个“唐代”“皇家”“园林”，其中“紫云(楼)”展现了帝王文化为主的景点，而“(凤鸣九天)剧院”是景区内歌舞文化的代表景点，说明大唐芙蓉园中这些景点是主要游览区。

(四)华山风景名胜区认知形象分析

华山古称“西岳”，是中国著名的五岳之一。位于陕西省西安市以东 120km 的华阴市境内，海拔 2154.96m，山势巍峨，自古以来就有“奇险天下第一山”的说法，是首批国家级风景名胜区、国家 5A 级旅游景区。

华山的认知形象主要由以下方面构成：第一，旅游吸引物。由语义网络分析图以及高频特征词汇表可以看出，旅游者对华山的深刻印象主要体现在几个景点，如“西峰”“南峰”等山峰、“玉泉”(玉泉院)、“长空栈道”“金锁关”“苍龙”(苍龙岭)。第二，旅游活动。“日出”一词出现频率非常高，也成为众多游记中的重点内容。第三，旅游设施服务。“门票”“缆车”“火车站”“索道”等直接反映了旅游者在景区内对旅游设施服务的需求(图 6-13)。

(五)法门寺佛文化景区认知形象分析

法门寺位于陕西省扶风县法门镇，因安置释迦牟尼佛指骨舍利而成为举国仰望的佛教圣地，被誉为“护国真身宝塔”。从图 6-14 中的“东汉”“关中”可见，法门寺始建于距今一千七百多年的东汉末年，有“关中塔庙始祖”之称。

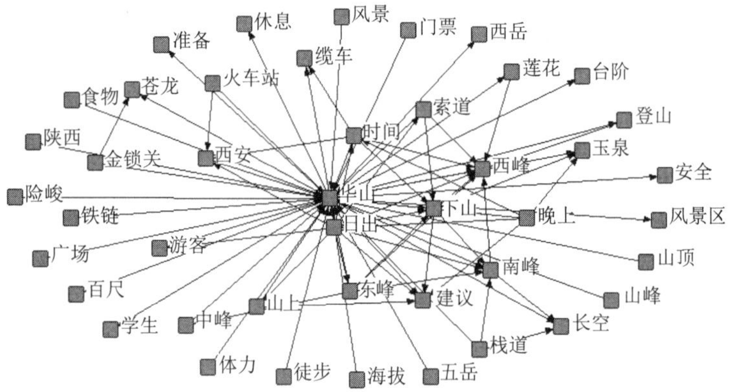

图 6-13 华山样本语义网络分析

从语义网络分析图 6-14 中可以看出，“法门寺”“舍利”“佛教”是出现频率比较高的三个重要节点，越靠近中心节点的词与中心节点的关系越密切。图中高频词也集中体现了法门寺作为佛教旅游胜地的认知形象，尤其是“(指骨)舍利”“佛教”“真身”“地宫”“释迦牟尼”这些词的频率都很高，也是主要的旅游吸引物。旅游者来到法门寺主要的旅游活动可以通过“参观”和“供奉”来体现。

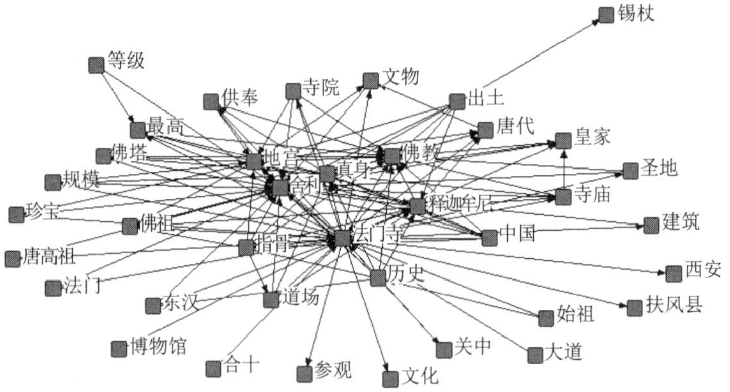

图 6-14 法门寺样本语义网络分析

(六)太白山国家森林公园认知形象分析

太白山国家森林公园位于秦岭主峰太白山北麓的陕西省宝鸡市眉县境内，公园面积 2949 公顷，森林覆盖率 94.3%。公园以森林景观为主体，苍山奇峰为骨架，清溪碧潭为脉络，文物古迹点缀其间，自然景观与人文景观浑然一体，拥有高耸入云的雄伟气势和瞬息万变的气候神姿，被誉为中国西部的一颗绿色明珠。公园海拔从 620m 到 3767.2m，是中国海拔最高的国家森林公园，因此图 6-15 中“海拔”一词靠近中心位置，是旅游者认知的重要因素之一。

太白山的认知形象有：第一，旅游景点。由语义网络分析图可以看出，出现频率最高的词有“太白山”“大爷(大爷海)”“积雪(太白积雪)”，说明旅游者主要集中在这几个景点。第二，旅游吸引物及旅游活动。“森林”“冰川”“日出”“高山”这些词构成了太白山的主要旅游吸引物，频率最高的旅游活动则是“登顶”“穿越”“缆车”，可以从游记中发现到太白山的旅游者主要是登顶观赏日出及徒步穿越。第三，区位信息。“西安”“眉县”“秦岭”凸显出太白山的地理位置。

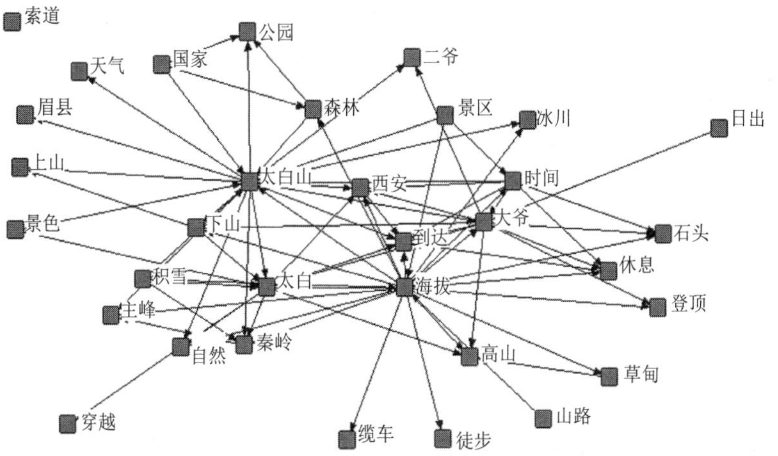

图 6-15　太白山样本语义网络分析

(七)黄帝陵景区认知形象分析

黄帝陵位于陕西省延安市黄陵县城北桥山，是中华民族人文始祖黄帝轩辕氏的陵墓，是《史记》记载的唯一一座黄帝陵。黄帝陵古称“桥陵”，由图 6-16 中多位帝王的关键词可以看出，黄帝陵是中国历代帝王和著名人士祭祀黄帝的场所。黄帝陵不仅是第一批全国重点文物保护单位、国家 5A 级旅游景区、国家级风景名胜区、全国爱国主义教育示范基地，更是由国务院编为“古墓葬第一号”，号称“天下第一陵”。

黄帝陵的认知形象主要由以下几个部分构成：第一，旅游景点。由语义网络分析图可以看出，出现频率最高的词有“黄帝陵”“桥山”“轩辕庙”“大殿”（人文初祖大殿)，说明旅游者主要集中在这几个景点。第二，旅游吸引物及旅游活动。词频最高的旅游吸引物是“千年”“古柏”，是指中国最古老、覆盖面积最大、保存最完整的黄帝陵古柏群，其中“黄帝手植柏”距今五千余年，是“世界柏树之父”。频率最高的旅游活动则是“祭祀”，一方面是自古流传的祭祀黄帝的典礼所带来的人文旅游资源，另一方面也是与清明前后的祭祖活动相契合。2006 年，黄帝陵祭典活动被列入第一批国家级非物质文化遗产名录。第三，区位信息。“陕西”“延安”“黄陵县”凸显出黄帝陵的地理位置。

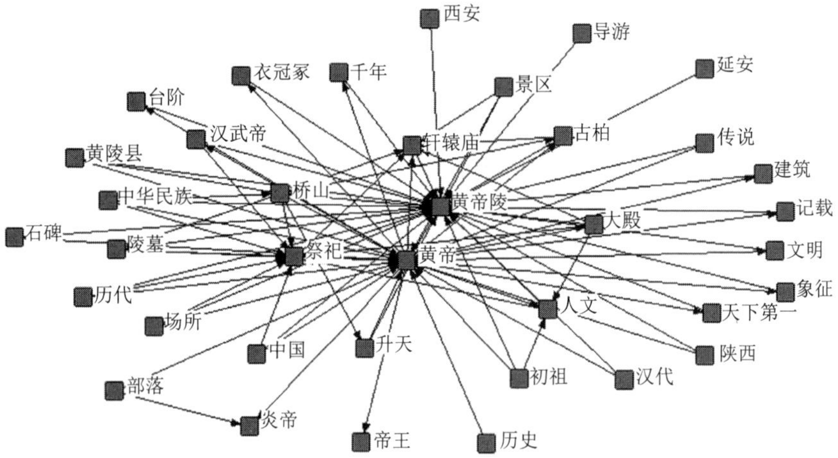

图 6-16 黄帝陵样本语义网络分析

（八）金丝大峡谷旅游景区认知形象分析

金丝大峡谷国家森林公园，简称金丝峡，位于陕西省商南县东南部新开岭腹地，距金丝峡镇 18km。园内森林覆盖率达 98%，是国家 5A 级旅游景区、国家级森林公园、国家地质公园，被誉为“峡谷之都”“中国奇峡”“天下奇峡”“中国最美的大峡谷”，图 6-17 中“森林”“大峡谷”也说明了这一点。

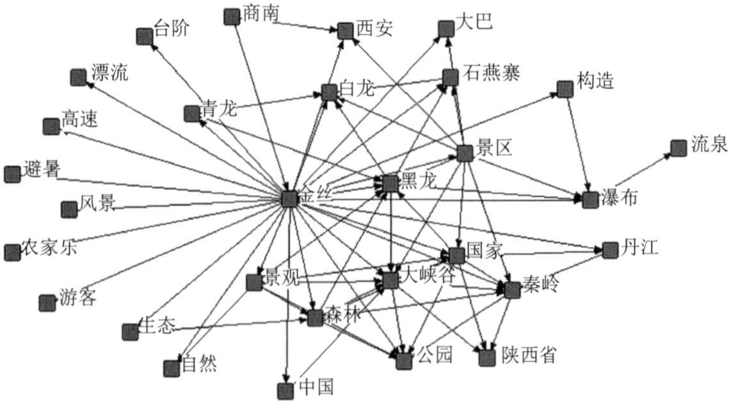

图 6-17 金丝峡样本语义网络分析

金丝峡的认知形象有：第一，旅游景点。“石燕寨”“白龙”“青龙”“黑龙”是语义分析网络图中出现的高频词，白龙峡、青龙峡和黑龙峡都是金丝峡代表性的山脉资源，其中白龙峡还有著名的一线天景观，而石燕寨是因张三丰而闻名的特色人文景点。第二，旅游吸引物和旅游活动。“大峡谷”“瀑布”“流泉”构成了金丝峡的主要旅游吸引物，而且“漂流”（丹江漂流）、“避暑”、“农家乐”也是受大众青睐的旅游活动。第三，区位信息。由“陕西省”“商南”“西安”这些高频特征词可以定位出金丝峡的大概位置与周边。

三、陕西省 5A 级旅游景区情感形象分析

通过 ROST Content Mining 软件的情感分析功能获得样本的情感分布统计结果，同时将样本中陕西省 8 个 5A 级旅游景区关于旅游者感知的高频形容词筛选出来作为情感分析的依据。

（一）秦始皇兵马俑博物馆景区情感形象分析

分析统计样本中的情感分布，发现旅游者对于兵马俑感知的积极情绪占 80.16%，中性情绪占 11.33%，消极情绪占 8.51%。表 6-11 为兵马俑高频情感词，可以看出，旅游者的积极情绪主要来源于令人震撼的俑坑的栩栩如生的兵马俑，可见兵马俑作为“世界第八大奇迹”，其本身的价值和声誉度可以说是实至名归。另外，旅游者产生消极情绪的指向也十分明显，大多是对景区的管理感到不满，出现了黑车和坑骗等词语。

表 6-11　兵马俑高频情感词

次序	高频情感词	频次	次序	高频情感词	频次	次序	高频情感词	频次
1	壮观	28	11	著名	10	21	震惊	6
2	赞叹	24	12	浩大	10	22	复杂	6
3	宏伟	22	13	高超	9	23	自豪	6
4	栩栩如生	20	14	逼真	9	24	气势磅礴	6
5	威武	15	15	雄伟	8	25	辉煌	6
6	震撼	15	16	破碎	7	26	激动	6
7	精美	12	17	真实	7	27	雄壮	5
8	神奇	12	18	值得	7	28	惟妙惟肖	5
9	精致	12	19	佩服	6	29	厉害	5
10	伟大	10	20	兴奋	6	30	方便	5

（二）华清池景区情感形象分析

分析统计样本中的情感分布，发现旅游者对于华清池感知的积极情绪占

60.61%，中性情绪占 27.27%，消极情绪占 12.12%。表 6-12 为华清池高频情感词，可以看出，旅游者的积极情绪主要来源于对唐盛世的向往与感叹、对表演的欣赏和享受，以及对历史传说中唐玄宗和杨贵妃浪漫爱情故事的追溯。产生的消极情绪主要是对杨贵妃命运的感叹，而不是对景区的不满。

表 6-12 华清池高频情感词

次序	高频情感词	频次	次序	高频情感词	频次	次序	高频情感词	频次
1	著名	25	11	出名	8	21	浪漫	5
2	享受	20	12	欣赏	8	22	特色	5
3	华丽	17	13	传奇	8	23	遗憾	5
4	大型	13	14	震惊	8	24	辉煌	5
5	美好	11	15	丰富	7	25	宏大	5
6	风水宝地	10	16	震撼	7	26	完美	4
7	可惜	10	17	完整	6	27	威严	4
8	方便	10	18	富丽堂皇	6	28	普通	4
9	胜地	9	19	向往	6	29	绚烂	4
10	绝世	9	20	壮观	5	30	不虚	4

（三）大唐芙蓉园景区情感形象分析

分析统计样本中的情感分布，发现旅游者对于大唐芙蓉园形象感知的积极情绪占 76.02%，中性情绪占 15.79%，消极情绪占 8.19%。表 6-13 为大唐芙蓉园的高频情感词，可以看出，旅游者的积极情绪主要来源于恢弘华丽的建筑以及绚烂精彩的表演和水幕电影。除了这两大被大多数旅游者提到的内容，还从样本中发现旅游者提到“五星级”一词是指景区内基础设施中的厕所，这也成为大唐芙蓉园景区提高旅游者满意度和体验感的一个特色。而消极情绪有的是由于时间关系没能欣赏足够而觉得遗憾，但主要的是认为票价和收费较高而实质内容却没有达到预期高度。

表 6-13 大唐芙蓉园高频情感词

次序	高频情感词	频次	次序	高频情感词	频次	次序	高频情感词	频次
1	大型	17	6	精彩	9	11	漂亮	7
2	全方位	13	7	特色	9	12	值得	6
3	震撼	11	8	绚烂	9	13	便宜	6
4	恢宏	10	9	久负盛名	8	14	遗憾	6
5	华丽	10	10	五星级	7	15	方便	5

续表

次序	高频情感词	频次	次序	高频情感词	频次	次序	高频情感词	频次
16	梦幻	3	21	逼真	3	26	魅力	2
17	美食	3	22	不舍	3	27	独特	2
18	精致	3	23	浪费	3	28	失望	2
19	文艺	3	24	快乐	2	29	激动	2
20	错过	3	25	神圣	2	30	享受	2

(四)华山风景名胜区情感形象分析

分析统计样本中的情感分布，发现旅游者对于华山感知的积极情绪占52.94%，中性情绪占17.65%，消极情绪占29.41%。在本节研究的陕西省8个5A级旅游景区中，华山的情感形象虽然是以积极为主，但消极部分的比例相对较高。表6-14为华山高频情感词，可以看出，旅游者的积极情绪主要来源于华山的秀丽风光和美景，一部分是由于挑战自我、攀登高峰之后的自豪与感动。华山本身以“奇险”著称，因此旅游者产生的消极情绪主要来源于华山的险峻和陡峭，许多人都表达出了害怕和担心，部分人因此而无奈放弃。另外，就是由于登山这一活动带来的疲劳，有些旅游者选择夜爬华山而饥寒交迫，有些旅游者因没能看到日出而感到遗憾。

表6-14 华山高频情感词

次序	高频情感词	频次	次序	高频情感词	频次	次序	高频情感词	频次
1	险峻	42	11	方便	15	21	开阔	9
2	挑战	36	12	陡峭	15	22	独特	8
3	美景	28	13	遗憾	14	23	担心	8
4	著名	26	14	奇险	12	24	可惜	8
5	害怕	23	15	放弃	12	25	刺激	7
6	艰辛	19	16	开心	10	26	美好	6
7	雄伟	18	17	值得	10	27	自豪	6
8	激动	16	18	难忘	9	28	干净	6
9	秀丽	16	19	巍峨	9	29	神奇	6
10	惊险	16	20	无奈	9	30	错过	6

(五)法门寺佛文化景区情感形象分析

分析统计样本中的情感分布，发现旅游者对于法门寺感知的积极情绪占84.51%，中性情绪占11.14%，消极情绪占4.35%。表6-15为法门寺高频情感词，可以看出，旅游者的积极情绪主要来源于壮观大气的建筑、珍贵的佛指骨舍利和虔诚庄严的氛围，而他们产生的消极情绪主要是出于对法门寺宝塔历史上被毁坏的经历的可惜和遗憾。

表6-15 法门寺高频情感词

次序	高频情感词	频次	次序	高频情感词	频次	次序	高频情感词	频次
1	仰望	35	11	神秘	13	21	宏伟	6
2	精美	27	12	金碧辉煌	11	22	可惜	6
3	圣地	26	13	大气	11	23	奢华	6
4	稀世	24	14	盛大	10	24	值得	6
5	庄严	23	15	传统	9	25	惊叹	6
6	珍贵	21	16	珍藏	9	26	华丽	6
7	虔诚	19	17	壮观	8	27	激动	5
8	完整	17	18	特色	7	28	复杂	5
9	著名	14	19	巨大	7	29	遗憾	5
10	高大	14	20	绝无仅有	7	30	干净	5

(六)太白山国家森林公园情感形象分析

分析统计样本中的情感分布，发现旅游者对于太白山感知的积极情绪占52.5%，中性情绪占16.75%，消极情绪占30.75%。可以看出，消极情绪在陕西省8个5A级旅游景区中所占比例是最高的。表6-16为太白山高频情感词，可以看出，旅游者的积极情绪主要来源于对自然美景的享受，但同时旅游者产生的消极情绪也十分明显，主要是无奈放弃和错过的可惜以及畏难情绪。太白山作为秦岭主峰，拥有高寒和奇险的特点，气候多变，险象环生，因此也吸引了众多热爱探险和挑战的人。

表6-16 太白山高频情感词

次序	高频情感词	频次	次序	高频情感词	频次	次序	高频情感词	频次
1	自然	49	5	疲惫	16	9	担心	13
2	美丽	34	6	放弃	15	10	轻松	13
3	艰难	31	7	危险	15	11	世外桃源	12
4	恐惧	22	8	遗憾	13	12	难忘	12

续表

次序	高频情感词	频次	次序	高频情感词	频次	次序	高频情感词	频次
13	期待	11	19	破败	9	25	迷失	8
14	可惜	11	20	寂静	9	26	奇观	8
15	错过	10	21	开阔	9	27	热情	7
16	美景	10	22	向往	8	28	激动	7
17	丰富	9	23	纪念	8	29	享受	7
18	神秘	9	24	惊喜	8	30	著名	7

（七）黄帝陵景区情感形象分析

分析统计样本中的情感分布，发现旅游者对于黄帝陵的整体感知是以积极和中性情绪为主，其中积极情绪占 67.13%，中性情绪占 31.21%，消极情绪占 1.66%。表 6-17 为黄帝陵高频情感词，可以看出，旅游者的积极情绪主要来源于高大挺拔的古柏、庄严肃穆的氛围和恢弘气派的建筑。旅游者产生的消极情绪主要是上山路途较远，选择坐车又比较颠簸，还有些旅游者提到买香祭奠时遇到坑骗现象。

表 6-17　黄帝陵高频情感词

次序	高频情感词	频次	次序	高频情感词	频次	次序	高频情感词	频次
1	巨大	28	11	古朴	14	21	宏大	7
2	天下第一	26	12	方便	13	22	值得	7
3	庄严	20	13	传统	12	23	气势恢宏	7
4	古老	19	14	郁郁葱葱	12	24	吉祥	6
5	诚心	19	15	挺拔	11	25	肃然起敬	6
6	圣地	18	16	真正	11	26	颠簸	6
7	苍劲	17	17	伟大	10	27	壮观	6
8	著名	16	18	瞻仰	9	28	神圣	6
9	气派	16	19	珍藏	8	29	敬畏	6
10	肃穆	14	20	雄伟	7	30	灵气	5

（八）金丝大峡谷旅游景区情感形象分析

分析统计样本中的情感分布，发现旅游者对于金丝峡的整体感知是以积极和中性情绪为主，其中积极情绪占 48.15%，中性情绪占 29.63%，消极情绪占 22.22%。表 6-18 为金丝峡高频情感词，可以看出，旅游者的积极情绪主要来源于独特地貌带来的天然奇观、山清水秀的风光以及宁静宜人世外桃源般的环境，而旅游者产生的消极情绪主要是由于山路疲累。

表 6-18　金丝峡高频情感词

次序	高频情感词	频次	次序	高频情感词	频次	次序	高频情感词	频次
1	天然	35	11	神秘	7	21	郁郁葱葱	5
2	美丽	29	12	奇观	6	22	舒服	5
3	奇特	29	13	丰富	6	23	陡峭	5
4	秀丽	15	14	雄伟	5	24	宁静	5
5	茂密	14	15	幽深	5	25	优惠	4
6	罕见	10	16	兴奋	5	26	值得	4
7	清凉	10	17	放松	5	27	清澈	4
8	清新	10	18	顺利	5	28	干净	4
9	方便	9	19	快乐	5	29	世外桃源	4
10	典型	8	20	险峻	5	30	宜人	4

四、陕西省 5A 级旅游景区整体评价

陕西省是中国旅游资源最富集的省份之一，大量品种繁多的文物遗存使其被誉为“天然的历史博物馆”，有大批的人文旅游景点，如兵马俑、华清池、大唐芙蓉园、黄帝陵、法门寺。同时，陕西省自然风景名胜众多，如著名的西岳华山，还有秦岭主峰太白山以及金丝峡等新一代旅游景区，景色雄伟壮丽，引人入胜。本节通过对陕西省 8 个 5A 级旅游景区的认知和情感形象进行总结，初步反映出陕西省的旅游整体形象。

旅游者对陕西省 5A 级旅游景区的形象认知直接影响到他们对旅游活动的认知，通过上述文本分析可综合比较得出陕西省 5A 级旅游景区旅游形象认知构成的异同。纵观 8 个景区的旅游形象认知构成，发现以下两个方面基本是共同具有的：①旅游吸引物和旅游活动，如“舍利”“俑坑”“祭祀”等；②位置信息，如“临潼”“商南”“扶风县”等。而从整体上，“皇家”“舍利”“西峰”“黄帝”“峡谷”“秦始皇”“杨贵妃”“秦岭”等词汇出现的频率最高，也最具有代表性。不同之处体现在：①旅游景点，对于含有多个旅游景点的综合旅游景区，如太白山、华山、金丝峡这一类以自然旅游资源为主的景区，人们会选择性地游览其中较为闻名且有代表性的景点，因此“旅游景点”这一方面会成为认知构成的主要表现部分；②旅游设施服务，像华山和兵马俑这样相对发展更加成熟、知名度更高、客流量明显更大的旅游景区，人们会在以上一些方面的基础上对旅游景区的设施服务提出更高的要求，直接影响到旅游者对于旅游目的地形象的感知，因而成为认知构成的主要部分。比较特殊的景区如法门寺，属于宗教旅游胜地，旅游吸引物与旅游活动单一且针对性强，对于旅游者的认知构成起到几乎绝对的主导作用。而从前面的语义网络分析图也可以看出，对于太白山、金丝峡这样的新晋 5A 级旅游景区，旅游目的地形象认知构成的关键词数量和丰富程度要明显少于其他景区。

从前述可以看出，旅游者对于陕西省的旅游情感形象是以积极情绪为主，中性情绪和消极情绪较少。通过分析得出三种情绪的平均值(图 6-18)，积极情绪占 71.23%，中性情绪占 16.64%，消极情绪占 12.13%。其消极情绪产生的原因有以下方面：①景区管理存在问题，景区内存在强制消费、乱收费，旅游者遇到坑骗现象，产生不满等情绪，如兵马俑、黄帝陵；②景区自然资源较为险峻，如华山、太白山比较险要，不免有旅游者产生无奈放弃或畏难情绪；③景区收费问题，如大唐芙蓉园，旅游者认为实际游览的体验与高票价所带来的预期并不相符。

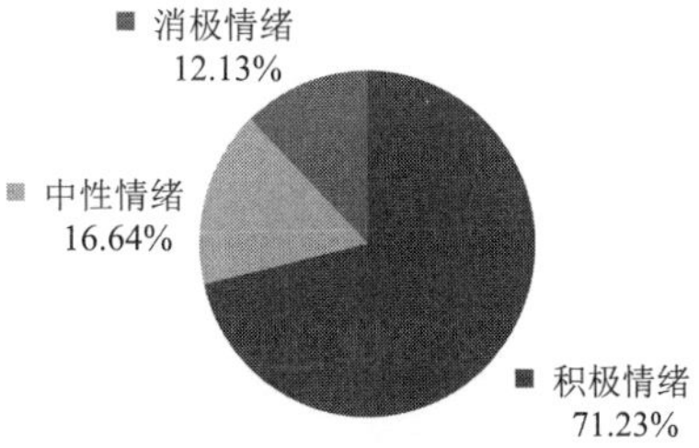

图 6-18　情感分布统计平均值

另外，本节认为通过旅游者在样本游记中表现出的重游意愿和推荐意向，可以侧面反映出旅游者对陕西省旅游目的地整体形象的评价。如表 6-19 所示，在 800 篇有效样本游记中，旅游者明确表示满意而愿意再来或愿意推荐给他人的，如“一定不要错过”“有机会还会再来一次”的有 496 篇，而明确表示不推荐的有 71 篇，各自所占比例分别为 62%、8.87%，其他的都为没有明确表示意向的。可见，旅游者对陕西省旅游目的地形象的整体感知还是以正面积极为主。同时在样本游记中也可以看出，旅游者明确推荐的一般是拥有美景、特色建筑的景点，久负盛名的景区，以及美食，能够看出旅游者对于陕西省旅游景区的形象认知很大程度上源于陕西省拥有较丰富的旅游资源、长期沉淀的旅游热度和名声，以及传统特色的美食文化。

表 6-19　游记中反映的推荐/重游意向统计

推荐/重游意向	明确推荐	未表示	明确不推荐
篇数	496	233	71
比例/%	62	29.13	8.87

五、结论

随着互联网媒体的普及和发展，旅游者逐渐倾向于通过互联网去收集旅游目的地信息及发表关于旅游体验的言论和评价。各旅游网站为旅游者相互之间的交流提供了平台，网站上的游客评论、旅游攻略游记、旅游博客等内容丰富翔实，能够真实反映旅游者对于旅游目的地形象的感知。

本节以网络游记为数据资料来源，以陕西省 8 个 5A 级旅游景区为案例地，利用内容分析法对陕西省旅游目的地形象感知进行研究，主要得到以下结论：

(1)根据 ROST Content Mining 软件获得各个旅游景区的高频特征词和语义网络分析图，分析游客对陕西省旅游目的地的形象感知，主要由旅游吸引物和旅游活动、景点、位置信息、旅游服务与设施构成，位于人口规模较大的城市中的景区，旅游者更多关注其位置与服务设施，而位于人口规模较小的城市中的景区，旅游者往往关注旅游吸引物和旅游活动。

(2)通过对样本的情感高频词分析和情感分布统计，发现旅游者对陕西省旅游情感形象以积极情绪为主，中性情绪和消极情绪较少，其中，消极情绪主要来源于景区管理问题、自然资源较为险峻、景区收费与实际体验不符等方面。

(3)通过对样本游记的统计分析，发现明确表达推荐和重游意向的游客占多数，陕西省旅游目的地形象整体感知以正面积极为主。

第五节　本 章 小 结

本章利用函数方程式、ArcGIS、线性回归法、二维矩阵分析法、空间匹配法、二维折线图和 *X-Y* 散点图分析法等，首先分析了 2002～2016 年陕西省 A 级以上旅游景区的时空结构，并划分了阶段；然后对陕西省 8 个 5A 级旅游景区空间溢出关系进行了研究，揭示了景区之间的带动作用；最后利用网络游记对陕西省品牌旅游景区形象感知进行了研究，从微观角度揭示了陕西省旅游形象，具体结果如下：

第一，区域空间内陕西省 A 级景区时空演变特征及阶段划分。从时间上，将陕西省 A 级景区的发展划分为 2002～2008 年缓慢发展期和 2009～2016 年快速发展期两个阶段；从空间上，发现 2016 年陕西省 A 级景区的最邻近点指数为 0.617，呈现集中分布，但已逐渐变得分散，景区的等级与分布分散程度有很大的相关性，等级越高，分布越分散；另外，陕西省 A 级景区在 2003～2016 年逐渐由个别的点状扩散成片状，高 A 级景区会对低 A 级景区的发展有带动作用。

第二，陕西省高级别景区空间溢出作用。首先，分析了陕西省 8 个 5A 级景区两两之间的相互溢出关系，分别从陕北、关中、陕南三大区域进行分析，发现：①陕北地区的黄帝陵景区对华山的产出溢出及接受兵马俑的溢出最为明显；②关中地区形成 3 个景区集群，其中，第二个集群里的兵马俑景区的产出溢出水平最为明显，对法门寺产出溢出最强，而七大景区都接受兵马俑的溢出较多；③陕南地区的金丝峡景区对兵马俑的产出溢出最为明显，接受兵马俑和大唐芙蓉园的溢出最多。然后，从学习能力、接受平均溢出、产出平均溢出、接受溢出与产出溢出的差值进行分析，发现：①大唐芙蓉园、兵马俑、华清池、太白山和法门寺均高于平均学习能力，学习能力与经济发展水平相关；②金丝峡与黄帝陵景区接受平均溢出最多，兵马俑、华清池、大唐芙蓉园、华山产出平均溢出较多；③在 8 个景区中金丝峡(0.655)、太白山(0.298)、法门寺(0.215)、黄帝陵(0.176)4 个景区接受的旅游溢出值为正值，华山(–0.065)、大唐芙蓉园(–0.090)华清池(–0.139)、兵马俑(–1.050)4 个景区接受的旅游溢出值为负值。总的来讲，兵马俑景区产出溢出水平在 8 个景区内“独占鳌头”，印证了兵马俑景区具有符号带动作用，能够代表陕西省的旅游形象。兵马俑产出的溢出大于接受的溢出，说明对周边旅游景区发展的“恩惠”和辐射作用较大，华清池与华山是“兵马俑圈层”中接受溢出和产出溢出均较高的景区，原因是：①二者区位较好，与兵马俑空间距离较近，能够更好地“近水楼台先得月”；②二者的旅游资源较为独特，华山为五岳之一，以险闻名，华清池多为体验式游览，如温泉、长恨歌等。

第三，基于网络游记对陕西省品牌旅游景区形象感知分析。首先，根据 ROST Content Mining 软件获得各个旅游景区的高频特征词和语义网络分析图，分析旅游者对陕西省旅游目的地的形象感知，主要是由旅游吸引物和旅游活动、景点、位置信息、旅游服务与设施构成，位于人口规模较大城市中的景区，旅游者更多关注其位置与服务设施，而位于人口规模较小城市中的景区，旅游者往往关注旅游吸引物和旅游活动；其次，通过对样本的情感高频词分析和情感分布统计，发现旅游者对陕西旅游情感形象以积极情绪为主，中性情绪和消极情绪较少，其中，消极情绪主要来源于景区管理问题、自然资源较为险峻、景区收费与实际体验不符等方面；最后，通过对样本游记的统计分析，发现明确表达推荐和重游意向的游客占多数，陕西省旅游目的地形象整体感知以正面积极为主。

第七章　陕西省品牌旅游景区与热点旅游城市形成机制与地域组合分析

第一节　陕西省品牌旅游景区成长分析

一、区域内品牌旅游景区成长分析

第六章分析了景区之间的带动作用，并没有解释景区自身的发展，本节通过分析不同旅游景区的成长趋势和成长质量来研究旅游景区的成长规律，揭示景区在旅游市场上的发展趋势，为品牌旅游景区成长研究提供新理论。目前，众多学者利用巴特勒的旅游生命周期理论，从不同角度对旅游目的地的成长阶段进行了研究和探析，然而，我国的旅游景区品牌化现象出现于 20 世纪 90 年代末，至今发展不过十几年的历史，更有高级别的旅游景区创建于 2000 年后，进入市场时间短，不适合在需要长期客流量数据的旅游生命周期理论下研究。因此，本书借鉴云台山景区成长模式方法的研究，从品牌旅游景区所处的区域空间角度分析品牌旅游景区的成长模式。

在区域空间角度下，品牌旅游景区与其他景区之间存在两种关系：辐射力与凝聚力。辐射力（F）主要是品牌旅游景区提供的旅游产品、设施和服务、客源市场对区域内其他旅游景区的覆盖范围；凝聚力（G）主要是区域中其他景区对品牌旅游景区的发展产生的作用。在物理学中，势能指储存于物理系统中的能量，描述了做功能力的大小，在此借助物理势能定义，将品牌旅游景区辐射力与凝聚力的比值称为品牌旅游景区旅游势能指数（Q），用于表示该景区的旅游势能。对品牌旅游景区旅游势能指数的研究能够判断其在区域内的成长质量和竞争力大小，旅游势能指数越大的品牌旅游景区在区域空间内的地位越高，对其他旅游景区的辐射力与凝聚力较强，其成长质量优良；旅游势能指数越小的品牌旅游景区在区域空间内的地位越低，对其他旅游景区的辐射力与凝聚力较弱，其成长质量较差。

首先，明确品牌旅游景区所处的旅游区域空间范围，构建旅游流网络。其中，秦始皇兵马俑博物馆、华清池、黄帝陵于 2007 年加入首批 5A 级旅游景区，华山与大唐芙蓉园于 2011 年加入 5A 级旅游景区，法门寺于 2014 年被评定为 5A 级旅游景区，金丝峡与太白山分别于 2015 年和 2016 年加入 5A 级旅游景区。景区规模上，陕西省的 8 个品牌旅游景区同属于 5A 级别；景区类型上，主要以历史文化、观光游憩、自然风景、主题公园为主。从陕西省资源丰度表中可发现，陕西省旅游景区主要分布在宝鸡—西安—渭南—商洛一线，而 8 个品牌旅游景区也多数分布于这一线，依据陕西省品牌旅游景区的产品类型和规模，绘制陕西省品牌旅游景区空间网络图，形成了六点九线为支撑的框架，如图 7-1 所示。

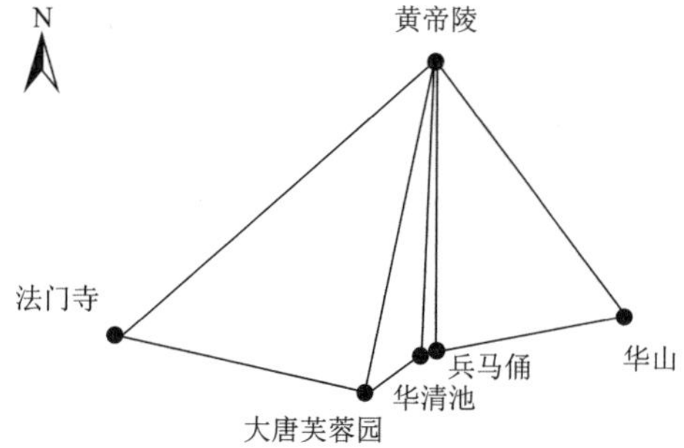

图 7-1　陕西省品牌旅游景区空间网络图

然后，构建品牌旅游景区节点关联模型矩阵。此模型主要是计算品牌旅游景区的旅游势能，建立旅游势能值的时间变化曲线，该曲线可以揭示品牌旅游景区之间相对地位的变化率与变化趋势，判断其成长性。假设研究品牌旅游景区年数为 $T(T>3, M=1, 2, \cdots, T)$，区域空间内共有 N 个品牌旅游景区为研究对象，P_{M1} 为品牌旅游景区第 M 年的客流量，P_{M2}，P_{M3}，…，P_{MN} 是其他品牌旅游景区第 M 年的客流量，各个品牌旅游景区 T 年内每年的客流量通过矩阵表示，矩阵的每个节点是横向品牌旅游景区客流量与纵向品牌旅游景区客流量的比值。品牌旅游景区节点关联模型矩阵如表 7-1 所示。

表 7-1　品牌旅游景区节点关联模型矩阵

	P_{M1}	P_{M2}	…	P_{MN}	合计
P_{M1}	1	P_{M1}/P_{M2}	…	P_{M1}/P_{MN}	$\sum_{i=1}^{N} P_{M1}/P_{Mi}$
P_{M2}	P_{M2}/P_{M1}	1	…	P_{M2}/P_{MN}	$\sum_{i=1}^{N} P_{M2}/P_{Mi}$
…	…	…	…	…	…
P_{MN}	P_{MN}/P_{M1}	P_{MN}/P_{M2}	…	1	$\sum_{i=1}^{N} P_{MN}/P_{Mi}$
合计	$\sum_{i=1}^{N} P_{Mi}/P_{M1}$	$\sum_{i=1}^{N} P_{Mi}/P_{M2}$	…	$\sum_{i=1}^{N} P_{Mi}/P_{MN}$	

其中，行合计值为辐射力(F)，列合计值为凝聚力(G)，品牌旅游景区的旅游势能指数公式为：$Q=F/G$，根据各个品牌旅游景区旅游势能指数的大小就能判断区域中品牌旅游景区的相对地位。当 $Q<1$ 时，Q 越小，其对应的品牌旅游景区相对地位越低；当 $Q=1$ 时，表示所研究的品牌旅游景区与区域内其他品牌旅游景区位于同一等级地位；当 $Q>1$ 时，Q 越大，其对应的品牌旅游景区相对地位越高。通过上述方法，对陕西省分布的 6 家品牌旅游景区 2005～2016 年的客流量进行计算，由于 2008～2009 年的全球金融危机对入境旅游产生影响，客流量总体下降，因此利用本底趋势线法对品牌旅游景区 2008 年和 2009 年的客流量进行订正。

二、区域空间中秦始皇兵马俑博物馆景区成长分析

秦始皇兵马俑博物馆位于西安市临潼区，20 世纪 70 年代末开始接待旅游者，客源结构主要以入境旅游者为主。2000 年以来，兵马俑客源结构又有了新变化，2000 年兵马俑入境客流量为 46.6 万人次，2005 年为 57.7 万人次，客流量增长率为 23.8%，与 1995～2000 年客流量增长率 43.5%相比，减少了近 20 个百分点；而国内旅游者在 2000 年达到 142 万人次，2005 年增加到 230 万人次，客流量增长率达到 62%，与 1995～2000 年的客流量增长率 18%相比，增加了 44 个百分点，可见，兵马俑景区的入境旅游者比例在减少，同时国内旅游者数量增加。

将兵马俑景区 2005～2013 年的旅游势能值进行拟合，得出旅游势能方程：

$$Y = 4.894e^{0.011x}, \quad R = 0.65$$

通过对比，兵马俑景区旅游势能最高，旅游势能指数为 4.83～6.22，属于较成熟的旅游景区，其在陕西省内的百强旅游景区中地位最高，具体如表 7-2 所示。2005～2013 年，其成长阶段划分为两个阶段：2005～2011 年和 2012～2013 年。2005 年旅游势能指数为 4.83，2011 年增长到 6.22，平均年增长率为 4.8%；而 2012 年旅游势能指数减少到 5.87，2013 年继续下降。兵马俑景区地位的削弱也能从图 7-2 所示的旅游势能曲线中看出，兵马俑景区相对地位整体呈上升状态，2011 年达到峰值 6.22，之后略有下降。其地位下降的原因与华山景区和大唐芙蓉园景区进入 5A 级旅游景区有关，这两个旅游景区加入 5A 级以后，旅游服务设施增加，宣传力度加大，人气暴涨，其区域客流量增加，致使兵马俑景区的客流量被分流；同时，入境旅游者减少，国内旅游者增加，而国内旅游者的旅游目的地不再局限于传统的历史观光景区，更多倾向于能够体验文化元素的旅游景区。

表 7-2 兵马俑景区旅游势能表

年份	指标项	兵马俑	华清池	华山	黄帝陵	大唐芙蓉园	法门寺	合计	旅游势能指数
2005	辐射力	1	1.42	2.37	3.90	1.33	5.98	16.00	4.83
	凝聚力	1	0.71	0.42	0.26	0.75	0.17	3.31	

续表

年份	指标项	兵马俑	华清池	华山	黄帝陵	大唐芙蓉园	法门寺	合计	旅游势能指数
2006	辐射力	1	1.45	2.16	4.63	1.42	5.33	15.99	4.90
	凝聚力	1	0.69	0.46	0.22	0.70	0.19	3.26	
2007	辐射力	1	1.65	2.05	5.17	1.52	5.32	16.71	5.21
	凝聚力	1	0.68	0.49	0.19	0.66	0.19	3.21	
2008	辐射力	1	1.85	2.18	4.59	2.03	4.28	15.93	5.47
	凝聚力	1	0.54	0.46	0.20	0.49	0.22	2.91	
2009	辐射力	1	1.90	2.21	4.22	2.28	4.31	15.92	5.51
	凝聚力	1	0.53	0.45	0.24	0.44	0.23	2.89	
2010	辐射力	1	1.88	2.23	3.89	2.84	4.00	15.84	5.58
	凝聚力	1	0.53	0.45	0.26	0.35	0.25	2.84	
2011	辐射力	1	2.12	2.45	3.63	3.52	4.01	16.73	6.22
	凝聚力	1	0.47	0.41	0.28	0.28	0.25	2.69	
2012	辐射力	1	1.82	1.99	3.99	3.28	3.48	15.56	5.87
	凝聚力	1	0.45	0.40	0.15	0.32	0.33	2.65	
2013	辐射力	1	2.04	1.78	4.70	3.11	2.77	15.40	5.50
	凝聚力	1	0.39	0.56	0.21	0.30	0.34	2.80	

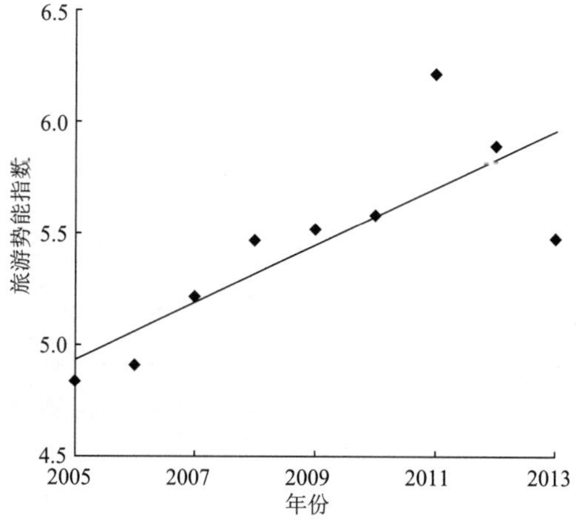

图 7-2　兵马俑景区旅游势能曲线图

三、区域空间中华清池景区成长分析

华清池位于西安市临潼区，与兵马俑景区同为国家首批 5A 级旅游景区，2009 年引入大型实景演出“长恨歌”，成为景区吸引游客的一大卖点。2000 年以来，华清池的客流量增长幅度较缓慢，尤其是 2005～2013 年，平均年增长率只有 3%。

将华清池景区 2005～2013 年的旅游势能值进行拟合，得出旅游势能方程：

$$Y = 2.281e^{-0.03x}, \quad R = 0.89$$

从华清池旅游势能表(表 7-3)中可以看出，华清池总体的旅游势能较高，旅游势能指数在 1.25～2.28 波动，说明区域内其相对地位较高。但从华清池的辐射力与凝聚力数据可看出地位变化较频繁，2005～2007 年，区域内华清池的相对地位高于华山、黄帝陵、法门寺，而低于兵马俑和大唐芙蓉园；2008～2012 年，由于实景演出作为吸引点，华清池的客流量受金融危机冲击较小，以致其相对地位高于除兵马俑外的所有旅游景区；2013 年华清池的区域地位又有新变化，高于黄帝陵、大唐芙蓉园、法门寺，而低于兵马俑和华山。通过华清池的旅游势能曲线(图 7-3)发现，华清池旅游势能指数从 2005 年的 2.28 下降到 2011 年的 1.39，2012 年又小幅回升至 1.46。由于华清池与兵马俑距离较近，受板块效应影响，兵马俑具有的独特的旅游资源吸引了大量旅游者，连带华清池旅游者数量持高不下，然而，随着新兴旅游景区的开发建设，如大唐芙蓉园，距离市中心更近，交通可达性便捷，景区资源吸引力更高，选择华清池景区的旅游者数量逐年递减，华清池的相对地位也因此降低。

表 7-3 华清池景区旅游势能表

年份	指标项	华清池	兵马俑	华山	黄帝陵	大唐芙蓉园	法门寺	合计	旅游势能指数
2005	辐射力	1	0.59	1.67	2.75	0.94	4.23	11.18	2.28
	凝聚力	1	1.70	0.60	0.30	1.07	0.24	4.91	
2006	辐射力	1	0.52	1.49	3.91	0.98	3.68	11.58	2.26
	凝聚力	1	1.91	0.67	0.26	1.02	0.27	5.13	
2007	辐射力	1	0.51	1.25	3.14	0.92	3.23	10.05	1.83
	凝聚力	1	1.98	0.80	0.32	1.08	0.31	5.49	
2008	辐射力	1	0.51	1.18	2.70	1.10	2.42	8.91	1.62
	凝聚力	1	1.95	0.85	0.37	0.91	0.41	5.49	
2009	辐射力	1	0.52	1.16	2.21	1.20	2.26	8.35	1.51
	凝聚力	1	1.93	0.86	0.45	0.84	0.44	5.52	

续表

年份	指标项	华清池	兵马俑	华山	黄帝陵	大唐芙蓉园	法门寺	合计	旅游势能指数
2010	辐射力	1	0.53	1.18	2.07	1.51	2.12	8.41	1.57
	凝聚力	1	1.88	0.85	0.48	0.66	0.47	5.34	
2011	辐射力	1	0.47	1.16	1.72	1.66	1.90	7.91	1.39
	凝聚力	1	2.12	0.86	0.58	0.60	0.53	5.69	
2012	辐射力	1	0.55	1.09	2.18	1.58	1.58	7.98	1.46
	凝聚力	1	1.83	0.92	0.46	0.63	0.63	5.47	
2013	辐射力	1	0.49	0.87	2.30	1.52	1.36	7.54	1.25
	凝聚力	1	2.04	1.15	0.43	0.66	0.74	6.02	

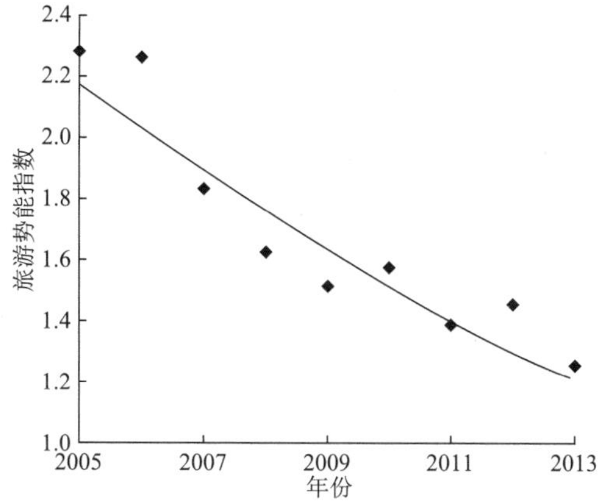

图 7-3　华清池景区旅游势能曲线图

四、区域空间中大唐芙蓉园景区成长分析

大唐芙蓉园位于西安市曲江新区，2005 年开园创下客流量 180 万人次的新高，是西北地区较大规模仿唐家园林的建筑公园，属于 5A 级旅游景区大雁塔-大唐芙蓉园景区的重要组成部分。

将大唐芙蓉园景区 2005～2013 年的旅游势能值进行拟合，得出旅游势能方程：

$$Y = 3.15e^{-0.11x}, \quad R = 0.93$$

大唐芙蓉园的品牌旅游势能变化较复杂，如表 7-4 所示。其成长阶段大致分为三个阶段：2005～2007 年的兴盛期，景区旅游势能指数为 2.15～2.71，说明其相对地位极高，这一期间受开发商营销造势的影响，客流量达到峰值 196 万人次，成功地推动了该景区周边房地产业的发展；2008～2009 年的衰退期，受经济危机的影响，房地产业不景气，客流量下降，旅游势能指数分别减少到 1.35 和 1.06，此期间虽然大唐芙蓉园的客流量有所减少，分别为 172 万人次和 165 万人次，但其旅游势能指数大于 1，说明其相对地位较高；2010～2013 年的低谷期，大唐芙蓉园的旅游势能大幅度减弱，旅游势能指数从 2010 年的 0.69 降低至 2013 年的 0.54，说明其相对地位较低，原因是 2010 年之后，同一区域内品牌个性(brand personality)相同的旅游景区大量崛起，如大唐不夜城、南湖等旅游景区的崛起，加剧了区域竞争，客流量被分流。图 7-4 为大唐芙蓉园景区的旅游势能曲线图，可以看出，旅游势能明显呈连续下降趋势，尤其是 2011 年下降至谷底。需要说明的是，大唐芙蓉园景区是大雁塔-大唐芙蓉园景区的一部分，包括一些旅游非景区化现象，如南湖、大唐不夜城、开元广场等，由于这些场所的烘托造势，虽然大唐芙蓉园的客流量逐年有所减少，但大雁塔-大唐芙蓉园景区客流量整体呈上升状。

表 7-4 大唐芙蓉园景区旅游势能表

年份	指标项	大唐芙蓉园	华清池	兵马俑	华山	黄帝陵	法门寺	合计	旅游势能指数
2005	辐射力	1	1.07	0.63	1.78	3.50	4.50	12.48	2.71
	凝聚力	1	0.94	1.60	0.56	0.29	0.22	4.61	
2006	辐射力	1	1.02	0.53	1.52	3.98	3.74	11.79	2.34
	凝聚力	1	0.98	1.88	0.66	0.25	0.27	5.04	
2007	辐射力	1	1.08	0.55	1.35	3.40	3.50	10.88	2.15
	凝聚力	1	0.92	1.82	0.74	0.29	0.29	5.06	
2008	辐射力	1	0.91	0.47	1.08	2.46	2.21	8.13	1.35
	凝聚力	1	1.10	2.14	0.93	0.41	0.45	6.03	
2009	辐射力	1	0.84	0.43	0.97	1.85	1.89	6.98	1.06
	凝聚力	1	1.20	2.30	1.03	0.54	0.53	6.60	
2010	辐射力	1	0.66	0.35	0.78	1.37	1.41	5.57	0.69
	凝聚力	1	1.51	2.84	1.28	0.73	0.71	8.07	
2011	辐射力	1	0.60	0.28	0.70	1.03	1.14	4.75	0.50
	凝聚力	1	1.66	3.52	1.44	0.97	0.88	9.47	
2012	辐射力	1	0.63	0.35	0.69	1.38	1.00	5.05	0.59
	凝聚力	1	1.58	2.88	1.45	0.72	1.00	8.63	
2013	辐射力	1	0.66	0.32	0.57	1.51	0.89	4.95	0.54
	凝聚力	1	1.52	3.11	1.75	0.66	1.12	9.16	

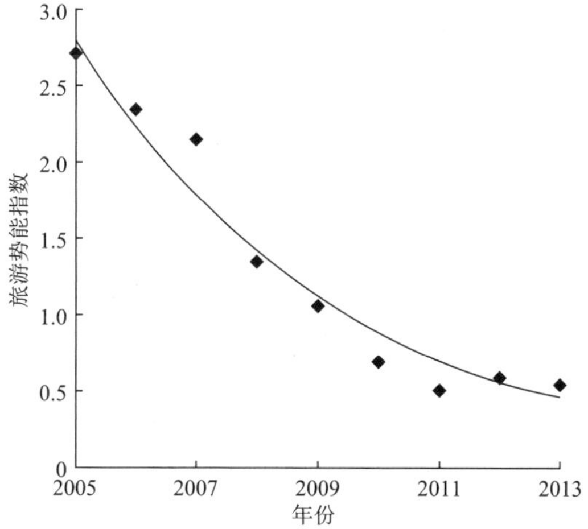

图 7-4 大唐芙蓉园景区旅游势能曲线图

五、区域空间中华山景区成长分析

华山位于陕西省渭南市，距离西安市 1 小时车程，于 2010 年加入 5A 级旅游景区，客流量从 2005 年的 101 万人次上升到 2010 年的 180 万人次。为了解决旅游者滞纳问题，2013 年华山景区在原有索道基础上新建西峰索道，增加了景区的可进入性，提高了景区承载量，致使客流量增加到 227 万人次。

将华山景区 2005～2013 年的旅游势能值进行拟合，得出旅游势能方程：

$$Y = 0.835e^{0.033x}, \quad R = 0.67$$

结合表 7-5 与图 7-5 发现，华山景区在区域空间内的成长性较好，其旅游势能整体呈上升趋势，景区的相对地位总体在提高。将华山成长性划分为三个阶段：分别是 2005～2006 年的起步阶段、2007～2012 年的快速成长阶段和 2013 年之后的稳定阶段。2005～2006 年的起步阶段，华山景区旅游势能指数小于 1，说明其对旅游者产生的吸引力较小，在区域内影响力较弱，相对地位较低；2007～2012 年，客流量从 145 万人次增加到 201 万人次，旅游势能指数开始大于 1，在 1.11～1.28 徘徊；2013 年之后，客流量增长至 227.18 万人次，2013 年与 2005 年相比，其相对地位变化率为 130%，区域空间内相对地位进一步得到巩固。华山景区相对地位的增加与其地理位置和旅游资源独特性密不可分，华山位于渭南市，与山西、河南两省毗邻，距西安市只有 1 小时的车程，客源市场充足；另外，华山作为五岳之一，以险闻名，独特的旅游资源吸引了较多的旅游者。

表 7-5　华山景区旅游势能表

年份	指标项	华山	华清池	兵马俑	黄帝陵	大唐芙蓉园	法门寺	合计	旅游势能指数
2005	辐射力	1	0.60	0.35	1.64	0.56	2.53	6.68	0.80
	凝聚力	1	1.67	2.85	0.61	1.78	0.40	8.31	
2006	辐射力	1	0.67	0.35	2.14	0.66	2.47	7.29	0.94
	凝聚力	1	1.49	2.84	0.47	1.52	0.41	7.73	
2007	辐射力	1	0.80	0.41	2.14	0.74	2.59	7.68	1.11
	凝聚力	1	1.25	2.47	0.47	1.35	0.39	6.93	
2008	辐射力	1	0.85	0.43	2.29	0.93	2.05	7.55	1.16
	凝聚力	1	1.18	2.30	0.44	1.08	0.49	6.49	
2009	辐射力	1	0.86	0.45	1.91	1.03	1.95	7.20	1.13
	凝聚力	1	1.16	2.23	0.52	0.97	0.51	6.39	
2010	辐射力	1	0.85	0.45	1.75	1.28	1.79	7.12	1.13
	凝聚力	1	1.18	2.23	0.57	0.78	0.56	6.32	
2011	辐射力	1	0.86	0.41	1.48	1.44	1.64	6.83	1.04
	凝聚力	1	1.16	2.45	0.67	0.70	0.61	6.59	
2012	辐射力	1	0.92	0.50	2.23	1.45	1.45	7.55	1.28
	凝聚力	1	1.09	1.99	0.45	0.69	0.69	5.91	
2013	辐射力	1	1.15	0.56	3.44	1.75	1.56	9.46	1.84
	凝聚力	1	0.87	1.78	0.29	0.57	0.64	5.15	

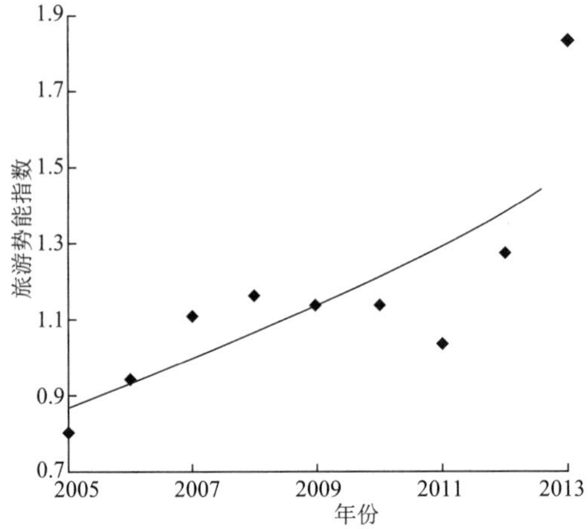

图 7-5　华山景区旅游势能曲线图

六、区域空间中法门寺佛文化景区成长分析

法门寺佛文化景区位于陕西省宝鸡市，距离西安市 2 小时车程，1988 年法门寺博物馆开馆，2014 年 10 月成为 5A 级旅游景区，2013 年共接待 146.06 万人次，年旅游总收入达到 1.1 亿元。

将法门寺品牌旅游景区 2005～2013 的旅游势能值进行拟合，得出旅游势能方程：

$$Y = 0.119e^{0.100x}, \quad R = 0.98$$

法门寺景区旅游势能的拟合结果较理想，相关系数达到 0.98，区域空间整体成长性较好，呈上升趋势。

表 7-6 为法门寺佛文化景区 2005～2013 年旅游势能统计表，图 7-6 为法门寺佛文化景区旅游势能曲线图。结合二者可以发现，区域空间内法门寺相对地位并不高，旅游势能指数在 0.13～0.68 波动，但相对地位变化率排到六大品牌旅游景区中第一位，2013 年与 2005 年相比，相对地位变化率高达 423%。其成长阶段大致可划分为两个阶段：2005～2011 年的缓慢成长阶段和 2012～2013 年的快速成长阶段。2005 年法门寺旅游势能指数只有 0.13，此期间法门寺经过扩修建，客流量急剧上升至 2011 年的 142 万人次，旅游势能指数增加到 0.39，此期间，法门寺相对地位仍然较低，其旅游势能低于黄帝陵；2012 年与 2013 年法门寺客流量持续增加，旅游势能指数上升到 0.68，区域内相对地位上升，高于黄帝陵景区。法门寺景区相对地位上升的原因有：首先，它位于关中-天水经济圈内，与周边太白山、红河谷等 3A 级、4A 级旅游景区打包整合，将人文景点与自然风光相结合吸引旅游者；其次，它位于大都市周边，法门寺景区分别距离西安市和宝鸡市 1 小时左右车程，交通可达性良好；最后，宣传力度较大，此期间举办的各种佛学盛典吸引了海内外佛学爱好者，为评选 5A 级旅游景区打下基础。

表 7-6　法门寺佛文化景区旅游势能表

年份	指标项	法门寺	华清池	兵马俑	华山	黄帝陵	大唐芙蓉园	合计	旅游势能指数
2005	辐射力	1	0.24	0.14	0.40	0.78	0.22	2.78	0.13
	凝聚力	1	4.23	7.19	2.53	1.29	4.50	20.74	
2006	辐射力	1	0.27	0.14	0.41	1.06	0.27	3.15	0.17
	凝聚力	1	3.68	7.02	2.47	0.94	3.74	18.85	
2007	辐射力	1	0.31	0.16	0.39	0.97	0.29	3.12	0.18
	凝聚力	1	3.23	6.39	2.59	1.03	3.50	17.74	
2008	辐射力	1	0.41	0.21	0.49	1.11	0.45	3.67	0.28
	凝聚力	1	2.42	4.72	2.05	0.90	2.21	13.30	

续表

年份	指标项	法门寺	华清池	兵马俑	华山	黄帝陵	大唐芙蓉园	合计	旅游势能指数
2009	辐射力	1	0.44	0.23	0.51	0.98	0.53	3.69	0.30
	凝聚力	1	2.26	4.36	1.95	1.02	1.89	12.48	
2010	辐射力	1	0.47	0.25	0.56	0.97	0.71	3.96	0.35
	凝聚力	1	2.12	4.00	1.79	1.03	1.41	11.35	
2011	辐射力	1	0.53	0.25	0.61	0.90	0.88	4.17	0.39
	凝聚力	1	1.90	4.01	1.64	1.11	1.14	10.80	
2012	辐射力	1	0.63	0.35	0.69	1.38	1.00	5.05	0.59
	凝聚力	1	1.58	2.88	1.45	0.72	1.00	8.63	
2013	辐射力	1	0.74	0.36	0.64	1.70	1.12	5.56	0.68
	凝聚力	1	1.36	2.77	1.56	0.59	0.89	8.17	

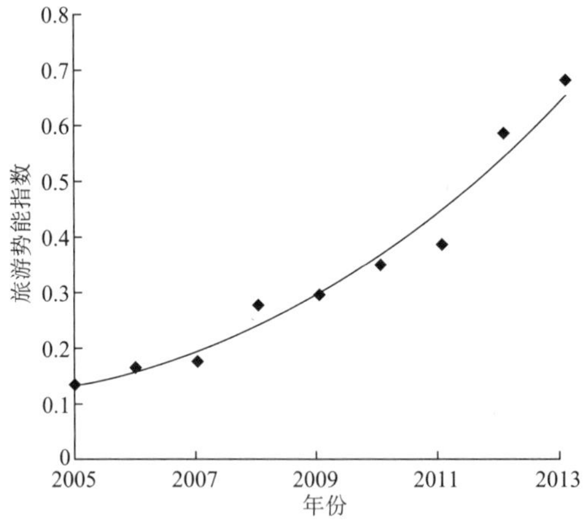

图 7-6　法门寺佛文化景区旅游势能曲线图

七、区域空间中黄帝陵景区成长分析

上述五个品牌旅游景区分布于陕西关中地区，景区与关中城市群之间距离较近，交通可进入性较强。不同于这五个品牌旅游景区，黄帝陵景区位于陕西省延安市，属于陕北地区，距离西安市 180 公里，车程近 3 小时，随着高铁和动车的开通，有望缩短交通距离。黄帝陵与兵马俑、华清池成为陕西省第一批 5A 级旅游景区，2010 年接待客流量超过 100 万人次，2011 年达到峰值 128.8 万人次。

将黄帝陵景区 2005～2013 年的旅游势能值进行拟合，得出旅游势能方程：

$$Y = 0.180e^{0.040x}, \quad R = 0.40$$

结合黄帝陵景区旅游势能表(表 7-7)和势能曲线图(图 7-7)得到，黄帝陵景区在陕西省六大品牌旅游景区中地位最低，成长趋势波动较大。其成长阶段可划分为两个阶段：2005～2011 年的徘徊增长阶段和 2012～2013 年的缓慢下降阶段。2005～2011 年，黄帝陵客流量从 51.4 万人次增加到 128.8 万人次，旅游势能指数从 0.22 增长到 0.47，客流量的增长致使其区域相对地位提升，高于同时期的法门寺景区，然而黄帝陵景区的旅游势能指数小于 1，说明其在陕西省整体区域中相对低位较低。2012～2013 年，景区客流量锐减，2013 年客流量只有 66 万人次，旅游势能指数减至 0.24，区域中相对低位开始逐渐低于法门寺景区。黄帝陵景区客流量下降的原因：首先与其地理位置有关，黄帝陵位于铜川市和延安市交界处，距离两市分别需要 1～2 小时的车程，远离大城市导致其客源市场不充足；其次，黄帝陵可体验的旅游产品较少，主要是每年清明节的海内外祭祖典礼，对旅游者吸引力不大。

表 7-7 黄帝陵景区旅游势能表

年份	指标项	黄帝陵	华清池	兵马俑	华山	大唐芙蓉园	法门寺	合计	旅游势能指数
2005	辐射力	1	0.30	0.18	0.51	0.29	1.29	3.57	0.22
	凝聚力	1	3.29	5.60	1.96	3.50	0.78	16.13	
2006	辐射力	1	0.26	0.13	0.38	0.25	0.94	2.96	0.15
	凝聚力	1	3.91	7.47	2.62	3.98	1.06	20.04	
2007	辐射力	1	0.32	0.16	0.40	0.29	1.03	3.20	0.19
	凝聚力	1	3.14	6.21	2.52	3.40	0.97	17.24	
2008	辐射力	1	0.37	0.19	0.44	0.41	0.90	3.31	0.22
	凝聚力	1	2.70	5.26	2.29	2.46	1.11	14.82	
2009	辐射力	1	0.45	0.23	0.52	0.54	1.02	3.76	0.31
	凝聚力	1	2.21	4.26	1.91	1.85	0.98	12.21	
2010	辐射力	1	0.48	0.26	0.57	0.73	1.03	4.07	0.37
	凝聚力	1	2.07	3.89	1.75	1.37	0.97	11.05	
2011	辐射力	1	0.58	0.28	0.67	0.97	1.11	4.61	0.47
	凝聚力	1	1.72	3.63	1.48	1.03	0.90	9.76	
2012	辐射力	1	0.46	0.25	0.50	0.72	0.72	3.65	0.31
	凝聚力	1	2.18	3.99	2.00	1.38	1.38	11.93	
2013	辐射力	1	0.43	0.21	0.38	0.66	0.59	3.27	0.24
	凝聚力	1	2.30	4.70	2.64	1.51	1.70	13.85	

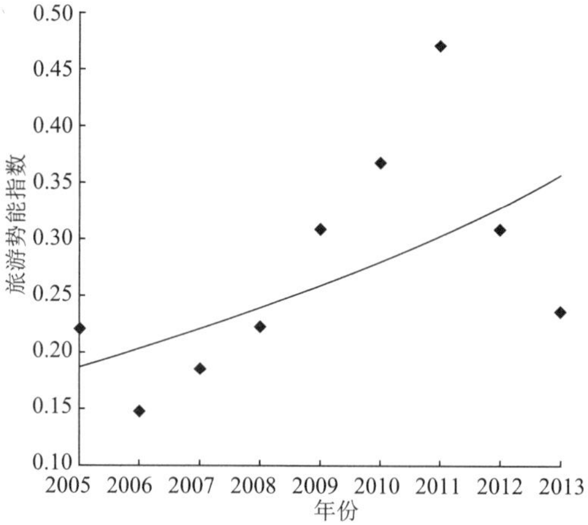

图 7-7 黄帝陵景区旅游势能曲线图

八、结论与讨论

利用数理统计与线性回归法，通过对 2005～2013 年陕西省的六大品牌旅游景区的旅游势能分析，揭示了陕西省品牌旅游景区在区域空间中的成长趋势与状况，并划分了成长阶段；通过对品牌旅游景区辐射力和凝聚力的计算，定量分析了品牌旅游景区之间地位的变化。

第一，区域空间中品牌旅游景区成长状况。兵马俑景区、华山景区、法门寺景区、黄帝陵景区整体成长性较好，兵马俑景区旅游势能整体呈上升趋势，旅游势能指数从 4.83 上升至 6.22，但 2012 年和 2013 年有所下降；华山景区旅游势能也呈上升趋势，旅游势能指数从 2005 年的 0.8 增加到 2013 年的 1.84，中间个别年份数值有所下降；法门寺与黄帝陵景区旅游势能指数变化较小，分别从 2005 年的 0.13 和 0.22 增加到 2013 年的 0.68 和 0.24，值得一提的是，2005～2013 年法门寺景区旅游势能持续呈上升趋势，并无下降年份。然而，华清池景区与大唐芙蓉园景区的成长状况并不是特别良好，二者旅游势能呈持续下降趋势，旅游势能指数分别从 2005 年的 2.28 和 2.71 下降到 2013 年的 1.25 和 0.54，需要说明的是，大唐芙蓉园景区是大雁塔-大唐芙蓉园的一部分，大雁塔-大唐芙蓉园景区出现众多旅游非景区化现象，虽然所包含的部分景区客流量减少，但大雁塔-大唐芙蓉园整体客流量在增加。

第二，区域中品牌旅游景区的地位状况。陕西省内相对地位最高的景区仍然是秦始皇陵兵马俑景区，2005～2013 年旅游势能指数均大于 1，2011 年达到峰值 6.22；华清池景区位居第二，虽然华清池成长状况呈下降状态，但是历年的旅游势能指数均大于 1，区域相对地位依旧较高；大唐芙蓉园景区与华山景区相对地位呈阶段性变化，2008 年之前，大唐芙蓉园景区区域相对地位高于华山景区，大唐芙蓉园景区旅游势能指数大于 1，在 1.35～2.71 波动，而华山景区旅游势能指数在 0.8～1.16 波动。2009 年之后，大唐芙蓉园景区相对地位则低于华山景区，2009～2013 年大唐芙蓉园景区旅游势能锐减，旅游势能指数开始小于 1，从 1.06 减小到 0.54，而华山景区区域相对地位则升高，从 1.13 升高到 1.84；黄帝陵景区与法门寺景区整体相对地位较低，旅游势能指数均未超过 1，以 2012 年作为分界线，2012 年之前黄帝陵景区的区域地位大于法门寺，旅游势能指数分别为 0.15～0.47 和 0.13～0.39，2012 年之后黄帝陵景区相对地位则小于法门寺景区，旅游势能指数分别为 0.24～0.31 和 0.59～0.68。造成品牌旅游景区成长趋势差异的原因与其所处外部区域总体发展有关，将会在第三节陕西省品牌旅游景区形成机制中分析。

第三，通过对各个景区旅游势能成长状况和趋势分析，对品牌旅游景区的形成提供了条件假设，形成品牌旅游景区应满足两个条件：①区域中相对地位要高，旅游势能指数不能低于 1，旅游势能降低很有可能从品牌中淘汰；②2000 年以来，旅游势能呈上升趋势，且增长率不能过小。

第二节　陕西省热点旅游城市成长分析

一、区域内热点旅游城市成长分析

城市区域空间范围大于景区的空间范围，旅游城市的成长更加曲折多变。伴随着中国经济的市场化、全球化，资金流、信息流、物流等要素的流动性增强，这些要素的变化使城市的旅游资源重新进行整合，市场优化了配置，导致旅游城市之间的经济、贸易等因素发展不平衡，游客接待量差异日益加剧。影响旅游城市成长的因素多且复杂，直接体现在客流量的变化上，影响因素越优化，客流量越大，区域中旅游流往往在多个城市之间流动，受不同因素的影响，区域中旅游城市的成长也不尽相同。本节以陕西省十地市为研究对象，对其成长性进行分析，从成长特点上揭示成为热点旅游城市的条件。

在区域空间角度下，旅游城市之间产生竞争力，热点旅游城市由于辐射力和凝聚力较强，其区域竞争力也较大。本书基于旅游城市辐射力（F）与凝聚力（G）的作用，比较相同级别旅游城市辐射力与凝聚力的大小，并将辐射力与凝聚力的比值（即城市旅游势能指数）做散点图，分析该旅游城市在区域中的成长质量和竞争力大小，其中，旅游势能指数大的旅游城市区域地位越高，对其他旅游城市具有较强的辐射力与凝聚力，其成长质量优良；旅游势能指数小的旅游城市在区域空间内的地位较低，对其他旅游城市的辐射力与凝聚力被分散，成长质量一般。

首先，明确旅游城市所处的旅游区域空间范围，构建旅游流网络。陕西省十地市分布在三大区域中，关中地区聚集了铜川、西安、咸阳、宝鸡、渭南五大城市，陕北地区分布有延安、榆林两个城市，陕南地区包括商洛、安康、汉中三大城市。由于城市分布具有地区性，同一区域内城市发展水平差异较小，因此本书将同一区域内旅游城市的旅游势能进行比较，并绘制各个区域的旅游城市空间网络图，如图 7-8 所示。陕北地区两个城市之间距离较远，形成较为简单的两点一线框架；关中地区城市之间距离较紧凑，形成五点八线为支撑的框架；陕南地区的三大城市形成三点三线支撑框架。

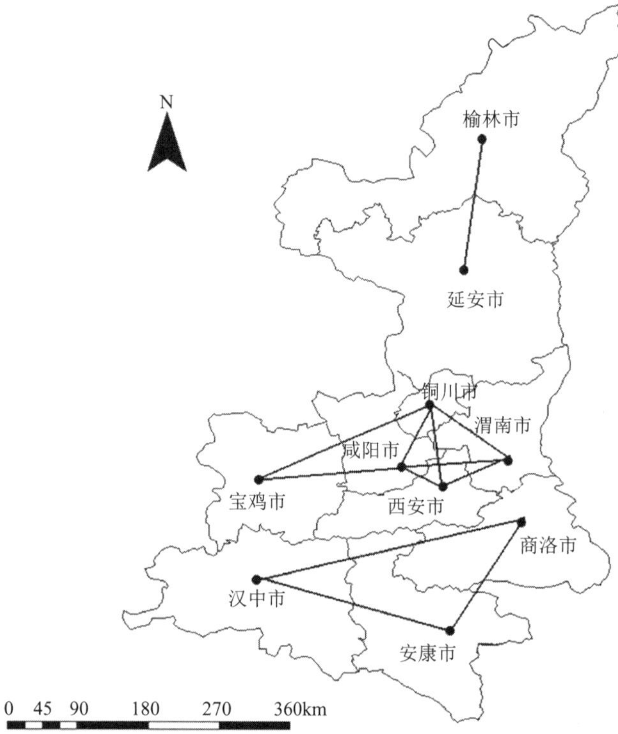

图 7-8 陕西三大地区旅游城市空间网络图

然后，构建陕西省十地市节点关联模型矩阵。此模型主要是计算城市的旅游势能指数，建立旅游势能曲线，通过该曲线可以揭示旅游城市之间相对地位的变化率与变化趋势，判断其成长性。假设研究陕西省十地市的年数为 $T(T>3, M=1, 2, \cdots, T)$，区域空间内共有 N 个城市为研究对象，P_{M1} 为该城市第 M 年的客流量，P_{M2}，P_{M3}，…，P_{MN} 是陕西省其他城市第 M 年的客流量，各个城市 T 年内每年的客流量用矩阵表示，矩阵的每个节点是该市横向客流量与纵向客流量的比值。陕西省十地市节点关联模型矩阵如表 7-8 所示。

其中，行合计值为辐射力(F)，列合计值为凝聚力(G)，陕西省十地市的旅游势能指数公式为：$Q=F/G$，用于表示城市旅游势能，根据各个城市旅游势能的大小就能判断区域中旅游城市的相对地位。当 $Q<1$ 时，Q 越小，其代表的城市旅游地位越低；当 $Q=1$ 时，表示所研究的城市与区域内其他城市位于同一等级地位；当 $Q>1$ 时，Q 越大，其代表的城市旅游地位越高。将 2000～2012 年陕西省十地市客流量进行统计整理，由于 2003 年“SARS”对国内旅游的影响及 2008～2009 年的全球金融危机对入境旅游的影响，其间客流量有所下降，为了更准地反映城市之间旅游势能的变化，采用本底趋势线法对这几年的客流量数据进行订正。

表 7-8　陕西省十地市节点关联模型矩阵

	P_{M1}	P_{M2}	…	P_{MN}	合计
P_{M1}	1	P_{M1}/P_{M2}	…	P_{M1}/P_{MN}	$\sum_{i=1}^{N} P_{M1}/P_{Mi}$
P_{M2}	P_{M2}/P_{M1}	1	…	P_{M2}/P_{MN}	$\sum_{i=1}^{N} P_{M2}/P_{Mi}$
…	…	…	…	…	…
P_{MN}	P_{MN}/P_{M1}	P_{MN}/P_{M2}	…	1	$\sum_{i=1}^{N} P_{MN}/P_{Mi}$
合计	$\sum_{i=1}^{N} P_{Mi}/P_{M1}$	$\sum_{i=1}^{N} P_{Mi}/P_{M2}$	…	$\sum_{i=1}^{N} P_{Mi}/P_{MN}$	

二、区域空间中陕北地区的成长分析

(一)榆林市

榆林市位于陕北地区的最北端，与内蒙古自治区、宁夏回族自治区和山西省接壤，榆林市以 4.36 万平方千米作为陕西省面积最大的地级市，下设 1 区 11 县，属于典型的能源型城市。2012 年榆林市共接待旅游者 1170.2 万人次，与十年前相比，增长了近 1000 万人次；2012 年国内旅游收入达到 58.5 亿元，同比增长 98%。

计算榆林市 2000～2012 年的城市辐射力和凝聚力，将其结果进行拟合，得出榆林市的旅游势能方程：

$$Y= 1.003e^{-0.08x}, \quad R = 0.88$$

表 7-9 为榆林市旅游势能表，榆林市在区域中的旅游地位整体呈下降趋势。结合图 7-9 所示的榆林市旅游势能曲线图发现，榆林市的旅游势能指数整体都低于 1，说明其区域旅游地位不高，其成长阶段大致划分为两个阶段：2000～2004 年快速衰退阶段，旅游势能衰退率为 28.2%；2005～2012 年波动阶段，旅游势能衰退率为 17.5%，但 2012 年旅游势能有所上升，旅游势能指数从 0.329 上升到 0.452，增长率为 37.4%。虽然造成榆林市旅游势能减弱的原因与能源开采有关，但主要原因

还是榆林市的地理区位和旅游景区，旅行时间成本的增加使更多的省内旅游者选择交通方式多样化、花费少、旅游景区数量多的延安市作为旅游目的地。

表 7-9 榆林市旅游势能表

年份	指标项	榆林	延安	合计	旅游势能指数
2000	辐射力	1	0.949	1.949	0.949
	凝聚力	1	1.054	2.054	
2001	辐射力	1	0.849	1.849	0.849
	凝聚力	1	1.178	2.178	
2002	辐射力	1	0.787	1.787	0.787
	凝聚力	1	1.270	2.270	
2003	辐射力	1	0.801	1.801	0.801
	凝聚力	1	1.248	2.248	
2004	辐射力	1	0.681	1.681	0.681
	凝聚力	1	1.469	2.469	
2005	辐射力	1	0.548	1.548	0.548
	凝聚力	1	1.826	2.826	
2006	辐射力	1	0.518	1.518	0.518
	凝聚力	1	1.932	2.932	
2007	辐射力	1	0.477	1.477	0.477
	凝聚力	1	2.096	3.096	
2008	辐射力	1	0.467	1.467	0.467
	凝聚力	1	2.140	3.140	
2009	辐射力	1	0.430	1.430	0.430
	凝聚力	1	2.326	3.326	
2010	辐射力	1	0.365	1.365	0.365
	凝聚力	1	2.736	3.736	
2011	辐射力	1	0.329	1.329	0.329
	凝聚力	1	3.036	4.036	
2012	辐射力	1	0.452	1.452	0.452
	凝聚力	1	2.213	3.213	

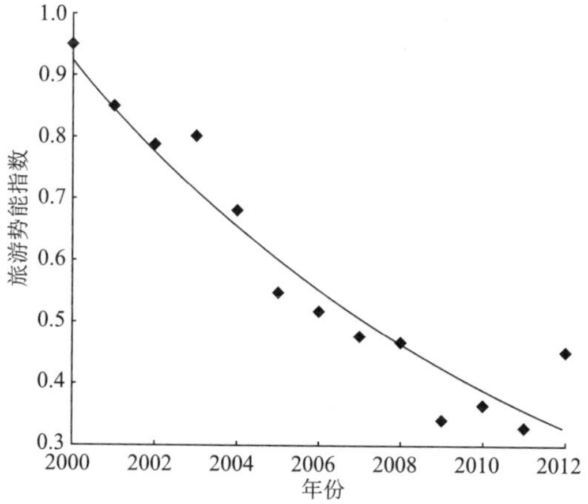

图 7-9　榆林市旅游势能曲线图

（二）延安市

延安市位于陕北地区中部，北与榆林市毗邻，南与铜川市接壤，是陕西省人均 GDP 最高的地级市之一，2012 年达到 5.8 万元。延安高级别的旅游景点较多，如黄帝陵、宝塔山、壶口瀑布等，且景区分布较紧凑，致使延安成为陕北地区客流量最多的城市，2012 年客流量达到 2190.1 万人次，创造国内旅游收入 117.4 亿元。

计算延安市 2000～2012 年的城市辐射力和凝聚力，将其结果进行拟合，得出延安市的旅游势能方程：

$$Y = 0.996e^{0.08x},\quad R = 0.89$$

表 7-10 为 2000～2012 年延安市旅游势能表，反映出延安市对榆林市的辐射作用较强，旅游势能指数为 1.054～3.645，说明延安市旅游吸引力增强的同时能够带动榆林市相关旅游的发展。结合延安市旅游势能曲线图（图 7-10）发现，延安市整体成长良好，旅游势能呈逐年上升状，从 2000 年的 1.054 上升到 2012 年的 2.213，其中，2011 年达到顶峰 3.645，说明其区域旅游地位在不断提升。延安市的成长阶段划分为两大阶段：2000 年～2009 年快速上升阶段，2003 年虽然延安市受“SARS”影响较小，客流量由 2002 年的 279.71 万人次小幅增长到 281 万人次，但旅游势能指数却从 2002 年的 1.27 下降到 2003 年的 1.167，之后又有上升，十年间的增长率为 125%；2010～2012 年波动发展阶段，其间旅游势能指数达到 3.645，但 2012 年有小幅下降。延安市在区域中成长势能良好，旅游地位较高，造成这一现象的原因是：延安市交通可达性良好，多种交通方式的选择降低了旅行花费；经济发展程度高，大量的资金用于旅游建设，提高了城市自身的吸引力；旅游景区等级规模较高，数量多，城市形成了特有的“红色”旅游形象。

表 7-10 延安市旅游势能表

年份	指标项	延安	榆林	合计	旅游势能指数
2000	辐射力	1	1.054	2.054	1.054
	凝聚力	1	0.949	1.949	
2001	辐射力	1	1.178	2.178	1.178
	凝聚力	1	0.849	1.849	
2002	辐射力	1	1.270	2.270	1.270
	凝聚力	1	0.787	1.787	
2003	辐射力	1	1.167	2.167	1.167
	凝聚力	1	0.857	1.857	
2004	辐射力	1	1.471	2.471	1.471
	凝聚力	1	0.680	1.680	
2005	辐射力	1	1.746	2.746	1.746
	凝聚力	1	0.573	1.573	
2006	辐射力	1	1.759	2.759	1.759
	凝聚力	1	0.568	1.568	
2007	辐射力	1	1.877	2.877	1.877
	凝聚力	1	0.533	1.533	
2008	辐射力	1	2.034	3.034	2.034
	凝聚力	1	0.492	1.492	
2009	辐射力	1	2.372	3.372	2.372
	凝聚力	1	0.422	1.422	
2010	辐射力	1	2.918	3.918	2.918
	凝聚力	1	0.343	1.343	
2011	辐射力	1	3.645	4.645	3.645
	凝聚力	1	0.274	1.274	
2012	辐射力	1	2.213	3.213	2.213
	凝聚力	1	0.452	1.452	

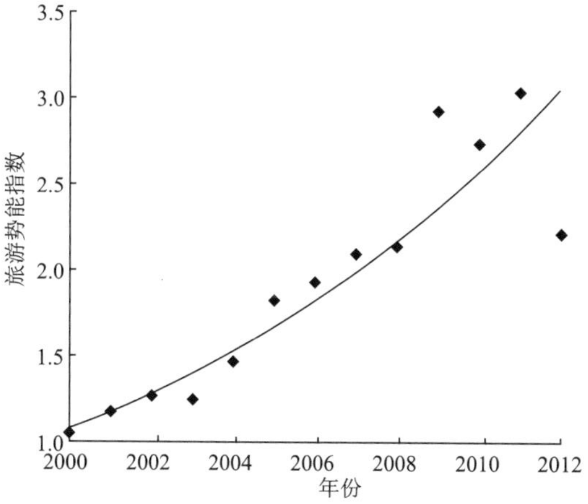

图 7-10　延安市旅游势能曲线图

三、区域空间中关中地区的成长分析

（一）西安市

西安市位于关中地区中部，周边由北向南顺时针分布着铜川、渭南、商洛、安康、汉中、宝鸡六市，是丝绸之路经济带上重要的节点城市，是旅游目的地与客源地高度重合的城市。作为旅游客源地，庞大的人口、居民较高的可支配收入为西安市自身及周边省市提供客源；作为旅游目的地，一系列高级别旅游景区营造了西安旅游文化，西安旅游城市品牌形象更加鲜明、突出，吸引了大批旅游者。2012 年西安共市接待旅游者 7978.35 万人次，入境旅游者有 115.35 万人次，国内旅游收入 594.5 亿元，创汇 7.5 亿美元，大于关中地区其他城市旅游收入的总和。

计算西安市 2000～2012 年的城市辐射力和凝聚力，将其结果进行拟合，得出西安市旅游势能方程：

$$Y= 8.916e^{0.024x}, \quad R = 0.74$$

西安市旅游势能方程拟合良好，相关系数达到 0.74。通过西安市旅游势能表（表 7-11）得出，西安市对关中地区其他城市的辐射力极强，对咸阳市的辐射力从 2000 年的 1.658 上升到 2012 年的 2.837，说明西安市对咸阳市的旅游带动作用越来越强；对宝鸡市的辐射力从 3.814 减少到 3.287，变化不大；对渭南市的辐射力从 5.055 下降到 3.614，西安市对渭南市的旅游带动有所减弱；铜川市是关中地区至陕北地区旅游的过境地，客流量较小，受西安市辐射力最强，峰值达到 9.669。西安市的旅游势能呈徘徊上升状，旅游势能指数为 9.284～12.966，个别年份旅游势能下降，区域中旅游地位排名第一。结合西安市旅游势能曲线图（图 7-11），在关中地区内西安市的成长阶段大致分为两个阶段：2000～2008 年的缓慢上升阶段和 2009～2012 年的大起大落阶段。第一个阶段中，2003 年的“SARS”和 2008 年的“美国次贷危机”两个突发事件分别造成西安市国内旅游人数和入境旅游人数的锐减，旅游势能指数从 9.712 上升到 10.510，增长率仅 8.2%；第二个阶段受相关旅游政策的刺激，2009 年西安市客流量急剧增长，旅游势能同比增长 14.8%，2011 年达到峰值 12.966，2012 年有所回落。

表 7-11 西安市旅游势能表

年份	指标项	西安	宝鸡	渭南	咸阳	铜川	合计	旅游势能指数
2000	辐射力	1	3.814	5.055	1.658	9.528	21.055	9.712
	凝聚力	1	0.262	0.198	0.603	0.105	2.168	
2001	辐射力	1	3.665	4.611	1.797	8.962	20.035	9.284
	凝聚力	1	0.273	0.217	0.556	0.112	2.158	
2002	辐射力	1	4.090	4.584	2.008	9.669	21.351	10.344
	凝聚力	1	0.245	0.218	0.498	0.103	2.064	
2003	辐射力	1	3.880	4.326	2.134	9.092	20.432	9.880
	凝聚力	1	0.258	0.231	0.469	0.110	2.068	
2004	辐射力	1	3.712	4.120	2.259	8.755	19.846	9.592
	凝聚力	1	0.269	0.243	0.443	0.114	2.069	
2005	辐射力	1	3.480	4.147	2.435	8.566	19.628	9.547
	凝聚力	1	0.287	0.241	0.411	0.117	2.056	
2006	辐射力	1	3.427	4.078	2.747	8.800	20.052	9.951
	凝聚力	1	0.292	0.245	0.364	0.114	2.015	
2007	辐射力	1	3.404	4.004	3.119	9.263	20.790	10.537
	凝聚力	1	0.294	0.250	0.321	0.108	1.973	
2008	辐射力	1	3.286	3.969	2.969	9.754	20.978	10.510
	凝聚力	1	0.304	0.252	0.337	0.103	1.996	
2009	辐射力	1	3.627	4.271	3.199	11.001	23.098	12.068
	凝聚力	1	0.276	0.234	0.313	0.091	1.914	
2010	辐射力	1	3.573	3.916	3.218	12.037	23.744	12.309
	凝聚力	1	0.280	0.255	0.311	0.083	1.929	
2011	辐射力	1	3.733	3.719	3.056	13.607	25.115	12.966
	凝聚力	1	0.268	0.269	0.327	0.073	1.937	

续表

年份	指标项	西安	宝鸡	渭南	咸阳	铜川	合计	旅游势能指数
2012	辐射力	1	3.287	3.614	2.837	13.351	24.089	11.997
	凝聚力	1	0.304	0.277	0.352	0.075	2.008	

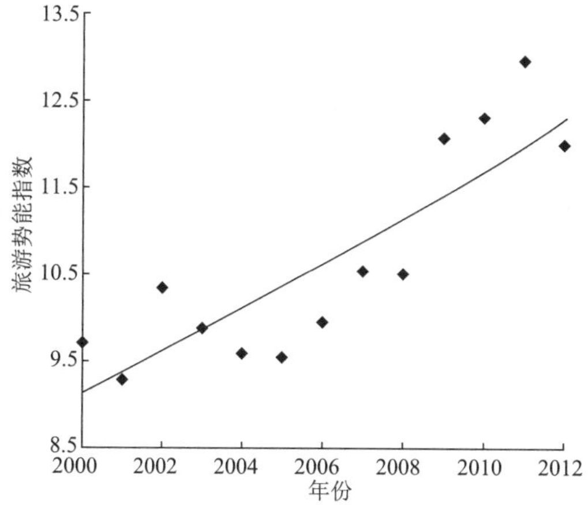

图 7-11　西安市旅游势能曲线图

（二）咸阳市

咸阳市位于西安市西部，常住人口达到 492.86 万(2012 年)，是陕西省第三大规模城市，距西安市不足 1 小时车程， 2014 年国务院批准西咸新区成立，使西安、咸阳一体化的进程加快。咸阳的旅游吸引物以陵墓元素闻名，2012 年共接待旅游者 3200 万人次，创造国内旅游收入 155.7 亿元。

计算咸阳市 2000～2012 年的城市辐射力和凝聚力，将其结果进行拟合，得出咸阳市的旅游势能方程：

$$Y= 2.994e^{-0.08x}, \quad R = 0.70$$

咸阳市旅游势能方程拟合良好，相关系数达到 0.70。从表 7-12 发现，咸阳市对西安市的辐射力较小，而对宝鸡市、渭南市、铜川市的辐射力较大，但对宝鸡市与渭南市的辐射力有减弱趋势,从 2000 年的 2.3 和 3.048 下降到 2012 年的 1.158 和 1.274。咸阳市历年的旅游势能指数较大，说明其区域地位较高，但旅游势能呈下降趋势，旅游势能指数从 2000 年的 3.532 减小到 2012 年的 1.49。结合咸阳市的旅游势能曲线图(图 7-12)，将其成长划分为两个阶段：2000～2007 年的快速衰退阶段和 2007～2012 年的缓慢增长阶段。在第一个阶段，咸阳市受“SARS”的影响，客流量减少，旅游势能指数也从 2002 年的 2.566 下降到 2003 年的 2.171，之后一蹶不振；2008 年咸阳市受美国次贷危机的影响较小，国内游客增至 1111.06 万人次，旅游势能指数也从 1.193 增加到 1.49。咸阳市旅游地位下降的原因主要是高级别的旅游景区数量较少，景区类型单一，造成旅游者到访率和重游率较低；距离西安较近，大多数旅游者选择“一日游”，住宿与饮食依旧在西安消费。

表 7-12　咸阳市旅游势能表

年份	指标项	咸阳	西安	宝鸡	渭南	铜川	合计	旅游势能指数
2000	辐射力	1	0.603	2.300	3.048	5.746	12.697	3.532
	凝聚力	1	1.658	0.435	0.328	0.174	3.595	
2001	辐射力	1	0.556	2.039	2.566	4.987	11.148	2.875
	凝聚力	1	1.797	0.490	0.390	0.201	3.878	
2002	辐射力	1	0.498	2.037	2.284	4.816	10.635	2.566
	凝聚力	1	2.008	0.491	0.438	0.208	4.145	
2003	辐射力	1	0.469	1.819	2.028	4.261	9.577	2.171
	凝聚力	1	2.134	0.550	0.493	0.235	4.412	
2004	辐射力	1	0.443	1.643	1.823	3.875	8.784	1.879
	凝聚力	1	2.259	0.609	0.548	0.258	4.674	
2005	辐射力	1	0.411	1.429	1.703	3.518	8.061	1.610
	凝聚力	1	2.435	0.700	0.587	0.284	5.006	
2006	辐射力	1	0.364	1.248	1.485	3.204	7.301	1.320
	凝聚力	1	2.747	0.801	0.673	0.312	5.533	
2007	辐射力	1	0.321	1.091	1.284	2.970	6.666	1.084
	凝聚力	1	3.119	0.916	0.779	0.337	6.151	
2008	辐射力	1	0.337	1.107	1.337	3.286	7.067	1.193
	凝聚力	1	2.969	0.903	0.748	0.304	5.924	
2009	辐射力	1	0.313	1.134	1.335	3.439	7.221	1.180
	凝聚力	1	3.199	0.882	0.749	0.291	6.121	
2010	辐射力	1	0.311	1.110	1.217	3.741	7.379	1.189
	凝聚力	1	3.218	0.901	0.822	0.267	6.208	
2011	辐射力	1	0.327	1.221	1.217	4.453	8.218	1.388
	凝聚力	1	3.056	0.819	0.822	0.225	5.922	
2012	辐射力	1	0.352	1.158	1.274	4.706	8.490	1.490
	凝聚力	1	2.837	0.863	0.785	0.213	5.698	

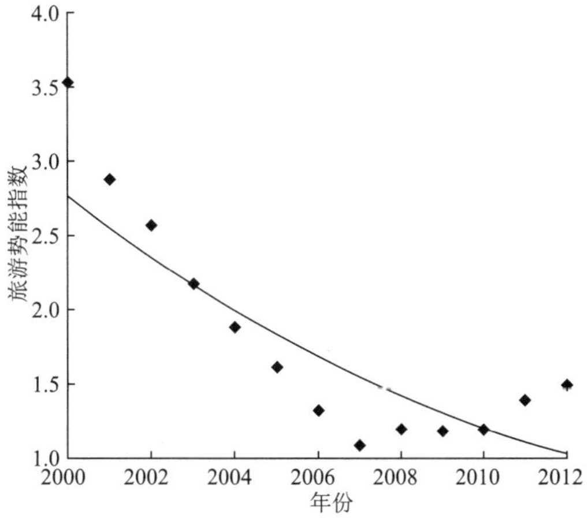

图 7-12　咸阳市旅游势能曲线图

（三）宝鸡市

宝鸡市位于关中地区最西部，与甘肃省接壤，是关中天水经济区的副中心城市，宝鸡旅游景点较多，共有 25 个 A 级以上的旅游景区，形成了以 5A 级法门寺佛文化景区为龙头，4A 级太白山国家森林公园和凤县凤凰湖为支撑，3A 级关山草原风景名胜区、红河谷森林公园等为卖点的旅游网络结构。2012 年宝鸡市共接待旅游者 2762.3 万人次，国内旅游收入 171.4 亿元，成为仅次于西安市旅游收入的城市。

计算宝鸡市 2000～2012 年的城市辐射力和凝聚力，将其结果进行拟合，得出宝鸡市的旅游势能方程：

$$Y = 0.596e^{0.044x}, \quad R = 0.87$$

宝鸡市旅游势能方程拟合良好，相关系数达到 0.87。宝鸡市对关中地区其他城市的辐射力和凝聚力如表 7-13 所示，宝鸡市对渭南市和铜川市的辐射力较大，其中，对渭南市的旅游辐射有所减弱；对咸阳市和西安市的辐射力较小。宝鸡市旅游势能整体呈上升状，旅游势能指数从 2000 年的 0.668 上升到 2012 年的 1.11，增长率为 66.2%，2012 年旅游势能指数首次超过 1，区域中旅游地位增强。结合宝鸡市的旅游势能曲线图（图 7-13），将其成长阶段划分为 2000～2005 年的缓慢增长阶段和 2006～2012 年的快速增长阶段。第一个阶段，宝鸡市的旅游势能涨幅不大，旅游势能指数从 2000 年的 0.668 上升到 2005 年的 0.788，增长率仅为 18%；第二个阶段，宝鸡市的旅游势能指数突破了 1，从 0.847 上升到 1.11，增长率为 31.1%。宝鸡市区域旅游地位增长较快的原因：首先，宝鸡市旅游资源禀赋程度高，不同级别的旅游景区形成旅游网络，满足各种群体的旅游需求；其次，宝鸡市交通可进入性良好，西安市至宝鸡市的高铁是陕西省的第一条高速铁路，缩短了宝鸡市与西安市的距离。

表 7-13 宝鸡市旅游势能表

年份	指标项	宝鸡	渭南	咸阳	铜川	西安	合计	旅游势能指数
2000	辐射力	1	1.325	0.435	2.498	0.262	5.520	0.668
	凝聚力	1	0.755	2.300	0.400	3.814	8.269	
2001	辐射力	1	1.258	0.490	2.445	0.273	5.466	0.691
	凝聚力	1	0.795	2.039	0.409	3.665	7.908	
2002	辐射力	1	1.121	0.491	2.364	0.245	5.221	0.618
	凝聚力	1	0.892	2.037	0.423	4.090	8.442	
2003	辐射力	1	1.115	0.550	2.343	0.258	5.266	0.656
	凝聚力	1	0.897	1.819	0.427	3.880	8.023	
2004	辐射力	1	1.110	0.609	2.359	0.269	5.347	0.696
	凝聚力	1	0.901	1.643	0.424	3.712	7.680	
2005	辐射力	1	1.192	0.700	2.461	0.287	5.640	0.788
	凝聚力	1	0.839	1.429	0.406	3.480	7.154	
2006	辐射力	1	1.190	0.801	2.568	0.292	5.851	0.847
	凝聚力	1	0.840	1.248	0.389	3.427	6.904	
2007	辐射力	1	1.176	0.916	2.721	0.294	6.107	0.910
	凝聚力	1	0.850	1.091	0.367	3.404	6.712	
2008	辐射力	1	1.208	0.903	2.968	0.304	6.383	0.973
	凝聚力	1	0.828	1.107	0.337	3.286	6.558	
2009	辐射力	1	1.177	0.882	3.033	0.276	6.368	0.918
	凝聚力	1	0.849	1.134	0.330	3.627	6.940	
2010	辐射力	1	1.096	0.901	3.369	0.280	6.646	0.964
	凝聚力	1	0.913	1.110	0.297	3.573	6.893	
2011	辐射力	1	0.996	0.819	3.645	0.268	6.728	0.930
	凝聚力	1	1.004	1.221	0.274	3.733	7.232	
2012	辐射力	1	0.304	1.100	0.863	4.062	7.329	1.110
	凝聚力	1	3.287	0.909	1.158	0.246	6.600	

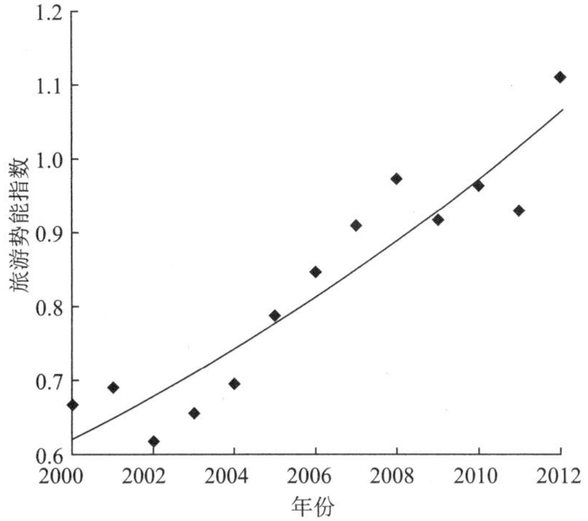

图 7-13 宝鸡市旅游势能曲线图

(四)渭南市

渭南市位于关中平原东部，临近山西省、河南省，是进入陕西省的东大门，渭南人口规模较大，常住人口 532.1 万，是陕西省第二人口规模城市，下设华阴市、韩城市 2 个县级市，以及富平、大荔等 9 个县。渭南市旅游景区数量较少，但分布着 5A 级旅游景区——华山风景名胜区，2012 年全省接待旅游者 2512.12 万人次，国内旅游收入达到 152 亿元。

计算渭南市 2000～2012 年的城市辐射力和凝聚力，将其结果进行拟合，得出渭南市旅游势能方程：

$$Y= 0.381e^{0.067x},\quad R = 0.95$$

渭南市旅游势能方程拟合较好，相关系数达到 0.95。从渭南市旅游势能表(表 7-14)中可以看出，渭南市的城市旅游辐射力较小，对西安市的辐射力在 0.198～0.277，对咸阳市的辐射力为 0.328～0.822，对宝鸡市的辐射力为 0.755～1.004，对铜川市的辐射力为 1.885～3.694；渭南市旅游势能指数小于 1，说明其区域旅游地位较低，然而，渭南市旅游势能的上升空间较大。从渭南市旅游势能曲线图(图 7-14)中可以发现，旅游势能呈上升状，旅游势能指数从 2000 年的 0.38 增长到 2012 年的 0.918，增长率高达 141.6%，渭南市的旅游势能成长阶段大致分为 2000～2009 年的缓慢上升阶段和 2010～2012 年的快速上升阶段。在第一个阶段中，渭南市的区域旅游地位并不高，旅游势能指数在 0.38～0.662，2007 年华山被评选入 5A 级旅游景区，区域旅游地位有一定的增加；随着全球信贷危机的结束，2010 年渭南市的客流量突破 1000 万人次，达到 1112.55 万人次，是十年前的 3.6 倍，旅游势能指数接近 1，区域旅游地位上升明显。渭南多历史文物旅游资源，其中，全国重点文物保护单位 28 家，保护与开发得到了较好的结合，如韩城的党家村；高级别的旅游景区数量多，分布着 1 个 5A 级(品牌)旅游景区，3 个 4A 级旅游景区和 20 个 3A 级旅游景区；交通可达性强，陆续开通了西安至郑州、西安至太原的高铁，缩短了渭南市与河南、山西两省的距离。

表 7-14 渭南市旅游势能表

年份	指标项	渭南	西安	宝鸡	咸阳	铜川	合计	旅游势能指数
2000	辐射力	1	0.198	0.755	0.328	1.885	4.166	0.380
	凝聚力	1	5.055	1.325	3.048	0.531	10.959	
2001	辐射力	1	0.217	0.795	0.390	1.944	4.346	0.437
	凝聚力	1	4.611	1.258	2.566	0.515	9.950	
2002	辐射力	1	0.218	0.892	0.438	2.109	4.657	0.492
	凝聚力	1	4.584	1.121	2.284	0.474	9.463	
2003	辐射力	1	0.231	0.897	0.493	2.102	4.723	0.528
	凝聚力	1	4.326	1.115	2.028	0.476	8.945	
2004	辐射力	1	0.243	0.901	0.548	2.125	4.817	0.565
	凝聚力	1	4.120	1.110	1.823	0.471	8.524	
2005	辐射力	1	0.241	0.839	0.587	2.066	4.733	0.555
	凝聚力	1	4.147	1.192	1.703	0.484	8.526	
2006	辐射力	1	0.245	0.840	0.673	2.158	4.916	0.598
	凝聚力	1	4.078	1.190	1.485	0.463	8.216	
2007	辐射力	1	0.250	0.850	0.779	2.313	5.192	0.658
	凝聚力	1	4.004	1.176	1.284	0.432	7.896	
2008	辐射力	1	0.252	0.828	0.748	2.458	5.286	0.667
	凝聚力	1	3.969	1.208	1.337	0.407	7.921	
2009	辐射力	1	0.234	0.849	0.749	2.576	5.408	0.662
	凝聚力	1	4.271	1.177	1.335	0.388	8.171	
2010	辐射力	1	0.255	0.913	0.822	3.074	6.064	0.803
	凝聚力	1	3.916	1.096	1.217	0.325	7.554	
2011	辐射力	1	0.269	1.004	0.822	3.659	6.754	0.937
	凝聚力	1	3.719	0.996	1.217	0.273	7.205	
2012	辐射力	1	0.277	0.909	0.785	3.694	6.665	0.918
	凝聚力	1	3.614	1.100	1.274	0.271	7.259	

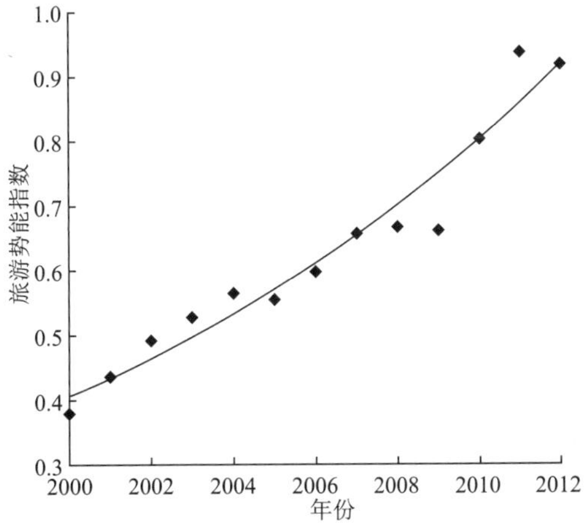

图 7-14　渭南市旅游势能曲线图

（五）铜川市

铜川市位于关中平原与陕北高原的交界处，是关中和陕南地区通往陕北地区的必经之地，属于较为典型的旅游过境城市，铜川旅游景区较少，因此限制了历年客流量，2012 年共接待旅游者 680 万人次，旅游收入 30.6 亿元。突发事件对铜川市的影响较小，2003 年和 2008 年客流量都没有下降。

计算铜川市 2000～2012 年的城市辐射力和凝聚力，将其结果进行拟合，得出铜川市旅游势能方程：

$$Y= 0.138e^{-0.04x}, \quad R = 0.50$$

铜川市旅游势能方程拟合一般，相关系数达到 0.50。铜川对关中地区其他城市的旅游辐射力较弱，对西安市的辐射力在 0.1 左右，对咸阳市的辐射力在 0.174～0.337，对宝鸡市的辐射力在 0.246～0.427，对渭南市的辐射力在 0.271～0.531，由此可见，铜川市的旅游辐射力是关中地区 5 个城市中最弱的。从铜川市旅游势能表（表 7-15）可以看出，铜川市的旅游势能极弱，旅游势能指数从 2000 年的 0.107 下降到 2012 年的 0.067，说明铜川市的区域旅游地位较低，而且还有下降的趋势。结合铜川市旅游势能曲线图（图 7-15）得出，铜川市的旅游势能呈现先升后降的趋势，其成长阶段划分为：2000～2005 年的平稳上升阶段和 2006～2012 年的快速衰退阶段。第一阶段旅游势能指数从 0.107 上升到 0.130，增长率为 21.5%，第二阶段旅游势能从 0.129 急速下降到 0.067，衰退率高达 48.1%。铜川市具有极其好的地理区位优势，南与西安市、咸阳市、渭南市相邻，北与延安市接壤，但铜川整体上属于工业城市，旅游业发展前景较不明朗。

表 7-15 铜川市旅游势能表

年份	指标项	铜川	西安	宝鸡	渭南	咸阳	合计	旅游势能指数
2000	辐射力	1	0.105	0.400	0.531	0.174	2.210	0.107
	凝聚力	1	9.528	2.498	1.885	5.746	20.657	
2001	辐射力	1	0.112	0.409	0.515	0.201	2.236	0.116
	凝聚力	1	8.962	2.445	1.944	4.987	19.338	
2002	辐射力	1	0.103	0.423	0.474	0.208	2.208	0.111
	凝聚力	1	9.669	2.364	2.109	4.816	19.959	
2003	辐射力	1	0.110	0.427	0.476	0.235	2.247	0.120
	凝聚力	1	9.092	2.343	2.102	4.261	18.797	
2004	辐射力	1	0.114	0.424	0.471	0.258	2.267	0.125
	凝聚力	1	8.755	2.359	2.125	3.875	18.113	
2005	辐射力	1	0.117	0.406	0.484	0.284	2.291	0.130
	凝聚力	1	8.566	2.461	2.066	3.518	17.611	
2006	辐射力	1	0.114	0.389	0.463	0.312	2.279	0.129
	凝聚力	1	8.800	2.568	2.158	3.204	17.729	
2007	辐射力	1	0.108	0.367	0.432	0.337	2.244	0.123
	凝聚力	1	9.263	2.721	2.313	2.970	18.267	
2008	辐射力	1	0.103	0.337	0.407	0.304	2.151	0.110
	凝聚力	1	9.754	2.968	2.458	3.286	19.465	
2009	辐射力	1	0.091	0.330	0.388	0.291	2.100	0.100
	凝聚力	1	11.001	3.033	2.576	3.439	21.049	
2010	辐射力	1	0.083	0.297	0.325	0.267	1.973	0.085
	凝聚力	1	12.037	3.369	3.074	3.741	23.220	
2011	辐射力	1	0.073	0.274	0.273	0.225	1.846	0.070
	凝聚力	1	13.607	3.645	3.659	4.453	26.364	
2012	辐射力	1	0.075	0.246	0.271	0.213	1.804	0.067
	凝聚力	1	13.351	4.062	3.694	4.706	26.813	

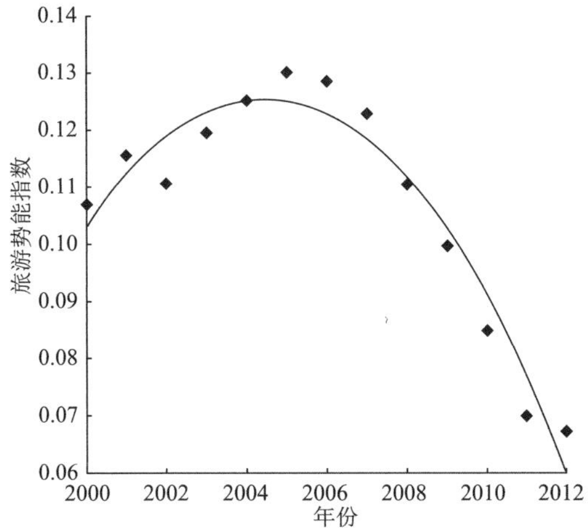

图 7-15　铜川市旅游势能曲线图

四、区域空间中陕南地区的成长分析

(一)商洛市

商洛市是距离西安最近的陕南城市，包茂高速、福银高速、沪陕高速三条高速公路输送西安旅游者至商洛各个县，使西安与商洛的距离缩短到 1 小时车程。2012 年商洛成为陕南地区客流量最大的城市，达到 2289.71 万人次，国内旅游收入为 102.5 亿元。

计算商洛市 2000～2012 年的城市辐射力和凝聚力，将其结果进行拟合，得出商洛市旅游势能方程：

$$Y= 0.100e^{0197x},\quad R = 0.82$$

商洛市旅游势能方程拟合良好，相关系数达到 0.82。通过商洛市旅游势能表(表 7-16)分析得出，2000～2009 年，商洛市对汉中市的辐射力较小，均在 1 以下，不构成影响，2010 年以后，商洛市对汉中市的辐射力在 1.049～1.202 波动，说明商洛市旅游的发展开始作用于汉中市；而商洛市对安康市辐射力的影响是先降后升，2000～2006 年对安康市的辐射力基本下降到 1 以下，2007 年又上升到 1.258。商洛市成长性较好，2010 年旅游势能指数大于 1，说明其区域旅游地位越来越重要。结合商洛市旅游势能曲线图(图 7-16)得出，商洛市十年间的成长阶段大致划分为 2000～2006 年的缓慢增长阶段和 2007～2012 年的快速增长阶段。2000～2006 年散点较平滑，旅游势能指数从 0.195 上升到 0.25，增长率为 28.2%；2007～2012 年散点呈急剧上升状，旅游势能指数从 0.567 上升到 1.309，增长率为 130.9%。商洛市区域旅游地位上升的原因主要是：生态良好的旅游景区数量多、距离西安近，大量的国家森林公园与西安、渭南交界，成为西安、渭南生态旅游者的首选旅游目的地；交通可进入性强，一区六县都有高速公路到达。

表 7-16 商洛市旅游势能表

年份	指标项	商洛	汉中	安康	合计	旅游势能指数
2000	辐射力	1	0.113	1.001	2.114	0.195
	凝聚力	1	8.836	0.999	10.835	
2001	辐射力	1	0.122	0.933	2.055	0.200
	凝聚力	1	8.195	1.071	10.266	
2002	辐射力	1	0.126	0.858	1.984	0.197
	凝聚力	1	7.909	1.165	10.074	
2003	辐射力	1	0.127	0.857	1.984	0.198
	凝聚力	1	7.870	1.166	10.036	
2004	辐射力	1	0.128	0.620	1.748	0.167
	凝聚力	1	7.834	1.614	10.448	
2005	辐射力	1	0.129	0.561	1.690	0.161
	凝聚力	1	7.725	1.782	10.507	
2006	辐射力	1	0.189	0.730	1.919	0.250
	凝聚力	1	5.294	1.370	7.664	
2007	辐射力	1	0.355	1.258	2.613	0.567
	凝聚力	1	2.817	0.795	4.612	
2008	辐射力	1	0.553	1.449	3.002	0.858
	凝聚力	1	1.810	0.690	3.500	
2009	辐射力	1	0.713	1.224	2.937	0.912
	凝聚力	1	1.402	0.817	3.219	
2010	辐射力	1	1.049	1.042	3.091	1.061
	凝聚力	1	0.953	0.959	2.912	
2011	辐射力	1	1.132	1.091	3.223	1.151
	凝聚力	1	0.884	0.916	2.800	
2012	辐射力	1	1.202	1.247	3.449	1.309
	凝聚力	1	0.832	0.802	2.634	

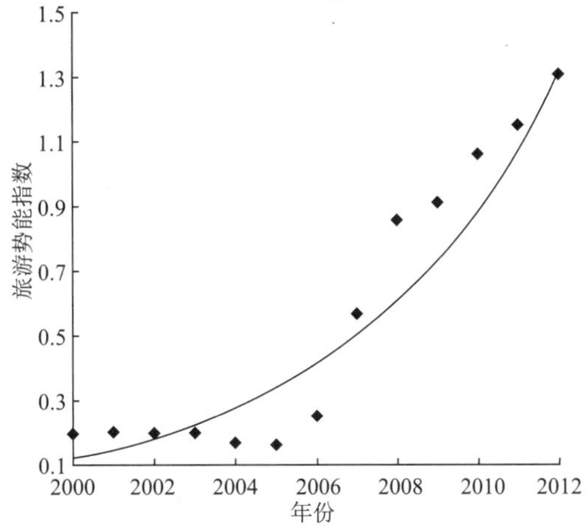

图 7-16　商洛市旅游势能曲线图

（二）安康市

安康市气候温和湿润，全市森林覆盖率为 56.5%，主要以生态旅游为主。安康是陕西省进入重庆市、湖北省的必经之地，2012 年客流量达到 1836.8 万人次，创造国内旅游收入 76.1 亿元。

计算安康市 2000～2012 年的城市辐射力和凝聚力，将其结果进行拟合，得出安康市旅游势能方程：

$$Y= 0.181e^{0127x}, \quad R = 0.86$$

安康市旅游势能方程拟合良好，相关系数达到 0.86。安康市旅游势能表（表 7-17）反映出，初期安康市的旅游辐射力小于汉中市但大于商洛市，说明安康市的旅游影响力小于汉中市但大于商洛市；2007 年后，随着商洛市区域旅游地位的抬升，安康市对商洛市的旅游辐射力小于凝聚力，而 2010 年安康市对汉中市的辐射力增加到 1.006，安康市旅游业的发展开始影响到汉中市。结合安康市旅游势能曲线图（图 7-17）得出，安康市的旅游势能呈徘徊上升状，旅游势能指数从 2000 年的 0.195 上升到 2012 年 0.842，2010 年达到顶峰（0.977），但总体仍小于 1，2010 年后区域旅游地位低于商洛市。安康市的成长阶段可划分为 2000～2009 年的缓慢上升阶段和 2010～2012 年的快速上升阶段。第一个阶段的旅游势能起伏波动较大，尤其是 2007 年和 2008 年，虽然客流量没有下降，但是区域内旅游势能指数下降到 0.358 和 0.408；第二个阶段旅游势能指数明显提高，2010 年达到 0.977，同比增长率为 60.4%。安康水利资源较丰富，交通进入方式有航空、铁路、公路、水运，交通方式多样化，2009 年西康高速的贯通，使安康融入西安 2 小时经济圈；除此之外，安康属于中国十大宜居小城，生态良好，成为人们躲避城市病的理想目的地。

表 7-17 安康市旅游势能表

年份	指标项	安康	汉中	商洛	合计	旅游势能指数
2000	辐射力	1	0.113	0.999	2.112	0.195
	凝聚力	1	8.842	1.001	10.843	
2001	辐射力	1	0.131	1.071	2.202	0.230
	凝聚力	1	7.649	0.933	9.582	
2002	辐射力	1	0.147	1.165	2.312	0.267
	凝聚力	1	6.789	0.858	8.647	
2003	辐射力	1	0.148	1.166	2.314	0.269
	凝聚力	1	6.746	0.857	8.603	
2004	辐射力	1	0.206	1.614	2.820	0.436
	凝聚力	1	4.854	0.620	6.474	
2005	辐射力	1	0.231	1.782	3.013	0.511
	凝聚力	1	4.334	0.561	5.895	
2006	辐射力	1	0.259	1.370	2.629	0.470
	凝聚力	1	3.865	0.730	5.595	
2007	辐射力	1	0.282	0.795	2.077	0.358
	凝聚力	1	3.545	1.258	5.803	
2008	辐射力	1	0.381	0.690	2.071	0.408
	凝聚力	1	2.623	1.449	5.072	
2009	辐射力	1	0.583	0.817	2.400	0.609
	凝聚力	1	1.715	1.224	3.939	
2010	辐射力	1	1.006	0.959	2.965	0.977
	凝聚力	1	0.994	1.042	3.036	
2011	辐射力	1	1.037	0.916	2.953	0.967
	凝聚力	1	0.964	1.091	3.055	
2012	辐射力	1	0.964	0.802	2.766	0.842
	凝聚力	1	1.037	1.247	3.284	

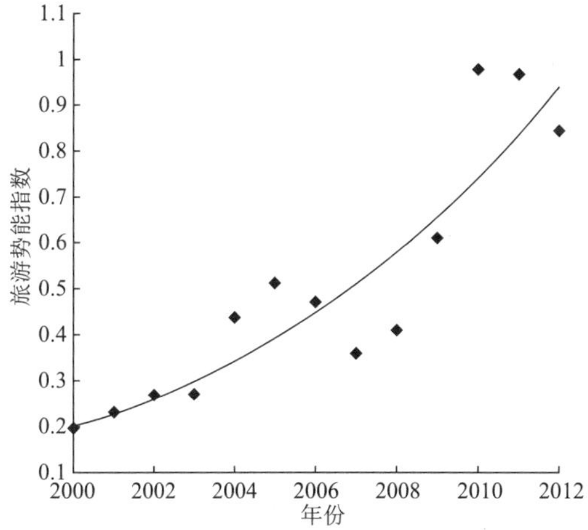

图 7-17　安康市旅游势能曲线图

（三）汉中市

汉中市是陕南地区面积最大、人口最多的城市，面积 2.7 万平方千米，人口 380.62 万，是连接陕西与四川两省的重要城市。2009 年在西安至安康、商洛高速公路未开通之前，汉中一直是陕南地区客流最多的城市，2009 年达到 1031.52 万人次，同年安康、商洛两市客流量不足 800 万人次。汉中市旅游结合了文化与生态的优势，但第二产业比重较大，对旅游业有一定的冲击。

计算汉中市 2000～2012 年的城市辐射力和凝聚力，将其结果进行拟合，得出汉中市旅游势能方程：

$$Y = 30.98e^{-0.27x}, \quad R = 0.92$$

汉中市旅游势能方程拟合良好，相关系数达到 0.92。表 7-18 揭示了汉中市旅游辐射力和凝聚力的历年变化，由于 2000 年商洛与安康的年客流量极小，均在 51 万人次左右，仅是汉中的八分之一，因此汉中在陕南地区的辐射力极强，对其他两市的辐射力高达 8.8 左右；2010 年伴随着商洛和安康两市旅游业的提升，汉中市对两市的辐射力逐渐减少，下降到 1 以下。结合汉中市旅游势能曲线图（图 7-18）得出，汉中市的旅游势能呈下降趋势，区域地位逐步减弱，其成长阶段可划分为 2000～2009 年的急剧衰退阶段和 2010～2012 年的平稳阶段，汉中市旅游势能指数从 2000 年的 15.235 下降到 2009 年的 1.793，下降率达到 88.2%；2010 年旅游势能指数跌破 1，但 2012 年又有小幅上升。汉中市高级别景区数量较少，随着西汉高速的贯通，大量的旅游者涌入汉中市，然而城市的旅游基础设施和相关旅游服务落后，降低了旅游者满意度；汉中市拥有 11 个国家级自然保护区，大于陕西省其他 9 地市的数量总和，但是开发均不到位，旅游者到访率低。区位优势上，汉中市弱于商洛市；生态资源上，汉中市略差于安康市，造成区域竞争中汉中市旅游势能减少，旅游地位减弱。

表 7-18 汉中市旅游势能表

年份	指标项	汉中	安康	商洛	合计	旅游势能指数
2000	辐射力	1	8.842	8.836	18.678	15.235
	凝聚力	1	0.113	0.113	1.226	
2001	辐射力	1	7.649	8.195	16.844	13.443
	凝聚力	1	0.131	0.122	1.253	
2002	辐射力	1	6.789	7.909	15.698	12.332
	凝聚力	1	0.147	0.126	1.273	
2003	辐射力	1	6.746	7.870	15.616	12.248
	凝聚力	1	0.148	0.127	1.275	
2004	辐射力	1	4.854	7.834	13.688	10.261
	凝聚力	1	0.206	0.128	1.334	
2005	辐射力	1	4.334	7.725	13.059	9.602
	凝聚力	1	0.231	0.129	1.360	
2006	辐射力	1	3.865	5.294	10.159	7.016
	凝聚力	1	0.259	0.189	1.448	
2007	辐射力	1	3.545	2.817	7.362	4.497
	凝聚力	1	0.282	0.355	1.637	
2008	辐射力	1	2.623	1.810	5.433	2.809
	凝聚力	1	0.381	0.553	1.934	
2009	辐射力	1	1.715	1.402	4.117	1.793
	凝聚力	1	0.583	0.713	2.296	
2010	辐射力	1	0.994	0.953	2.947	0.965
	凝聚力	1	1.006	1.049	3.055	
2011	辐射力	1	0.964	0.884	2.848	0.899
	凝聚力	1	1.037	1.132	3.169	
2012	辐射力	1	1.037	0.832	2.869	0.906
	凝聚力	1	0.964	1.202	3.166	

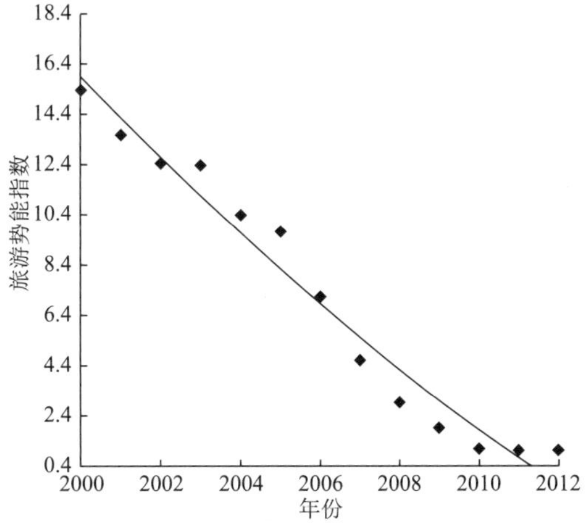

图 7-18　汉中市旅游势能曲线图

五、结论与讨论

本节利用数理统计与线性回归法，通过对 2000～2012 年陕西省三大区域的旅游势能分析，揭示了陕西省十地市在区域空间中的成长趋势与状况，并划分了成长阶段；通过对城市旅游辐射力和凝聚力的计算，定量分析了城市之间地位的变化，揭示了进入热点旅游城市发展的趋势。

首先，三大区域空间中城市的成长状况。旅游势能不断增长，区域旅游地位得到提升的城市有：陕北地区的延安市，2000～2012 年旅游势能指数均大于 1，从 1.054 上升到 2.213，增长率达到 110%；关中地区的西安市、宝鸡市和渭南市，其中，西安市旅游势能较大，旅游势能指数从 2000 年的 9.712 增加到 2012 年的 11.997，增长率达到 23.5%，宝鸡市的旅游势能指数从 0.668 增长到 1.11，区域旅游地位逐步增强；渭南市的旅游势能指数从 0.38 增长到 0.918，增长率达到 141.6%，增长势头强劲；陕南地区的商洛市和安康市，二者的旅游势能指数分别从 2000 年的 0.195 增长到 2012 年的 1.309 和 0.842，尤其是商洛市，2010 年后旅游势能指数增长至 1 以上，区域旅游地位加强。而陕北地区的榆林市、关中地区的咸阳市和铜川市、陕南地区的汉中市旅游势能都有所下降，榆林市的旅游势能指数从 0.949 下降到 0.452，咸阳市从 3.532 下降到 1.49，铜川市从 0.107 下降到 0.067，汉中市由 15.235 急降到 0.906，这些城市区域中旅游地位减弱。

其次，三大区域空间中城市的旅游地位状况。陕西省关中地区城市最多，其中，西安市旅游地位最高，旅游势能指数峰值达到 12.966；其次是咸阳市，虽然旅游势能有所下降，但旅游势能指数谷值为 1.084，区域旅游地位依旧在；宝鸡市与渭南市作为新兴旅游城市，旅游势能都在稳健增长，宝鸡市旅游地位略大于渭南市，2012 年旅游势能指数突破 1；铜川市由于属于旅游过境地，旅游势能较低，在关中地区旅游地位相对较低。陕北地区城市数量较少，区域中延安市旅游地位高于榆林市，2000～2012 年延安的旅游势能指数均在 1 以上，而榆林市的旅游势能指数峰值不足 1。陕南地区 3 个城市的区域旅游地位变化较大，21 世纪初期由于商洛市和安康市的交通进入性不佳，旅游资源禀赋程度较低，造成二者客流量极少，而汉中市客流量较大，造成其旅游势能极高，区域旅游地位最高，商洛市、安康市次之；然而，2009 年后随着商洛市与安康市交通区位的提升及旅游景区投资力度的加大，其客流量也随之上升，区域旅游地位明确得到增强，而汉中市旅游地位被减弱，造成区域内商洛市旅游地位较强，汉中市、安康市次之的局面。

三大区域中各个城市的旅游势能成长状况和趋势对品牌旅游景区的形成提供了条件假设，要成为热点旅游城市必须满足两个条件：第一，区域中旅游地位要高，旅游势能指数不能低于 1；第二，2000 年以来，旅游势能呈上升趋势，旅游势能指数增长率在 50%以上。然而，造成旅游城市成长趋势差异的原因与其经济发展水平、交通可进入性、潜在客源市场、旅游吸引物等这些因素构成的区域“平台”有关，平台越高，形成热点旅游城市的概率越大。

第三节 陕西省品牌旅游景区形成机制分析

通过对陕西省旅游景区和城市的旅游成长势能分析，揭示了成为品牌旅游景区和热点旅游城市的必要条件，本节重点对概念模型进行验证，寻求造成品牌旅游景区与热点旅游城市成长差异的原因。第三章从宏观角度分析了影响品牌旅游景区形成的因素，并构建了品牌旅游景区形成系数方程，品牌旅游景区形成率的大小主要由形成系数方程决定。陕西省作为丝绸之路经济带上的重要组成省份，旅游景区数量多、种类丰富，以陕西省为研究对象，分析品牌旅游景区形成机制，能够吸引更多入境旅游者和国内旅游者，以品牌旅游景区为增长极提升主要节点城市国民经济产出的增加值，为形成具有西部特色的旅游景区品牌提供理论指导和政策依据，促使西部地区以资源导向型为主的旅游景区调整、适应新常态下旅游业发展格局，拉动当地特别是少数民族地区就业机会的关联带动效应，从而对促进区域社会、经济、生态的协调发展具有现实意义。

一、百强旅游景区与 4A 级和 5A 级景区关联性及形成率

通过分析江苏、浙江等省份品牌旅游景区形成率，发现不仅 5A 级旅游景区世界知名度、美誉度、认可度较高，一部分 4A 级旅游景区口碑和到访率也很高，从而导致 5A 级旅游景区与部分具有独特资源禀赋的 4A 级旅游景区共同构成品牌旅游景区形成率。同理，陕西省也拥有资源独特的众多 4A 级旅游景区，如西安

城墙、陕西历史博物馆、壶口瀑布等景区，本书将引入 4A 级旅游景区分析品牌旅游景区形成率。

陕西省旅游景区数量及品牌旅游景区形成率如图 7-19 所示。由图可知，陕西省 4A 级、5A 级旅游景区多分布于西安市、延安市、宝鸡市、渭南市。其中，西安分布着 3 个 5A 级旅游景区：秦始皇兵马俑博物馆、华清池、大唐芙蓉园，并且都成为百强旅游景区，通过计算，西安的品牌旅游景区形成率最高，达到 70%；宝鸡市与渭南市分别分布着 1 个百强旅游景区，即法门寺和华山，截至 2013 年，法门寺为 4A 级旅游景区，华山为 5A 级旅游景区，两个城市的品牌旅游景区形成率均达到 25%；而咸阳市距离西安市较近，处于阴影效应中，旅游景区种类较单一，基本是以陵墓观光为主的古代陵墓类旅游资源，没有 5A 级旅游景区分布，4A 级旅游景区数量也较少，因此品牌旅游景区形成率较低。陕北地区延安市虽然 4A 级旅游景区数量较贫瘠，多以红色旅游革命圣地为主，但有 1 个 5A 级旅游景区：黄帝陵，通过计算，延安市品牌旅游景区形成率达到 25%；榆林市与铜川市均无 5A 级旅游景区分布，4A 级旅游景区数量分别是 3 个和 2 个，导致二者品牌旅游景区形成率较低，均为 10%。陕南地区的汉中市、安康市、商洛市截至 2013 年均无 5A 级旅游景区分布，4A 级旅游景区数量较贫瘠，其品牌旅游景区形成率分别为 10%、15%和 10%，具体如表 7-19 所示。

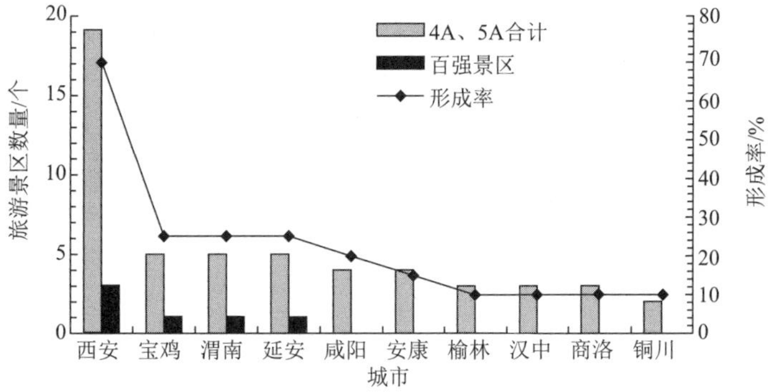

图 7-19　陕西省旅游景区数量及品牌旅游景区形成率

表 7-19　陕西省品牌旅游景区外部因素各个特征值分析

城市	5A 级旅游景区数量/个	4A 级旅游景区数量/个	景区合计/个	百强旅游景区数量/个	修正形成率/%	人口密度/(人/km²)	人均GDP/万元	交通可达性指数
西安市	3	16	19	3	70	783.37	4.55	31.58
宝鸡市	0	5	5	1	25	211.51	3.16	9.75
渭南市	1	4	5	1	25	429.94	1.94	11.89

续表

地区	5A 级旅游景区数量/个	4A 级旅游景区数量/个	景区合计/个	百强旅游景区数量/个	形成率/%	人口密度/(人/km²)	人均 GDP/万元	交通可达性指数
延安市	1	4	5	1	25	62.91	5.08	7.20
咸阳市	0	4	4	0	20	515.97	2.78	12.05
安康市	0	4	4	0	15	129.62	1.55	7.23
榆林市	0	3	3	0	10	85.06	6.84	6.94
汉中市	0	3	3	0	10	140.32	1.90	8.42
商洛市	0	3	3	0	10	128.48	1.55	3.40
铜川市	0	2	2	0	10	220.14	2.80	1.55

二、品牌旅游景区形成系数与人口、经济、交通的关系

相对于一般景区而言，品牌旅游景区具有更高的代表性、识别性和地域性。代表性指品牌旅游景区能够代表区域旅游业的精髓，成为整个区域旅游发展的标志；识别性指品牌旅游景区与其他景区产生差异化，致使品牌旅游景区在区域竞争中脱颖而出，增强其品牌个性，更容易被旅游者识别和记忆；地域性指不同区域景区的旅游资源具有地方性，使旅游者产生不同的印象和体验。然而，旅游景区是否能够品牌化除了代表性、识别性、地域性等无形的衡量要素外，陕西省品牌旅游景区的形成还与景区外部区域大环境要素密切相关。通过函数关系式，首先验证品牌旅游景区形成率与外部各个单因素之间的相关性，其函数关系为

$$Y = f(X_1, X_2, X_3)$$

其中，Y 为品牌旅游景区形成率；X_1 为人口密度；X_2 为人均 GDP；X_3 为交通可达性指数。

（一）品牌旅游景区形成率与人口密度的关系

纵观世界各国，人口结构决定了消费结构，人口规模成为制约消费规模的重要因素，不同人口消费的差异，将影响整体社会的社会结构、生产结构和消费结构。一些知名的企业通过分析人口状况的变化，创建了独特文化的企业品牌，如 20 世纪 50 年代美国历史上出现了第一个人口高峰“baby boom”时代，强生公司正是发现了这个契机，推出婴儿用品，成为全球婴儿用品第一品牌。同样，基于主要人群对旅游需求的偏好，将影响旅游商品的价格，进而作用乃至改变整个旅游行业的发展方向。1978 年陕西省总人口为 2779.5 万，城镇人口只占 16.3%，旅

游业的发展主要以入境旅游为主，兵马俑成为当时观光型旅游产品的核心代表；2000 年陕西省人口达到 3644 万，城镇人口 1176 万，占总数的 32.3%，城市人口规模的增加导致旅游需求市场扩张，2001 年陕西省 9 个旅游景区入选 4A 级旅游景区，成为当时观光旅游的主要品牌旅游景区；2012 年当陕西省人口达到 3753 万时，城镇人口所占比例达到了 50.02%，城市化进程的加快使游客出游不再以多点流动的观光式为主，更倾向于家庭式的休闲度假旅游方式。关中地区由于人口密度最大，旅游产品结构转型幅度较大，如大明宫国家遗址公园结合了遗址文物观光和现代休闲元素，楼观道文化展示区则主打道教养生文化和秦岭自然山水，法门寺文化景区主推佛家舍利文化与生态农业元素。

为了分析品牌旅游景区形成率与陕西省十地市人口密度的关系，选取人口密度为自变量，与品牌旅游景区形成率作关系散点图（图 7-20），采用 OLS 法求解其回归方程：

$$Y = 0.06X_1 + 4.91, \quad N=10, R=0.81 \tag{7.1}$$

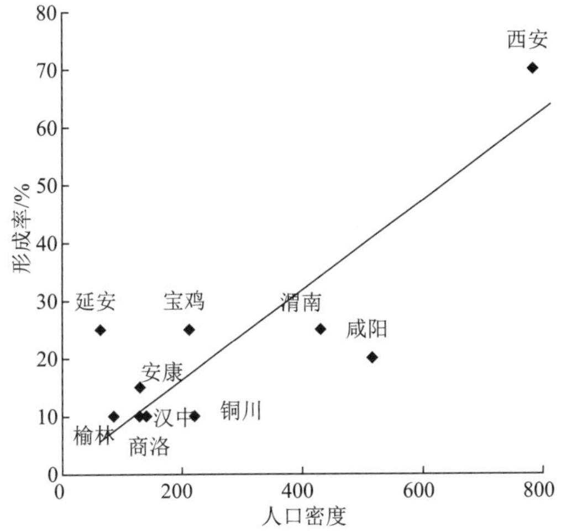

图 7-20 陕西省品牌旅游景区形成率与人口密度关系散点图

方程（7.1）说明各市品牌旅游景区形成率与人口密度呈线性相关，人口越密集，品牌旅游景区形成率越大，每增加或减少 1 人/km^2，品牌旅游景区形成率就增加或减少 0.06 个百分点。陕西省十地市人口与品牌旅游景区形成率大致分为以下四种关系：

（1）人口密度越大，品牌旅游景区形成率越高，代表城市为西安市。西安市作为省会城市，2012 年人口达到近 800 万，人口密度为 783.37 人/km^2，随着法定节假日的增加，西安的旅游市场需求急剧膨胀，周边品牌旅游景区建设不断，品牌旅游景区形成率达到 70%，为了满足不同旅游者的旅游需求，多数品牌旅游景区实现了从单一观光到观光与休闲度假相结合的复合型结构转变，旅游景区逐渐体系化。例如，西安接待旅游者数量前十的旅游景区中，大雁塔-大唐芙蓉园景区、大唐西市文化景区、西安城墙等越来越突出休闲、文化、娱乐等元素，景区发展从粗放到精品，品牌个性逐渐形成。

(2)人口密度较大，品牌旅游景区形成率较低，代表城市为渭南市、咸阳市。两市的人口总数分别是 564 万和 525 万，人口密度分别为 429.94 人/km^2 和 515.97 人/km^2，而品牌旅游景区形成率只有 25%和 20%。作为大西安旅游圈的中短程旅游目的地，咸阳与渭南的自然生态环境良好，尤其是渭南地区分布着华山、少华山等自然风光型景区，但是两市的旅游景区功能较单一，没有彰显休闲度假的优势。

(3)人口密度小，品牌旅游景区形成率高，代表城市有宝鸡市、延安市、安康市。上述三市人口密度在 62.91～211.51 人/km^2，品牌旅游景区形成率在 15%～25%，是典型的旅游目的地城市，尤其是宝鸡市，以法门寺景区打出文化旅游名气，太白山国家森林公园等打出休闲度假财气，凤县凤凰湖等景区打出观光旅游人气。

(4)人口密度小，品牌形成率低，代表城市榆林市、铜川市、汉中市、商洛市。这四个城市人口密度在 85.06～220.14 人/km^2，“人气”不兴旺致使景区投资规模小，品牌建设更加无从谈起。

(二)品牌旅游景区形成率与经济发展水平的关系

经济发展水平是决定国内旅游发展的首要因素。辖区内经济发展水平决定了旅游投资规模、宾馆饭店等旅游基础设施建设水平，决定了本地区居民国内旅游的出游率；另外，因旅游具有“嫌贫爱富”倾向，也影响到其他省区居民前来本区旅游的愿望，导致经济发达地区能够获得更多游客。2012 年陕西全省人均 GDP 达到 3.856 万元，略高于全国人均 GDP(3.842 万元)，陕西省十地市中人均 GDP 最高的地区是榆林市，达到 7.959 万元，最低的为商洛市，只有 1.810 万元。

为了分析品牌旅游景区形成率与陕西省十地市经济发展水平的关系，选取人均 GDP 为自变量，与品牌旅游景区形成率作关系散点图(图 7-21)，采用 OLS 法求解其回归方程：

$$Y = 16.42X_2 - 18.39,\quad N=10,\ R=0.81 \tag{7.2}$$

方程(7.2)说明各市品牌旅游景区形成率与人均 GDP 呈线性相关，该省份人均 GDP 每增加或减少 1 万元，品牌旅游景区形成率就会增加或减少 16.42 个百分点。从图 7-22 中发现，陕西省十地市经济发展水平差异较大，经济对品牌旅游景区形成率的影响参差不齐，形成 3 大块集群。

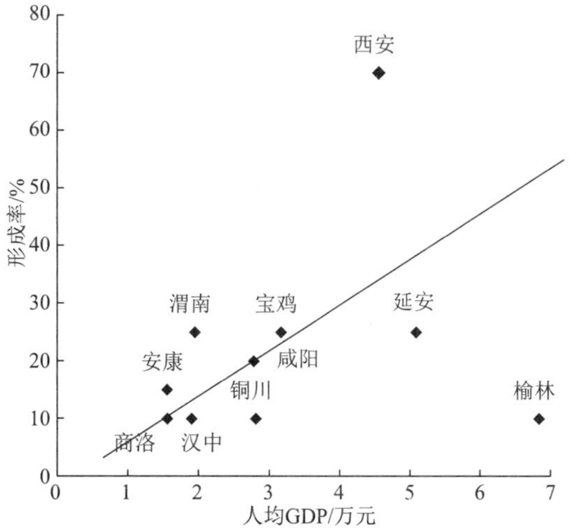

图 7-21 陕西省品牌旅游景区形成率与人均 GDP 关系散点图

第一个集群为西安市，西安是中心城市，人均 GDP 名列陕西省第三位，达到 4.55 万元，品牌旅游景区形成率为 70%，远超过其他 9 地市。从供给角度上，西安市经济发展水平较高，有更多的资金投资于旅游业的发展，进而促进相关的旅游景区服务设施建设，突显“精品”景区，这些景区规模大、文化底蕴深、客源稳定，更容易形成品牌；从需求角度上，人均 GDP 的提高代表着本地居民可支配收入的增加，参与本地景区旅游的概率提升，人数增加，对当地经济又做出贡献，形成良性循环。

第二个集群包括榆林市和延安市，人均 GDP 较高的榆林市和延安市并没有成为品牌旅游景区形成率最高的城市。2012 年榆林市和延安市人均 GDP 分别达到 6.84 万元和 5.08 万元，位居陕西省第一和第二位，然而，品牌旅游景区形成率分别只有 10%和 25%。延安市通过历年旅游宣传，形成一个以 5A 级旅游景区为龙头的“寻根旅游”和四个 4A 级旅游景区为辅的“红色旅游”发展模式；榆林市暂无 5A 级旅游景区分布，有 3 个 4A 级旅游景区，旅游业发展相对滞后。造成经济发展水平高、品牌旅游景区形成率低这一现象的主要原因是：榆林市和延安市作为典型的能源输出型城市，主要以煤炭、石油、天然气开采为主，能源开采引起的环境污染和生态破坏，对旅游业的发展产生阻碍，能源开发与旅游业得不到协调发展，急需产业升级和转型。

第三个集群包括宝鸡市、渭南市等 7 个地级市，人均 GDP 在 1.55 万～3.16 万元，品牌旅游景区形成率在 10%～25%。第三个集群中的城市经济发展水平普遍不高，都低于全国平均水平，特别是安康市、汉中市、商洛市人均 GDP 在 2 万元以下，经济的欠发达导致景区投入有限，3 个城市均无 5A 级旅游景区分布，

4A 级旅游景区数量普遍较少，景区品牌知名度较弱。除此之外，铜川市作为能源城市也位于模拟曲线之下，形成负偏离；宝鸡市相对人均 GDP 较高，旅游资源丰富，位于模拟曲线之上，形成正偏离，品牌旅游景区形成率较高。

（三）品牌旅游景区形成率与交通可达性的关系

交通是连接旅游目的地和旅游客源地的重要渠道，是区域旅游业发展的先决条件之一。2000 年以来，陕西省与周边区域旅游合作发展以及旅游通道的建设，带来的是区域之间旅游客流量大规模的流动，2011 年陕西省约有 10.78 亿人次完成了区域之间的流动，其中，公路运输客流量 101062 万人次，铁路旅客发送量 5613.6038 万人次，民航旅客运输量 777 万人次，水路客运量 356 万人次，比十年前有大幅度上涨，尤其是公路运输客流量，伴随着自驾游的兴起，比十年前增长了 295%。

陕西省由于地处内陆，交通方式主要以公路、铁路、航空为主。陕西省 4 个机场中，咸阳机场成为出入境客流量最大的航空港；而区域公路网及铁路网主要以西安为中心向四周辐射，形成“3 小时经济圈”，自 2000 年以来，陕西省高速公路逐步形成“两环三纵六辐射七横”的格局，尤其是西安至安康、汉中、商洛的高速公路包茂高速（西康段）、西汉高速、沪陕高速（西商段）的贯通，解决了“蜀道难于上青天”的问题；除此之外，高铁、动车的开通也大大缩短了陕西南北旅游目的地之间的距离。

交通方式的发展必然能够影响区域旅游目的地的演进程度，由于陕西省十地市旅游景区交通可进入方式的不同，造成其交通可达性的差异较大。交通可达性对品牌旅游景区形成率的影响如图 7-22 所示，采用 OLS 法求解其回归方程：

$$Y = 2.08X_3 + 1.15, \quad N=10,\ R=0.95 \tag{7.3}$$

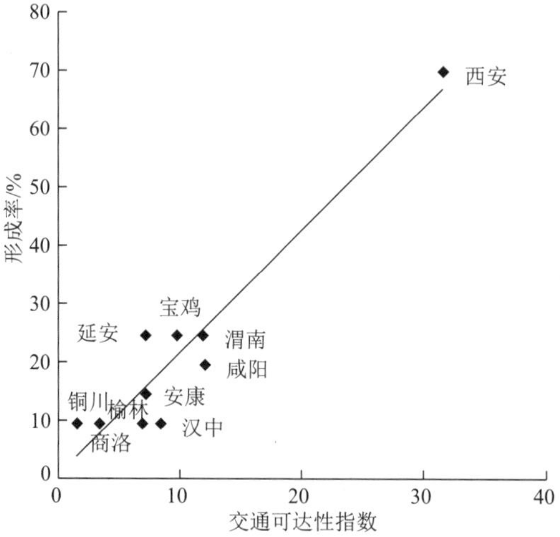

图 7-22 陕西省品牌旅游景区形成率与交通可达性指数关系散点图

方程(7.3)说明交通可达性指数与品牌旅游景区形成率呈显著相关性，交通可达性指数每增加或减少 1 个单位，品牌旅游景区形成率就会增加或减少 2.08 个百分点。图 7-22 中，西安市一市独大，交通可达性指数达到 31.58，而剩余 9 个地市则聚集在左下方。西安交通可达性程度高与其是省会城市有着密不可分的关系，作为旅游客源地与目的地高度重合的城市，其交通方式多样，不仅与本省城市之间有公路、铁路、航空的直达，高速公路还能够直通全国近 20 处 5A 级旅游景区，另外，到达西安的交通花费也在逐年减少。

关中地区的宝鸡市、渭南市、咸阳市交通可达性指数在 9.75～12.05，咸阳市作为交通区位较好的城市，其品牌旅游景区形成率却不高，原因是其距离西安较近，成为典型的辐射地，景区所带动相关产业的经济效益不明显；宝鸡市是关中西部地区显著的旅游目的地，交通区位对品牌旅游景区的建设有推动作用，品牌旅游景区形成率高于曲线模拟值。

陕北和陕南地区除了延安市，其余城市的交通区位较差。陕南的安康市、汉中市、商洛市交通可达性指数在 3.40～8.42，交通方式较单一，2007 年之前，旅游者进入陕南地区主要靠铁路运输，到达景区的交通花费较高；2007 年之后，随着高速公路的贯通，旅游者到达旅游景区的交通时间和交通花费大大减少，然而，由于时间限制，其景区带动的产业经济还有待提升，品牌旅游景区形成率都较低。陕北地区的延安和榆林，作为旅游目的地，旅游者暂时居住过夜率高，住宿和餐饮消费比例大，然而距离西安客源地较远，随着距离的增加，交通费用随之增长，旅游者到访率低，品牌形成率较低。

三、多因素综合作用及形成系数方程

区域旅游业的发展，人口规模、投资规模和交通区位是三个不可缺少的因素。人口规模是衡量旅游客源市场大小的重要因素，人口密集能够增加本区域旅游景区的到访率及重游率，提升品牌旅游景区的“人气”；经济发展水平是投资规模的基础，经济发达区域的旅游景区投资规模大，景区定位较高，不仅涵盖人群广，旅游服务设施科学先进；交通区位是区域旅游景区发展的重要外部因素，反映了旅游者进入旅游景区的交通可达性，交通方式及便利程度是旅游者选择旅游景区的先择条件。本书在单因素分析的基础上，以人口密度、人均 GDP、交通可达性指数为三个自变量，采用定量分析方法揭示陕西省十地市品牌旅游景区形成原因，其回归方程如下：

$$\ln Y = 0.008\ln X_1 + 0.642\ln X_2 + 1.856\ln X_3 - 0.93\,,\quad N=10,\ R=0.95 \tag{7.4}$$

通过方程(7.4)计算各地市品牌旅游景区形成率统计值，与实际值进行相关分析，其关系散点图如图 7-23 所示，在 95%的程度上解释了各地市品牌旅游景区的形成率，比单因素模拟分析具有更高的相关性。并且，人口密度、人均 GDP、交通可达性指数综合模拟方程的系数反映了各因素的弹性，其中，交通可达性影响最大，变量系数达到 1.856；经济发展水平次之，变量系数为 0.642；人口密度影响最小，变量系数只有 0.008。

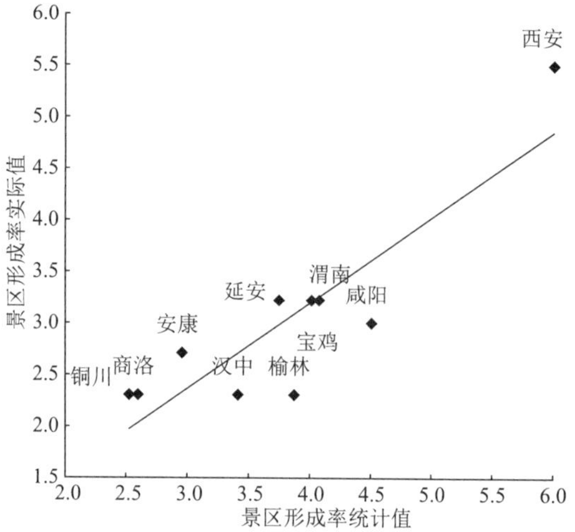

图 7-23 陕西省品牌旅游景区形成率实际值与统计值关系散点图

四、景区品牌化区域划分

图 7-23 结合三大因素，反映了陕西省十地市品牌旅游景区形成的差异，借助 Freedman 的“核心-边陲”概念，将品牌旅游景区划分为四个等级，如表 7-20 所示。其中，超核心区品牌旅游景区形成率大于 5%，是品牌旅游景区最集中的地区，区域人口密度、人均 GDP、交通可达性最优，形成品牌旅游景区的概率最高；核心区品牌旅游景区形成率在 4%～5%，区域外部环境良好，形成品牌旅游景区的概率高；次核心区品牌旅游景区形成率在 3%～4%，区域外部环境一般，不易形成品牌旅游景区；边缘区域品牌旅游景区形成率小于 3%，区域人口密度、人均 GDP、交通可达性综合因素较差，较难形成品牌旅游景区。

表 7-20 陕西省十地市品牌旅游景区形成率统计值变化

超核心区	核心区	次核心区	边缘区
形成率>5%	4%<形成率<5%	3%<形成率<4%	形成率<3%
西安	咸阳	延安	安康
	渭南	榆林	商洛
	宝鸡	汉中	铜川

从表 7-20 可以发现，品牌旅游景区形成率呈关中地区向陕北、陕南地区递减的趋势。超核心区指人口密度最大、交通极为便利、经济极其发达、景区数量多和规模高的城市，代表旅游景区具有符号作用，能够成为区域旅游发展的标志。西安是陕西省品牌旅游景区的超核心旅游城市，作为大西安旅游圈的核心部分，客源市场与目的地市场高度重合；随着丝绸之路沿线各地区的建设，西安地区经济发达，与其他省市的商贸活跃；西安是陕西省的省会，交通区位极优，交通方式多元化。

核心区指人口密度大、交通方式多样化、位于新开发的经济圈内的城市，由于近城市群，为了满足城市居民的旅游需求，大规模、高品质旅游景区的数量在不断攀升。咸阳、渭南、宝鸡作为陕西省品牌旅游景区的核心区，三个地级市旅游资源禀赋程度高，距离西安市较近，景区建设投资力度更大，2010 年后品牌旅游景区形成率较高。

次核心区指影响品牌旅游景区形成的三大外部因素中至少有 1 个因素处于劣势地位，景区的客源地往往是超核心区和核心区城市。延安、榆林、汉中三个地级市多属于旅游目的地，由于三大因素中至少有一个因素的缺陷，造成景区的品牌形成率较低。

边缘区指区域中三大外部因素都较低的城市。集中于陕南地区，多为过境地，由于交通可达性差，造成经济落后，景区建设初现端倪，品牌旅游景区形成率统计值往往不足 3%，不足以形成品牌旅游景区。

五、结论

通过回归方程等函数计算，验证品牌旅游景区形成与区域潜在的客源市场、旅游需求、区域可达性优越程度有着密切的关系，并根据品牌旅游景区形成率统计值划分陕西省十地市为超核心区、核心区、次核心区、边缘区，并得出以下结论：

第一，基于陕西省 4A 级、5A 级旅游景区与品牌旅游景区数量，计算品牌旅游景区形成率。陕西省旅游景区由于资源禀赋程度较高，一部分 4A 级旅游景区也被品牌化，通过计算品牌旅游景区形成率，发现陕西省十地市品牌旅游景区形成率具有地域差异，造成这种差异的原因与各个旅游景区外部区域“平台”的不同有关。因此，选取可度量的宏观因素——人口密度、人均 GDP、交通可达性指数为指标，共同构成影响品牌旅游景区形成的外部因素。

第二，通过对人口密度、人均 GDP、交通可达性指数单因素分析，发现三个外部因素与品牌旅游景区形成的关联性较大，在此基础上，利用阶乘回归方程综合分析三个因素综合作用的影响，建立形成系数方程，发现人口密度、人均 GDP、交通可达性指数综合模拟比单因素模拟具有更高的相关性，其中，交通可达性指数对品牌旅游景区形成的影响最大，占主导地位，变量系数为 1.856。

第三，通过计算品牌旅游景区形成率统计值，将陕西省品牌旅游景区聚集区划分成四种类型：超核心区、核心区、次核心区、边缘区。其中，超核心区与核心区由于外部三大因素都较优越，更容易形成品牌旅游景区，发展方向应该是争品牌，推精品，重视品牌旅游景区的增长极带动作用，转变观念；而核心区与次核心区的外部三大因素至少有一个因素处于劣势，造成外部“平台”整体落后，这两个区域的景区应该加强交通建设，除了形成与超核心区的交通网络，区域之间也应该加强联系；边缘区较不易形成品牌旅游景区，首要目标是打造品牌旅游景区，挖掘资源优势，以单中心的品牌旅游景区形成城市的符号，带动区域发展。

第四节　陕西省热点旅游城市形成机制分析

通过对陕西省品牌旅游景区的实例研究，验证了品牌景区形成模型的适用性，不同于品牌旅游景区形成机制，热点旅游城市形成更为复杂，城市在地理空间范围上大于旅游景区面积，城市内部及周边地区往往包含了大量的旅游景区，因此热点旅游城市涉及的因素更多。

第四章以省域为单位对全国热点旅游城市形成机制进行了研究，发现影响热点旅游城市形成的内部因素主要是旅游资源禀赋、市场吸引力、旅游产业发达程度，影响热点旅游城市形成的外部因素则聚焦于客源市场、人均 GDP、交通可达性和优秀旅游城市数量。本节定量分析热点旅游城市内部因素与外部因素对陕西省十地市的影响，验证模型的有效性，由于陕西省城市较少，将适当调整模型变量与参数，具体如下：第四章的热点旅游城市形成率与优秀旅游城市数量散点图中反映出，陕西省的热点旅游城市形成率随着优秀旅游城市数量的增加而上升，并没有位于热点旅游城市形成率数值与优秀旅游城市数量成反比的位置，因此分析外部因素影响作用中不再考虑优秀旅游城市数量过多而产生竞争性的结果，取而代之的是旅游景区数量。

一、百强旅游城市与优秀旅游城市关联性及形成率

2011 年陕西省有 6 家百强旅游城市，分别是西安市、咸阳市、宝鸡市、渭南市、延安市和商洛市；同样有 6 家优秀旅游城市，分别是西安市、咸阳市、宝鸡市、延安市、汉中市和韩城市。百强旅游城市与优秀旅游城市并不是一一匹配的，只有西安市、咸阳市、宝鸡市、延安市属于百强旅游城市和优秀旅游城市的“双旅游”城市，为了数据的准确性，将百强旅游城市数量与优秀旅游城市数量的比值(热点旅游城市形成率)做出调整。

表 7-21 给出了陕西省十地市热点旅游城市形成率基本情况，只有前 6 个城市

入选 2011 年的百强旅游城市。西安市作为省会城市，既是百强旅游城市，也是优秀旅游城市，2011 年客流量 6653.23 万人次，其中入境旅游者 100.23 万人次，国内旅游者 6553 万人次，由于西安市整体接待旅游者人数要高于咸阳、宝鸡、延安这些“双旅游”城市，将其热点旅游城市形成率调整至 200%；咸阳、宝鸡、延安 2011 年客流量普遍在 2000 万以上，接待入境旅游者较少，分别是 24.06 万人次、20.3 万人次、12.01 万人次，热点旅游城市形成率分别达到 100%；渭南市作为地级市，2011 年客流量为 2057.87 万人次，其中，入境旅游者 18.9 万人次，渭南市包含 2 个县级市：华阴市和韩城市，将优秀旅游城市韩城视为百强旅游城市渭南的一部分，将其热点旅游城市形成率调整至 80%；商洛市与汉中市分别属于百强旅游城市和优秀旅游城市中的一个，客流量分别是 1704.23 万人次和 1506.01 万人次，入境旅游者人数极少，在 1 万～2 万人次，计算二者的热点旅游城市形成率分别是无限大和 0，根据其特征分别调整至 25%和 20%。

表 7-21　陕西省热点旅游城市形成率与外部因素统计表

城市	客流量/万人次	百强旅游城市数量/个	优秀旅游城市数量/个	修正热点旅游城市形成率/%	人口密度/(人/km²)	人均 GDP/万元	交通可达性指数
西安	6653.23	1	1	200	783.37	4.55	31.58
咸阳	2504.36	1	1	100	515.97	2.78	12.05
宝鸡	2100	1	1	100	211.51	3.16	9.75
渭南	2057.87	1	1	80	429.94	1.94	11.89
延安	2050.01	1	1	100	62.91	5.08	7.20
商洛	1704.23	1	0	25	128.48	1.55	3.40
安康	1561.9	0	0	10	129.62	1.55	7.23
汉中	1506.01	0	1	20	140.32	1.90	8.42
榆林	675.23	0	0	10	85.06	6.84	6.94
铜川	562.45	0	0	10	220.14	2.80	1.55

二、热点旅游城市形成系数与人口、经济、交通的关系

城市，顾名思义，“城”是以防卫为目的，用城墙围起来的地域，具有军事功能；“市”则是用来进行交易的场所，具有经济功能。旅游城市，是旅游业在该城市经济和社会生活中具有重要的地位和作用，主要表现在拥有国内外知名度较高的景区(点)，旅游业在产业结构中所占比例较大，所接待的入境旅游者和国内旅游者达到一定的数量。百强旅游城市是全国 653 个城市中前 100 位旅游业成为该城市重要职能的城市。与一般旅游城市相比，百强旅游城市的旅游基础设施和服

务设施更完善，包括交通设施、住宿设施、餐饮娱乐购物设施；具有广泛而独特的旅游景区(点)；社会生态等“软环境”良好。

陕西省作为西北地区省份，所分布的城市数量、城市规模、城市化进程都小于东部地区，但却是丝绸之路经济带上的重要省份。以陕西省为研究对象，分析西部地区热点旅游城市形成机制，能够最大化发挥板块效应，连带周边地区共同增加经济、社会、生态效益；而以丝绸之路经济带建设为机遇，吸引入境和国内旅游者，以主要节点的热点旅游城市为增长极和扩散极提升西部地区国民经济产出的增加值，形成具有西部特色的旅游城市，适应新常态下旅游业发展格局，拉动当地特别是少数民族地区就业的关联带动效应具有现实意义。

根据概念模型，热点旅游城市形成率高低受外部四个因素的影响，分别是区域人口数量、交通可进入性、旅游景区数量和区域经济发展水平。通过函数关系式，首先验证形成率与外部各个单因素之间的相关性，其函数关系为

$$Y = f(X_1, X_2, X_3, X_4)$$

其中，Y 为热点旅游城市形成率；X_1 为人口密度；X_2 为交通可达性指数；X_3 为旅游景区数量，X_4 为人均 GDP。

(一)热点旅游城市形成率与人口密度的关系

城市是人类聚集的核心地域单位，城市为经济社会的发展提供了劳动力的保障，2011 年陕西省总人口为 3743 万，平均人口密度为 182 人/km^2，城市人口密度达到 5821 人/km^2，西安市作为陕西省的省会城市，2011 年常住人口总数达到 851 万，属于特大城市，城市人口密度达到 9183 人/km^2；渭南市成为陕西省第二个特大城市，常住人口为 530.5 万人，城市人口密度为 1995 人/km^2。陕西省 Ⅰ 型大城市有咸阳市、宝鸡市、汉中市、榆林市，常住人口在 335 万～491 万；Ⅱ 型大城市有安康市、商洛市、延安市，常住人口在 219 万～236 万。铜川市常住人口较少，只有 83.82 万，属于中等城市。由此可见，陕西省城市规模主要属于大城市，城市化导致人口、资金等向城市集聚，推动了基础设施建设，更多农村人口转变成为城市人口，增加了国内出游率和旅游花费，为旅游业的发展提供了动力。

计算出各市常住人口与各市面积的比值，即常住人口密度，利用散点图探索人口密度与热点旅游城市形成率的关系，如图 7-24 所示。二者呈直线相关，采用 OLS 法求解其回归方程：

$$Y = 0.21X_1 + 8.41, \quad N=10, \ R=0.79 \tag{7.5}$$

其中，Y 为各市热点旅游城市形成率；X_1 为各市人口密度。其相关系数为 0.79，拟合程度较好。

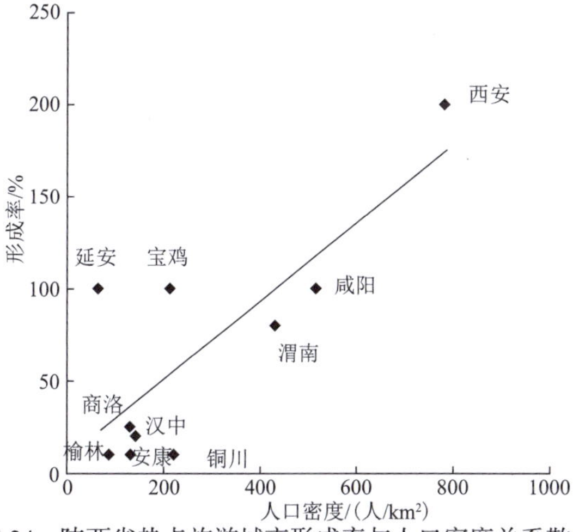

图 7-24 陕西省热点旅游城市形成率与人口密度关系散点图

方程(7.5)说明人口密度越大的城市，其热点旅游城市形成率越大，该省份每增加或减少 1 人/km^2，热点旅游城市形成率就能增加或减少 0.21 个百分点。从图 7-24 中可发现，各地市热点旅游城市形成率与人口密度的关系有以下四种情况：

第一种是热点旅游城市形成率高并且人口密度大的城市，代表城市有西安市和咸阳市，西安作为特大城市，热点旅游城市形成率为 200%，常住人口密度达到 783.37 人/km^2；咸阳市常住人口密度为 515.97 人/km^2，热点旅游城市形成率达到 100%，稠密的人口为本市旅游发展提供了可靠的客源市场，尤其是西咸新区的建立，吸引了更多的外来人口，西安与咸阳成为既是旅游目的地又是旅游客源地的地市。

第二种是形成率高但人口密度较小的城市，如宝鸡市和延安市，热点旅游城市形成率都达到 100%，但二者的人口密度却在 220 人/km^2 以下，说明二者作为旅游目的地，旅游者较多来自周边省市。

第三种较特殊，是人口密度较大但热点旅游城市形成率较小的城市，如渭南市，人口密度为 429.94 人/ km^2，但热点旅游城市形成率只有 80%，渭南属于典型的以农业为主导发展方向的城市，第二产业与第三产业发展较缓慢，近年来，随着华山、御温泉、洽川、党家村等 3A 级～5A 级旅游景区的开发，产业结构得到调整，但第一产业所占比例仍旧较大。

第四种是热点旅游城市形成率和人口密度都较小的城市，典型的有商洛市、汉中市、铜川市、安康市、榆林市，热点旅游城市形成率在 25%以下，人口密度都不足 150 人/km^2，较少的人口无法满足本地旅游业的发展，多属于新兴的旅游客源地，都要依赖周边特大城市为其提供游客。

（二）热点旅游城市形成率与交通可达性的关系

便捷的交通成为沟通旅游客源地与目的地的桥梁。航空与铁路成为远距离旅游的最佳交通工具，解决了“进入”区域问题，节约了时间成本，缩短了我国南北城市之间的空间距离；而公路主要针对区域内部“扩散”问题。

陕西省属于内陆省份，只有陕西南部的安康和汉中存在少量的水上运输，2011年陕西省总水运客流量只有356万人次，占总客运量的0.17%，因此忽略水运客流量数据。陕西省大部分地市交通方式以航空、铁路和公路为主，以陕西十地市交通可达性指数为自变量、热点旅游城市形成率为因变量，构建热点旅游城市形成率散点图（图7-25），从图中发现二者呈直线相关，采用OLS法求解其回归方程：

$$Y = 6.54X_2 + 0.11, \quad N=10, R=0.87 \tag{7.6}$$

其中，Y为各地市热点旅游城市形成率；X_2为交通可达性指数。相关系数达到0.87，拟合程度良好。

方程（7.6）表明，交通可达性指数越大，该地市的热点旅游城市形成率就越大，交通可达性指数每增加或减少1个单位，热点旅游城市形成率增加或减少6.54个百分点。图7-25表明，各地市交通可达性与热点旅游城市形成率的关系散点图有3个集群。

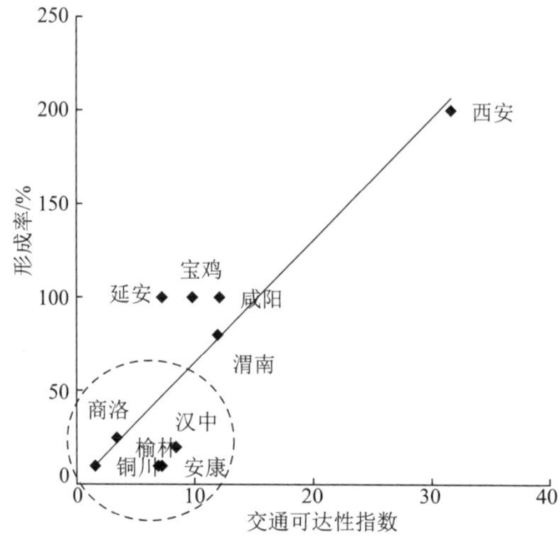

图7-25　陕西省热点旅游城市形成率与交通可达性指数关系散点图

第一个集群是交通可进入性极强的地市的热点旅游城市其形成率高。与人口密度不同，代表城市只有西安市，位于图中右上角，交通可达性指数为31.58，远远超出其他九地市。城市外部，西安与其他旅游城市的主要交通连接方式为航空和铁路。航空方面，西安与国内100多个城市执行通航，提升了国内游客的出行概率；除了原有连接东京、曼谷、台北等城市的航班，2014 年作为丝绸之路的起点，新增加了西安至莫斯科、赫尔辛基、新加坡、巴黎等航班，使入境游客首站旅游目的地的选择不再局限于北上广等一线城市。铁路方面，西安至郑州、太原、北京高铁的开通，更加促使周边区域一体化，缩短了旅游城市之间的距离，节约了国内旅行时间。

第二个集群是交通可达性良好的城市其热点旅游城市形成率较高。图中呈现为咸阳、渭南、宝鸡、延安 4 个地市，这些城市的热点旅游城市形成率在 80%～100%，交通可达性指数在 7.20～12.05，其中，咸阳市与渭南市的交通可达性指数在 12 左右，由于二者距离西安较近，受大西安旅游圈辐射的影响，可进入性良好，二者公路客运量较大，2011 年分别达到 12766 万人次和 12229 万人次；宝鸡市的交通可进入性次于咸阳市、渭南市，交通可达性指数为 9.75，宝鸡市铁路客源量较大，2011 年达到 985 万人次，占全省总量的近 20%；相比之下，延安的可进入性一般，交通可达性指数为 7.2，由于延安位于陕北地区，远离关中城市群和关中-天水经济圈，因此交通距离的限制降低了整体的可进入性。

第三种是交通可达性与热点旅游城市形成率都较低的城市，主要有汉中市、安康市、榆林市、商洛市、铜川市。这些城市的交通可达性指数为 1.55～8.42，普遍较低，汉中市与安康市的可进入性要高于延安市，原因是其公路客流量较大，自西汉、西康高速公路的开通，西安至汉中时间缩短至 3 小时，西安至安康缩短为 1 小时。

（三）热点旅游城市形成率与旅游景区数量的关系

传统上，旅游景区是城市旅游的核心吸引力，旅游景区的发展较为被重视；近年来，随着城市旅游的兴起，城市作为一个中心旅游目的地，其发展模式逐步由“城市包容景区”的模式代替“景区压倒城市”的模式。一般说来，城市为景区提供旅游服务设施，旅游城市的发展可以通过大力开发旅游景区，以旅游景区来培养城市本身文化等因素，其发展应该涉及多种产业的支持而不仅仅是单靠旅游业的发展，如 2000 年以来，西安通过开发大唐芙蓉园、慈恩寺、大明宫、大唐西市等旅游景区，以景区为卖点着重对城市旅游产业、文化产业、影视产业、房地产产业、建筑行业等多种产业进行培养，从而促进旅游城市形象的发展，形成良性循环。

旅游景区数量提升有助于形成资源禀赋程度高的景区，如陕西省 2011 年总共有 163 个 A 级旅游景区，其中，4A 级以上的景区有 41 个，2014 年陕西省 A 级旅游景区数量上升到 254 个，4A 级以上的旅游景区有 53 个，增长率为 29.3%。因此，旅游景区数量对热点旅游城市的形成有着重要贡献，以 2011 年陕西省各地市包含的旅游景区（A 级～5A 级）数量为自变量、热点旅游城市形成率为因变量，绘制热点旅游城市形成率与旅游景区数量的散点图，如图 7-26 所示，二者呈直线相关，并采用 OLS 法求解其回归方程：

$$Y = 4.72X_3 - 11.91, \quad N=10, \ R=0.89 \tag{7.7}$$

其中，Y 为各地市热点旅游城市形成率；X_3 为旅游景区数量。其相关系数达到 0.89，拟合程度良好。

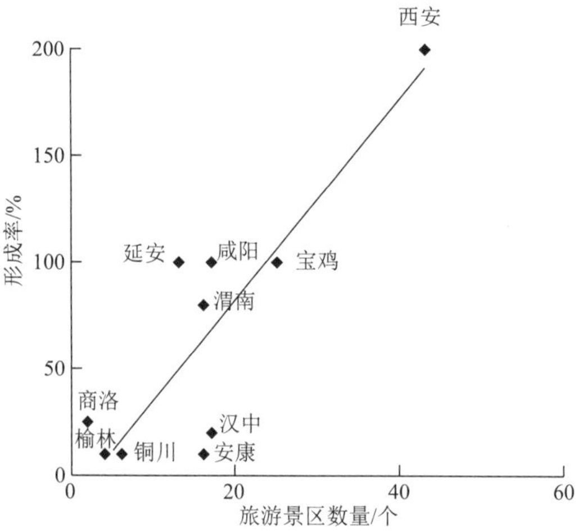

图 7-26 陕西省热点旅游城市形成率与旅游景区数量关系散点图

方程(7.7)说明该地市的旅游景区数量越多，其热点旅游城市形成率越大，景区数量增加或减少 1 个，热点旅游城市形成率相应增加或减少 4.72 个百分点。从图 7-26 中可以看出，西安旅游景区数量最多，达到 43 个，其中，5A 级旅游景区 3 个，4A 级旅游景区 12 个，3A 级旅游景区 17 个，2A 级与 A 级旅游景区共 11 个，4A 级以上的旅游景区占总数的 35%，高级别旅游景区所占比例较大可以影响城市的发展方向与城市定位。例如，西安 4A 级以上旅游景区增加了大雁塔-大唐芙蓉园景区、开元广场景点、大明宫景区、大唐西市景区等，这一系列的旅游景区带动了相关文化娱乐业、房地产业、建筑行业等的发展与整合，有效地塑造了西安的整体形象。

宝鸡、咸阳、渭南、汉中、安康 5 地市的旅游景区数量在 16～25 个，但热点旅游城市形成率差异较大。咸阳、宝鸡、渭南 3 地市所包含的旅游景区数量分别是 17 个、25 个、16 个，其中，4A 级以上的高级别旅游景区数量较多，分别是 4 个、5 个和 3 个，分别占总数的 24%、20%和 19%。高级别的旅游景区数量较多说明这三个地市旅游服务配套设施能够支撑景区的发展；汉中和安康的旅游景区数量较多，分别是 17 个和 16 个，但热点旅游城市形成率较低，原因就是二者所包含的高级别旅游景区数量较少，只有 1～2 个，城市的规模大小与发达程度决定了旅游服务设施建设，因此二者热点旅游城市形成率较低。

延安、榆林、铜川、商洛的旅游景区数量都较少，在 13 个以下，但延安的热点旅游城市形成率达到 100%，而榆林、铜川、商洛的热点旅游城市形成率则较低。延安市总共分布着 13 个旅游景区，4A 级以上的旅游景区数量是 5 个，占总量的近 40%，因此延安的热点旅游城市形成率较高。而其他 3 地市 4A 级以上的旅游景区数量在 1～2 个，高级别景区数量少说明城市旅游服务功能不能满足景区的需要，从而导致热点旅游城市形成率降低。

（四）热点旅游城市形成率与经济发展水平的关系

陕西省作为组成“丝绸之路”的重要省份，2014 年全省国民生产总值达到 17689.94 亿元，同比增长 9.7%，经济增长速度位居全国第七位，其中，第一产业增加值为 1564.94 亿元，第二产业增加值达到 7468.64 亿元，第三产业增加值为 6435.66 亿元，第二产业增长率较高达到 11.2%，第三产业同比增长 8.4%。由此看见，陕西省属于能源大省，极为重视工业的发展，第三产业发展的空间仍然较大。总的说来，陕西省十地市经济发展水平差异较大，延安和榆林作为能源大市，主要以煤炭、石油、天然气开发为主，人均 GDP 全省最高，分别是 5.08 万元和 6.84 万元；西安作为省会城市，综合指标发展较高，人均 GDP 位居全省第三，2014 年西安人均 GDP 达到 10394 美元，进入“1 万美元俱乐部”；咸阳、宝鸡、铜川三地市的人均 GDP 则在 2.78 万～3.16 万元；陕南的汉中、安康、商洛三地市的人均 GDP 普遍较低，在 1.55 万～1.90 万元。陕西省十地市总体经济环境表明，西安市涉及旅游投资方面的资金较多，交通、住宿等基础设施和配套服务齐全，从而旅游业发展较为成熟；而陕南地区由于人均 GDP 较低，旅游投资有限，旅游业发展相对较滞后。

为了认识经济发展对陕西省十地市热点旅游城市的影响，以 2011 年陕西省各地市人均 GDP 为自变量、热点旅游城市形成率为因变量，绘制热点旅游城市形成率与人均 GDP 关系的散点图，如图 7-27 所示，由于陕西省十地市经济发展的特殊性，二者呈二次曲线，采用 OLS 法求解其回归方程为

$$Y = -16.3X_4^2 + 138.9X_4 - 167.7\,,\quad N=10,\ R=0.77 \tag{7.8}$$

其中，Y 为各地市热点旅游城市形成率；X_4 为人均 GDP。其相关系数达到 0.77，拟合程度良好。

图 7-27 表明，陕西省十地市的热点旅游城市形成率与人均 GDP 呈正态分布。陕南地区的汉中、安康、商洛由于经济落后，旅游建设滞后，热点旅游城市形成率较低；进入关中地区的渭南、咸阳、宝鸡，随着人均 GDP 的提升，热点旅游城市形成率逐渐增大；再向北进入陕北地区的延安与榆林，随着人均 GDP 的增加，热点旅游城市形成率却在减小。这种倒 U 形曲线的出现是陕西省的特例，榆林与延安的人均 GDP 较高主要是石油、煤炭、天然气等能源开采引起的，能源开发造成一系列的环境问题会阻碍旅游业发展，尤其是延安与榆林两地市生态环境极其脆弱，植被覆盖率低，社会人文环境较差导致城市整体旅游形象欠缺。

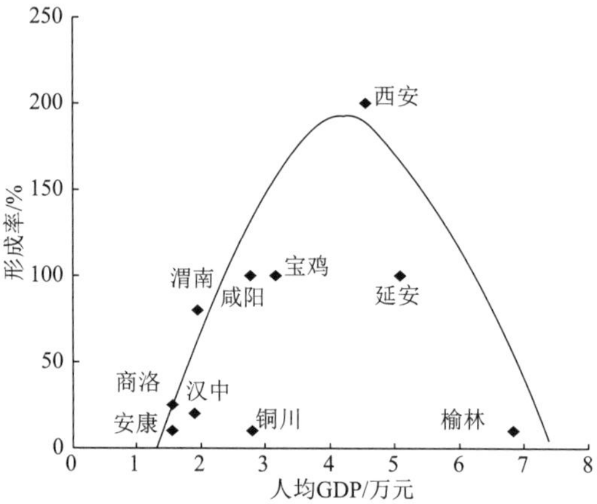

图 7-27 陕西省热点旅游城市形成率与人均 GDP 关系散点图

三、多因素综合作用及形成系数方程

我国旅游城市发展受地理区位、资源禀赋、经济发展等客观因素的制约，尤其是位于丝绸之路经济带上的旅游城市，多位于经济欠发达、人口稀少、交通可进入性不良、旅游资源禀赋却很丰富的西部地区。陕西省作为丝绸之路经济带的重要支点，是我国向西开放的重要枢纽，本书在单因素分析的基础上，将人口密度、人均 GDP、交通可达性，以及旅游景区数量当成四个自变量，采用定量分析方法揭示陕西省十地市热点旅游城市形成原因，其回归方程如下：

$$\ln Y = 0.350\ln X_1 + 0.354\ln X_2 + 0.586\ln X_3 + 0.422\ln X_4 - 0.88\text{，} \quad N=10, R=0.937 \quad (7.9)$$

通过方程(7.9)计算陕西省热点旅游城市形成率统计值，与实际值进行相关分析，其关系散点如图 7-28 所示，在 94%的程度上解释了陕西省热点旅游城市的形

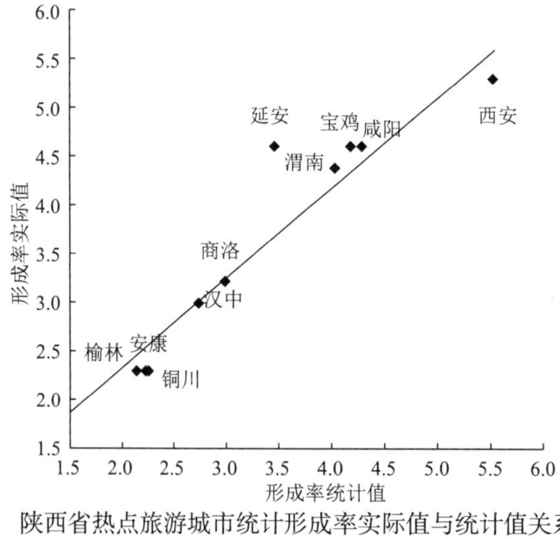

图 7-28 陕西省热点旅游城市统计形成率实际值与统计值关系散点图

成率，比单因素模拟分析具有更高的相关性。并且，人口密度、交通可达性指数、人均 GDP、旅游景区数量综合模拟方程的系数反映了各因素的弹性，其中，旅游景区数量影响最大，变量系数达到 0.586；经济发展水平次之，变量系数为 0.422；人口密度和交通可达性影响较小，变量系数分别是 0.350 和 0.354。

四、热点旅游城市区域划分

图 7-28 结合了四大因素，反映了陕西省热点旅游城市形成的差异，借助 Freedman 的“核心-边陲”概念，将热点旅游城市形成划分为四个等级，如表 7-22 所示。

表 7-22 陕西省十地市热点旅游城市形成率统计值变化

超核心区	核心区	次核心区	边缘区
统计形成率>5%	3.5%<统计形成率<4.9%	2.5%<统计形成率<3.4%	统计形成率<2.4%
西安	咸阳	商洛	安康
	宝鸡 延安	汉中	榆林
	渭南		铜川

陕西省热点旅游城市形成率统计值之间的差异较大，超核心区指人口密度最大、交通极为便利、经济极其发达、旅游景区数量多和规模高的城市，一般是首选国内旅游目的地，旅游客源地与目的地高度重合。西安依旧是全省旅游城市的“龙头”，热点旅游城市形成率统计值达到 5.5%，城市旅游形象鲜明，形成丝绸之路经济带上的重要节点城市。

核心区指人口密度大、交通方式多样化、位于新开发的经济圈内、旅游景区规模高的城市，是区域内首选旅游目的地。咸阳、宝鸡、渭南、延安作为陕西省旅游的核心区，热点旅游城市形成率统计值与西安的相差较大，普遍在 3.5%～4.3%，咸阳、宝鸡、渭南作为关中城市群，城市人口稠密，旅游需求旺盛，居民用于旅游的花费持高不下，越来越多的人追求高水准的旅游体验。

次核心区指影响热点旅游城市形成的四大外部因素中至少有 1 个因素处于劣势地位，游客客源地往往是超核心区城市。商洛和汉中属于次核心区，一般不是首选旅游目的地，热点旅游城市统计值在 2.7%～3%，商洛的热点旅游城市统计值较高于汉中，由于商洛属于关中-天水经济区的组成城市，政策扶持力度较大。另外，商洛距离西安较近，旅游资源特色明显，一批优秀的旅游景区正在建设中，旅游景区数量由 2011 年的 5 个上升到 2014 年的 17 个，增长率高达 240%，而汉中由于地理区位原因，旅游景区数量变化不大，2011～2014 年的增长率只有 18%。

边缘区指区域中四大外部因素都较低的城市，一般属于旅游过境地。安康、铜川、榆林的热点旅游城市形成率统计值在 2.2%以下，由于数值较低，暂时没有形成热点旅游城市。

与品牌旅游景区形成率统计值相比，位于超核心区与核心区的城市变化不大，主要是次核心区与边缘区城市的变动，其中，变动最大的是商洛市与榆林市。在品牌旅游景区分析中，商洛市位于边缘区域，不易形成品牌旅游景区，但其属于热点旅游城市的次核心区；榆林市在品牌旅游景区分析中位于次核心区，而在热点旅游城市分析中却位于边缘区，探其原因与景区、城市的组合关系有关，将在第五节分析。

五、结论与讨论

通过回归方程等函数计算，验证热点旅游城市形成与区域潜在的客源市场、旅游需求、区域可达性、旅游景区数量的优越程度密切相关，并根据热点旅游城市统计值划分陕西省十地市为超核心区、核心区、次核心区、边缘区，并得出以下结论：

第一，基于陕西省优秀旅游城市与百强旅游城市数量，计算热点旅游城市形成率。陕西省十地市热点旅游城市形成率数值差异较大，具有地域差异，造成形成率不同的原因与各个城市所处外部“平台”高低有关，选取可度量的宏观因素——人口密度、交通可达性指数、人均 GDP、旅游景区数量为指标，共同构成影响热点旅游城市形成的外部平台。

第二，通过对人口密度、人均 GDP、交通可达性指数、旅游景区数量单因素分析，发现四个外部因素与热点旅游城市形成的关联性较大，在此基础上，利用阶乘回归方程综合分析四个因素共同作用的影响，建立形成系数方程，发现人口密度、交通可达性指数、旅游景区数量、人均 GDP 综合模拟比单因素模拟具有更高的相关性，其中，旅游景区数量对热点旅游城市形成影响最大，占主导地位，变量系数为 0.586。

第三，通过计算热点旅游城市形成率统计值，将陕西省十地市划分成四种类型：超核心区、核心区、次核心区、边缘区。其中，超核心区与核心区由于外部四大因素都较优越，更容易形成热点旅游城市，如西安市、咸阳市、宝鸡市、延安市、渭南市；而次核心区与边缘区外部四大因素至少有一个因素处于劣势，造成外部“平台”整体落后，不易形成热点旅游城市，如汉中市、安康市、榆林市、铜川市。

第五节　陕西省品牌旅游景区和热点旅游城市空间分布与地域组合关系

一、品牌旅游景区与热点旅游城市的空间分布与聚集性

与东部的浙江省、江苏省相比，陕西省百强旅游景区的数量较少，历年只有

5～6 个，因此本书将陕西省 3A 级以上的旅游景区统计整理，将其在 GIS 图中标出(图 7-29)。目前，陕西省有 8 个 5A 级旅游景区，其中，西安市分布 3 个，渭南市、宝鸡市、延安市各分布 1 个；48 个 4A 级旅游景区，西安市分布 16 个，占 33.3%；198 个 3A 级旅游景区，西安市所占比例最大，达到 20%，咸阳市次之，共分布 34 个，占总量的 17%。从图 7-29 中不难看出，3A 级以上的旅游景区基本分布在关中地区的西安市、咸阳市、宝鸡市周边，呈区域聚集状。

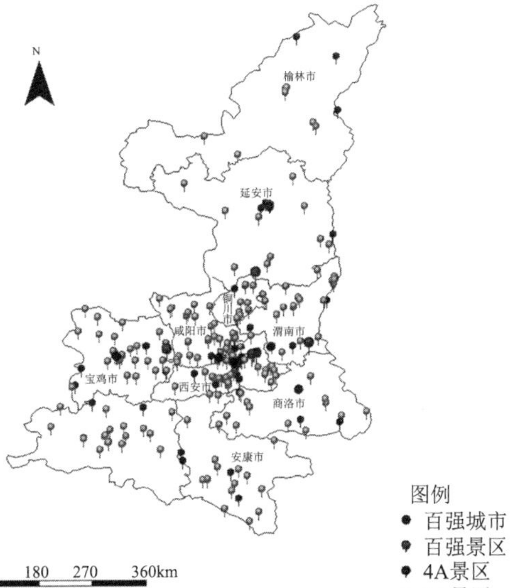

图 7-29 陕西省品牌旅游景区与热点城市空间分布状况

2010 年，陕西省百强旅游景区共有 7 家，分别是秦始皇兵马俑博物馆(兵马俑)、华清池、华山、大唐芙蓉园、法门寺、黄帝陵、骊山、大雁塔·大慈恩寺；2011 年减少到 6 家，分别是秦始皇兵马俑博物馆(兵马俑)、华清池、华山、大唐芙蓉园、法门寺、黄帝陵；2012 年除了秦始皇兵马俑博物馆(兵马俑)、华清池、华山三家景区没有变化，其他景区变更为西安城墙、楼观台、白云山。结合百强旅游景区排名变动和 GIS 分布图，陕西省的百强旅游景区也多分布于关中地区，但逐年向西南移动。

陕西省百强旅游城市数量上没有变化，历年都是 6 个城市，即西安市、咸阳市、宝鸡市、延安市、渭南市、商洛市，从 GIS 分布图中发现，这些城市都分布在景区集中的区域，商洛市与延安市交通可进入性较好。从百强旅游景区与百强旅游城市分布图中反映出，陕西省关中地区交通可进入性良好，大规模城市群的形成导致旅游需求市场旺盛，区域经济发展水平相对较高，大部分百强旅游景区聚集于此；而百强旅游城市除了分布于关中地区，陕北地区与陕南地区也有分布，在空间上产生错位。

二、品牌旅游景区与热点旅游城市的地域组合与匹配关系

热点旅游城市功能趋向多元化，不再仅凭旅游景区吸引旅游者，城市本身凭借其独特的文化吸引着大量的海内外游客，而旅游景区的数量呈“大城市密集，中小城市稀疏”的现象，因此，品牌旅游景区与热点旅游城市的地域匹配关系呈现多元化。

将历年陕西百强旅游景区与百强旅游城市进行整理，百强旅游城市变化率不大，多为位次的变化；百强旅游景区由于每年客流量门槛的提高，一些旅游景区无缘百强，利用二维矩阵模型将二者进行匹配，具体如表 7-23 所示。

表 7-23　陕西省品牌旅游景区与热点旅游城市地域组合矩阵分析

品牌旅游景区丰度	百强旅游城市	相匹配的百强旅游景区
丰富(>5)	西安	秦始皇兵马俑博物馆(兵马俑)、华清池、大唐芙蓉园、骊山、西安城墙、楼观台
中等(1～2)	延安	黄帝陵、壶口瀑布
	渭南	华山
	宝鸡	法门寺、太白山
较贫瘠(1)	咸阳	无
	商洛	无

(1)大规模的百强旅游城市与多个百强旅游景区形成匹配关系。目前，陕西省只有西安市符合，西安作为超核心旅游城市，其辐射功能较强，多个旅游景区依托其发展。数量上，西安市分布着 6 个百强旅游景区，其中，秦始皇兵马俑博物馆(兵马俑)成为年客流量最大的百强景区；规模上，2012 年西安接待入境游客和国内旅游者共 7978 万人次，占全陕西省旅游者总量的 34.3%，6 个百强景区除楼观台和骊山外，其余景区年客流量都在 200 万人次以上，并且都是 4A 级以上的旅游景区。由此可见，西安作为高级别的省级城市，旅游基础设施与配套服务功能支撑多个等级较高的旅游景区发展，呈现以西安为中心的放射状旅游网络，形成百强旅游城市与百强旅游景区一对多的匹配关系。

(2)中小规模的百强旅游城市与较少数量的百强旅游景区形成匹配关系。城市的区位因素、经济因素、需求因素等外部条件尚不成熟，对景区的依托较弱，城市和景区数量与规模上的匹配程度低于超核心区城市，多为一对一的形式。数量上，延安、渭南、宝鸡分别与黄帝陵和壶口瀑布、华山、法门寺相匹配，形成单独百强旅游城市与 1～2 个百强旅游景区数量匹配关系；规模上，2012 年延安、渭南、宝鸡三个地级市客流量在 2200 万～2800 万人次，分别占陕西省的 9.4%、10.8%、11.9%，

四个百强旅游景区中客流量最高的为华山景区(201.16 万人次)，其余景区客流量在 61 万～119 万人次，普遍低于与超核心城市匹配的百强旅游景区。

(3)中小规模的百强旅游城市与百强旅游景区没有形成匹配关系。咸阳与商洛作为典型的旅游中转地，位于西安周边，西安对其有辐射作用。咸阳作为西安的国际和国内机场所在地，入境与国内旅游者首先在咸阳聚集，再分散到西安及陕西其他地市；而商洛市作为陕南地区的地级市，分布着一些自然资源品质较高的森林公园，如牛背梁国家森林公园、木王国家森林公园，以及典型喀斯特地貌的柞水溶洞。与陕南的汉中市和安康市相比，商洛市与西安市之间的交通更为便利，伴随着沪陕、包茂、福银高速的贯通，旅游者能够抵达商洛市的柞水县、镇安县、丹凤县等，使商洛独特的旅游景区融入“1 小时西安旅游圈”内。

除了以上三种组合关系，还出现佳县白云山成为百强旅游景区但所属地榆林市却没有成为百强旅游城市的现象。

三、热点旅游城市对品牌旅游景区的整合作用

区域旅游中，早期会出现单独的城市与旅游景区相匹配的情况，由于城市的旅游服务设施较不发达，被依托的旅游景区级别也较低；伴随着城市交通可达性、经济发展水平、旅游需求市场的提升，高级别的旅游城市逐步为多个旅游景区提供服务，景区的级别呈现多样化，高级别景区数量增加，促使旅游网络的形成，城市不再局限地为单一的旅游景区提供服务，而高级别的旅游景区也依托多个城市发展。

基于品牌旅游景区与热点旅游城市的地域组合关系研究，将二者关系在空间图中表示出来，如图 7-30 所示。由于陕南地区的汉中和安康两市及陕北地区的铜川和榆林两市外部因素形成系数较低，没有成为热点旅游城市，因此暂时不作为研究对象。

首先，百强旅游景区与百强旅游城市匹配关系呈多样化。西安作为超核心区百强旅游城市，不仅为自身分布的百强旅游景区提供依托，也为关中地区其他百强旅游景区输送游客，提供服务设施；一些级别较高的景区依托多个城市，如华山景区分别受西安、渭南两市支撑，为其提供客源和旅游基础设施；而延安远离关中城市群，由于区位影响，延安市为黄帝陵、壶口瀑布甚至是白云山提供相应的旅游服务。

其次，百强旅游景区与百强旅游城市作为重要的节点，促进陕西省旅游网络的形成，进一步加深区域之间的合作，提高陕西省整体的旅游竞争力。图 7-30 中，陕西省关中地区较复杂的旅游网络已经形成，多个百强旅游城市为多个百强旅游景区提供旅游相关服务，说明关中城市之间的旅游通道网络化程度良好，能够将

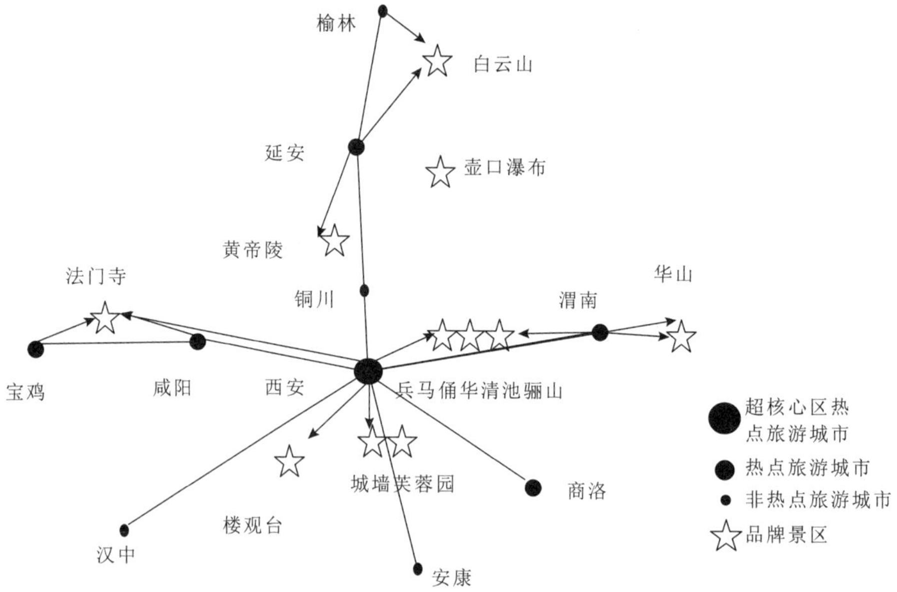

图 7-30 陕西省品牌旅游景区与热点旅游城市规模等级匹配图

大量的旅游者输送至旅游目的地；各个城市位于关中经济圈内，较高的经济发展水平增加了城市旅游设施的建设，为周边旅游景区提供了更便捷、更高层的旅游支撑服务。据研究，旅游网络结构最为合理的是呈多元环状结构，然而，关中地区与陕北、陕南地区的旅游网络尚未形成，交通可达性还有待提高，城市之间的合作较少，多为一对一或一对多的匹配关系，多对多的匹配关系尚未出现。

四、品牌旅游景区对热点旅游城市的提升作用

通过对陕西省品牌旅游景区与热点旅游城市的地域组合与等级匹配关系的分析，发现百强旅游景区与百强旅游城市之间呈多样化匹配关系，城市作为集散中心为景区提供交通服务、经济支持、客源市场，城市规模的大小、发达化程度的高低会影响景区发展的趋势；相应地，旅游景区也作用于城市旅游的发展，景区级别的高低、数量的多少影响城市旅游形象和知名度。

旅游活动是旅游者在客源地与目的地之间的空间流动，这种活动具有暂时性，因此旅游者往往缺乏对旅游目的地信息的掌握，对旅游目的地的认识更多的是基于个体认知，尤其是远距离旅游者，知名度和品牌个性成为选择旅游目的地的关键因素。提高旅游目的地的知名度和品牌个性不仅能够增加潜在旅游者数量，还树立了该区域的国内或国际旅游形象，旅游景区作为旅游业的核心吸引因素，知名度高于其他旅游目的地，乃至成为一个符号代表区域旅游业的发展；从地理学角度出发，旅游城市的空间范围大于旅游景区，城市是包含景区的终极旅游目的地，旅游景区数量的多少、质量的高低是否影响到旅游城市的知名度成为本章研

究的关键。

21 世纪进入互联网时代，互联网信息技术的更新增强了旅游者对全新旅游目的地的认知，百度搜索指数(简称百度指数)已经被大量用于旅游研究中，百度指数创建于 2006 年，是以海量网民行为数据为基础的数据分享平台，搜索在特定时间段内不同关键词受关注的程度，能够反映社会热点和网民的兴趣与需求。本节利用百度指数法，统计陕西省热点旅游城市，以及所有 4A 级、5A 级旅游景区的百度指数，揭示旅游景区对城市知名度的贡献作用。值得一提的是，本书选用的百度搜索与谷歌搜索有所不同，百度搜索主要基于国内旅游者，而谷歌搜索主要针对国际旅游者，使用者不同往往会影响研究结果，会出现国际上搜索频率较高的旅游景点不一定在国内的搜索频率高。

(一)品牌旅游景区与热点旅游城市的百度指数

基于前几章的研究，陕西省品牌旅游景区多是从 5A 级旅游景区和品质较高的 4A 级旅游景区中产生的，为了能够更准确地认识高级别旅游景区对旅游城市知名度的贡献作用，本书将陕西省 2011～2016 年所有 4A 级、5A 级旅游景区，以及陕西省十地市的百度指数进行统计，并计算景区对城市的带动系数，公式为

$$I=S/C$$

其中，变量 S、C 分别为景区百度指数和城市百度指数；I 为带动系数，I 越大说明景区对该城市知名度的贡献越大，I 越小说明景区对城市知名度的贡献越小，具体指标如表 7-24 所示。

表 7-24 2011～2016 年陕西省高级别旅游景区与城市百度指数分析表

地市	景区名称	景区级别	2011 年			2012 年			2013 年		
			景区百度指数/次	城市百度指数/次	带动系数	景区百度指数/次	城市百度指数/次	带动系数	景区百度指数/次	城市百度指数/次	带动系数
西安	秦始皇兵马俑博物馆(兵马俑)	百强(5A)	1540	10519	0.146	2035	13664	0.149	1971	12698	0.155
	大唐芙蓉园	白强(5A)	1187		0.113	1449		0.106	1558		0.123
	华清池	百强(5A)	762		0.072	910		0.067	1168		0.092
	骊山	百强(4A)	437		0.042	547		0.040	711		0.056

续表

地市	景区名称	景区级别	2011年			2012年			2013年		
			景区百度指数/次	城市百度指数/次	带动系数	景区百度指数/次	城市百度指数/次	带动系数	景区百度指数/次	城市百度指数/次	带动系数
西安	西安城墙	百强(4A)	325		0.031	413		0.030	544		0.043
	楼观台	百强(4A)	280		0.027	438		0.032	458		0.036
	大明宫	4A	340		0.032	335		0.025	345		0.027
	翠华山	4A	203		0.019	246		0.018	303		0.024
	曲江海洋馆	4A	237		0.023	324		0.024	413		0.033
	太平森林公园	4A	153		0.015	179		0.013	195		0.015
	西安秦岭野生动物园	4A	240		0.023	281		0.021	291		0.023
	大唐西市	4A	297		0.028	387		0.028	485		0.038
	关中民俗艺术博物院	4A	90		0.009	130		0.010	159		0.013
	半坡遗址	4A	217		0.021	222		0.016	259		0.020
	小雁塔	4A	242		0.023	295		0.022	339		0.027
	西安世博园	4A	253		0.024	227		0.017	204		0.016
	碑林	4A	83		0.008	108		0.008	192		0.015
	汉城湖	4A	143		0.014	265		0.019	257		0.020
宝鸡	法门寺	百强(4A)	1099	2303	0.477	1302	2433	0.535	1391	2217	0.627
	太白山	4A	563		0.244	766		0.315	809		0.365
	凤县凤凰湖	4A	208		0.090	203		0.083	210		0.095
	通天河国家森林公园	4A	195		0.085	232		0.095	271		0.122

续表

地市	景区名称	景区级别	2011年			2012年			2013年		
			景区百度指数/次	城市百度指数/次	带动系数	景区百度指数/次	城市百度指数/次	带动系数	景区百度指数/次	城市百度指数/次	带动系数
咸阳	乾陵	4A	880	1976	0.445	1124	2215	0.507	1118	2296	0.487
咸阳	茂陵	4A	327		0.165	383		0.173	463		0.202
	汉阳陵	4A	291		0.147	318		0.144	369		0.161
渭南	华山	百强(5A)	1256	1174	1.070	1732	1443	1.200	2043	1621	1.260
	少华山	4A	222		0.189	272		0.188	343		0.212
	洽川	4A	72		0.061	114		0.079	272		0.168
铜川	药王山	4A	63	790	0.080	155	903	0.172	231	976	0.237
延安	黄帝陵	百强(5A)	440	1626	0.271	498	1918	0.260	544	2127	0.256
	壶口瀑布	百强(4A)	859		0.528	1114		0.581	1432		0.673
	宝塔山	4A	205		0.126	199		0.104	201		0.094
	延安革命纪念馆	4A	136		0.084	155		0.081	151		0.071
榆林	白云山	百强(4A)	435	1957	0.222	534	2229	0.240	539	2055	0.262
	红碱淖	4A	193		0.099	219		0.098	232		0.113
	二郎山	4A	22		0.011	69		0.031	102		0.050
汉中	武侯墓	4A	230	2446	0.094	254	2610	0.097	511	2641	0.193
	华阳	4A	71		0.029	161		0.062	213		0.081
	张良庙-紫柏山	4A	29		0.012	100		0.038	142		0.054
安康	瀛湖	4A	116	1667	0.070	134	1997	0.067	155	1900	0.082
	南宫山	4A	58		0.035	74		0.037	133		0.070
商洛	金丝峡	4A	301	681	0.442	385	811	0.475	405	863	0.469
	牛背梁	4A	148		0.217	272		0.335	383		0.444
	天竺山	4A	91		0.134	129		0.159	162		0.188

续表

地市	景区名称	景区级别	2014年			2015年			2016年		
			景区百度指数/次	城市百度指数/次	带动系数	景区百度指数/次	城市百度指数/次	带动系数	景区百度指数/次	城市百度指数/次	带动系数
西安	秦始皇兵马俑博物馆（兵马俑）	（5A）	2228	12772	0.174	3074	13616	0.226	3496	12940	0.270
	大唐芙蓉园	5A	1827		0.143	1981		0.145	2401		0.186
	华清池	5A	1463		0.115	1529		0.112	1442		0.111
	骊山	4A	784		0.061	938		0.069	1494		0.115
	西安城墙	4A	740		0.058	996		0.073	1171		0.090
	楼观台	4A	432		0.034	433		0.032	421		0.033
	大明宫	4A	1288		0.101	1388		0.102	1371		0.106
	翠华山	4A	796		0.062	748		0.055	752		0.058
	曲江海洋馆	4A	507		0.040	565		0.041	557		0.043
	太平森林公园	4A	376		0.029	364		0.027	284		0.022
	关中民俗艺术博物院	4A	165		0.013	164		0.012	183		0.014
	半坡遗址	4A	261		0.020	315		0.023	409		0.032
	西安秦岭野生动物园	4A	342		0.027	338		0.025	366		0.028
	小雁塔	4A	386		0.030	481		0.035	617		0.048
	西安世博园	4A	254		0.020	301		0.022	299		0.023
	大唐西市	4A	567		0.044	549		0.040	466		0.036
	碑林	4A	326		0.026	332		0.024	397		0.031
	汉城湖	4A	284		0.022	289		0.021	303		0.023
宝鸡	法门寺	5A	1492	2211	0.675	1592	2464	0.646	1492	2472	0.604
	太白山	5A	1081		0.489	1203		0.488	1216		0.492
	凤县凤凰湖	4A	254		0.115	297		0.121	262		0.106
	通天河国家森林公园	4A	221		0.100	206		0.084	441		0.178

续表

地市	景区名称	景区级别	2014年			2015年			2016年		
			景区百度指数/次	城市百度指数/次	带动系数	景区百度指数/次	城市百度指数/次	带动系数	景区百度指数/次	城市百度指数/次	带动系数
咸阳	乾陵	4A	1345	2161	0.622	1864	2855	0.653	1776	2882	0.616
	茂陵	4A	545		0.252	610		0.214	838		0.291
	汉阳陵	4A	409		0.189	531		0.186	622		0.216
渭南	华山	5A	2195	1635	1.343	3096	1709	1.812	3492	1812	1.927
	少华山	4A	327		0.200	323		0.189	625		0.345
	洽川	4A	355		0.217	251		0.147	239		0.132
铜川	药王山	4A	278	948	0.293	285	1085	0.263	326	966	0.337
延安	黄帝陵	5A	612	1894	0.323	758	2311	0.328	943	2220	0.425
	壶口瀑布	4A	1759		0.929	2158		0.934	2771		1.248
	宝塔山	4A	231		0.122	281		0.122	412		0.186
	延安革命纪念馆	4A	169		0.089	202		0.087	303		0.136
榆林	白云山	4A	600	2042	0.294	634	2264	0.280	655	1917	0.342
	红碱淖	4A	235		0.115	263		0.116	327		0.171
	二郎山	4A	479		0.235	529		0.234	643		0.335
汉中	武侯墓	4A	934	2581	0.362	1275	3011	0.423	1610	3294	0.489
	华阳	4A	628		0.243	738		0.245	662		0.201
	张良庙-紫柏山	4A	135		0.052	131		0.044	127		0.039
安康	瀛湖	4A	192	2007	0.096	196	2304	0.085	222	2241	0.099
	南宫山	4A	258		0.129	248		0.108	249		0.111
商洛	金丝峡	5A	389	996	0.391	377	1140	0.331	319	1124	0.284
	牛背山	4A	313		0.314	344		0.302	345		0.307
	天竺山	4A	518		0.520	545		0.478	502		0.447

从表7-24中可知，第一，旅游景区之间的百度指数差异较大。2011年，搜索频率最高的前三位旅游景区分别是秦始皇兵马俑博物馆（兵马俑）、华山、大唐芙蓉园；2013年，虽然搜索频率最高的前三位旅游景区没有变化，但位次顺序有所改变，华山以平均2043次位居第一，秦始皇兵马俑博物馆（兵马俑）1971次排名第二，大唐芙蓉园百度指数为1558次。而2011年平均搜索频率最低的旅游景区有神木二郎山、张良庙-紫柏山景区、南宫山森林公园，百度指数分别是22次、29次、58次；2013年搜索频率最低的旅游景区依旧是神木二郎山、张良庙-紫柏

山景区、南宫山森林公园，百度指数均低于 150 次。2016 年搜索频率上千的景区扩大到兵马俑、大唐芙蓉园、华清池、骊山、西安城墙、大明宫、法门寺、太白山、乾陵、华山、壶口瀑布、武侯墓，其中，分布于西安市的景区有 6 家，分布于宝鸡市的景区有 2 家，分布于咸阳市、渭南市、延安市、汉中市各 1 家。

第二，景区百度指数与城市百度指数呈现两种关系。①该旅游景区百度指数明显高于其他旅游景区，但却小于所在城市的百度指数。例如，2013 年兵马俑的百度指数将近 2000 次，是全省搜索最高的旅游景区，但是远远小于所在地西安市的百度指数（12698）。②旅游景区百度指数大于或者接近所在城市的百度指数。例如，2013 年，华山景区的百度指数是 2043，所在地渭南市的百度指数只有 1621，渭南市的百度指数小于华山景区，除此之外，2016 年，壶口瀑布景区的百度指数达到 2771，高于所在地延安市的百度指数（2220）。

第三，成为百强旅游景区的百度指数高于其他旅游景区。西安市百度指数排名前六位的旅游景区都是百强旅游景区，宝鸡市百度指数排名第一的法门寺景区是百强旅游景区（2015 年成为 5A 级景区），2013 年平均百度指数为 1391 次，延安市和榆林市百度指数最高的旅游景区壶口瀑布和白云山也是历年的百强旅游景区。

（二）品牌旅游景区对热点旅游城市知名度的贡献率

带动系数是各个地市旅游景区百度指数与城市百度指数的比值，反映了景区对城市知名度的贡献率，带动系数越大说明景区对该城市的旅游贡献率越大，景区是该城市的核心旅游吸引力；带动系数越小说明景区对该城市的旅游贡献率越小，旅游城市的发展除了依靠景区外，还借助其他因素提高知名度。

由表 7-24 可知，陕西省十地市的带动系数参差不齐，其中，最大值是华山（1.26），最小值是关中民俗艺术博物院（0.013），为了能够更加彰显景区对城市知名度的作用，将 2011～2016 年陕西省十地市 4A 级以上旅游景区对城市知名度的带动系数在二维折线图中表示，如图 7-31 所示。图中，乾陵、法门寺、太白山、华山、黄帝陵、壶口瀑布、白云山、武侯墓、金丝峡、牛背梁景区出现峰值，带动系数在 0.2～1.3；而百度指数较高的一些景区带动效应却不大，如秦始皇兵马俑博物馆的带动系数仅有 0.155（2013 年）。结合图 7-31 和表 7-24 可知，西安作为超核心区的旅游城市，景区对城市知名度的贡献率较小，旅游者搜索较频繁的关键词集中在西安旅游攻略、西安地图、西安公交路线查询、西安旅游住宿等方面，而对旅游景区（景点）搜索的热度较小。咸阳、宝鸡、渭南、延安、榆林、商洛六市的旅游景区对城市知名度的贡献率较大，尤其是华山对渭南市、法门寺对宝鸡市、壶口瀑布对延安市、乾陵对咸阳市、金丝峡对商洛市的贡献率最大，反映了这些城市主要依托景区增加地区知名度。

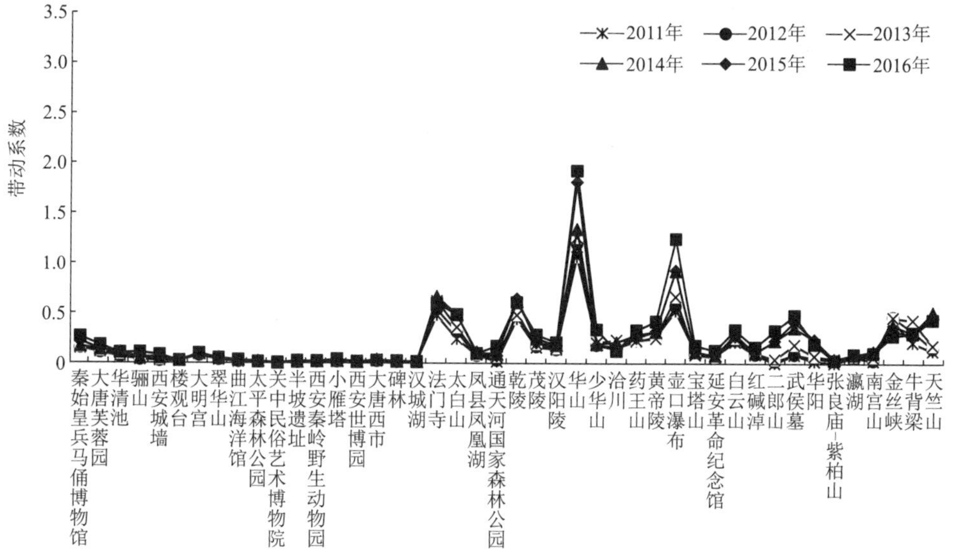

图 7-31　陕西省高级别旅游景区对城市知名度贡献率二维折线图

五、陕西省旅游发展地域模式构建

陕西省旅游业经过 20 多年的发展，旅游形象逐渐鲜明，旅游产业初具规模，是西部地区旅游发展速度和规模较好的省份之一，是西北五省区旅游业的龙头。然而，通过历年全国旅游收入排行榜发现，陕西省已经跌出全国前十位，制约陕西省旅游发展的因素具有综合性特征，归纳起来有以下几个：

第一，陕西省的旅游产品逐渐老化。通过陕西省 6 家品牌旅游景区旅游势能分析，全国知名的秦始皇兵马俑博物馆（兵马俑）景区、华清池景区等旅游势能逐步下降，区域竞争性减弱，由于这些景区大多数是 20 年前开发的，景区的生命周期进入成熟阶段，客流量增长缓慢，显现出老化趋势。

第二，旅游产品种类单一。通过对全国品牌旅游景区梳理，发现度假区、主题公园类型的旅游景区排名靠前，而以观光类型为主的旅游景区排名越来越后，如陕西省的秦始皇兵马俑博物馆（兵马俑）景区，2011 年以 527 万人次的客流量排名全国第 17 位，而 2012 年下降到第 35 位，客流量也减少至 400 万人次。陕西省旅游产品主要以历史观光类型的景区为主，缺少度假类型的旅游产品。

第三，旅游产品品牌个性较弱，缺乏吸引力。通过陕西省旅游资源禀赋程度分析，陕西省的品牌旅游景区（包括 5A 级旅游景区和百强旅游景区）数量较少，与东部地区的浙江、江苏两省差异巨大，而西部地区的新疆、四川、重庆、云南 5A 级旅游景区的数量都普遍多于陕西省。高品质旅游景区的减少造成陕西省整体竞争力减弱，旅游吸引力降低。

第四，旅游空间布局不合理。通过陕西省品牌旅游景区与热点旅游城市的地域组合关系研究，发现绝大部分旅游景区位于关中地区；陕北地区由于矿产资源型城市较多，阻碍了旅游的发展；陕南地区旅游资源禀赋程度较高，自然生态条件较好，但是2008年之前交通可进入性较差，经济发展较落后，旅游景区的建设力度不强。整体布局的不合理导致关中地区虽然旅游网络已经形成，但陕北、陕南地区由于节点缺失，旅游网络暂未形成。

陕西省的旅游发展进入瓶颈，针对上述的研究问题，除了积极开发观光旅游以外的旅游产品、加快形成关中其他城市与陕北和陕南地区的旅游网络、彰显西安旅游形象，推出具有陕西品牌的旅游产品，还应注重景区与城市组合匹配关系，加大旅游景区对旅游城市的提升程度有利于形成节点，从而加快旅游网络的形成，具体如下：

首先，西安属于国内旅游导向性城市，具有旅游资源、腹地人口、铁路客运量上的优势，与其他地市相比，西安市分布的品牌旅游景区最多，百度指数最高，知名度最大。通过对西安市所分布的旅游景区和该市百度指数的分析，旅游者搜索较频繁的关键词集中在西安旅游攻略、西安地图、西安公交路线查询、西安旅游住宿等方面，而对旅游景区(点)搜索的热度与西安市本身的搜索相差较大，如2013年兵马俑的百度指数将近2000次，是全省搜索最高的旅游景区，但是远远小于所在地西安市的百度指数(12698)。由此看来，西安市集合了部分全省百度指数较高的旅游景区，但景区的知名度都小于城市知名度，景区对城市知名度的贡献率较低，构成“多核提升城市”模式。

其次，渭南、宝鸡、延安、商洛四地市中部分旅游景区百度指数高于或接近所在城市的百度指数，景区对城市知名度的贡献作用较大，如渭南市的华山、少华山，宝鸡市的法门寺、太白山，延安市的黄帝陵、壶口瀑布，商洛市的金丝峡、牛背梁的带动系数都较大，形成“双核提升城市”模式。

再次，咸阳、铜川、榆林个别旅游景区的百度指数较高，接近所在城市的百度指数，单独景区对城市知名度的带动系数较大，如咸阳市的乾陵、铜川市的药王山、榆林市的白云山，构成“单核提升城市”模式；汉中市和安康市旅游景区百度指数较小，对城市知名度的贡献不大，尚未形成“核”。

六、结论

旅游景区和旅游城市作为旅游空间中大小不同的点，是组成区域旅游的重要节点，伴随着国内游、散客游、自驾游的持续增长，中国旅游业的发展出现新格局，入境游与国内游不再以长线旅游为主，更多的是以热点旅游城市为核心的板块旅游。对旅游景区与旅游城市地域组合关系的研究，一方面，分析了新常态下

“旅游城市对旅游景区整合”作用，即在区域旅游网络中，城市为景区提供依托，不同级别的城市为不同数量与级别的景区提供相应旅游基础设施和相应服务；另一方面，揭示了新常态下“旅游景区对旅游城市提升”作用，即旅游景区对不同等级旅游城市知名度的贡献率。本章利用二维矩阵分析法、百度指数法、空间匹配图、二维折线图等对陕西省旅游景区与城市的整合与提升作用进行了研究，具体结果如下：

首先，对陕西省品牌旅游景区与热点旅游城市的地域组合与规模等级匹配关系进行了分析。结果显示，二者呈现出三种对应关系：①大规模的百强旅游城市与多个等级较高的百强旅游景区形成匹配；②中小规模的百强旅游城市与较少数量的百强旅游景区或者没有与百强旅游景区相匹配；③百强旅游景区的所属地并非百强旅游城市。陕西省并没有出现全国案例中的大规模百强旅游城市与较贫瘠的百强旅游景区相匹配的现象，陕西省属于西部地区，旅游资源禀赋程度较高，城市旅游的基础依旧是景区(点)旅游。在此基础上，分析了陕西省十地市与品牌旅游景区规模匹配关系，关中地区旅游网络基本形成，出现景区与城市“多对多”的匹配现象，级别较高的旅游城市为多个景区提供旅游服务设施，旅游景区不再依托单一的城市供给，多个城市为其服务；陕北地区的旅游景区与城市之间多为“一对一”或“一对多”的匹配模式，城市为一个或者两个旅游景区提供相应的旅游服务；陕西省三大区域之间的旅游网络尚未形成，城市之间的合作多是以西安为主，关中地区其他城市与陕南、陕北地区城市之间的旅游合作较弱，如宝鸡市与汉中市、渭南市与商洛市，地理毗邻，易旅游资源共享，形成旅游网络。

其次，基于百度指数分析了旅游景区对城市知名度的提升作用。统计整理了2011～2016年陕西省4A级以上旅游景区和陕西省十地市的百度指数，二者比值构成景区对城市知名度的带动系数，发现位于西安市的旅游景区百度指数较大，但景区对城市知名度的带动系数较小，最高的秦始皇兵马俑博物馆(兵马俑)的带动系数仅有0.155；而咸阳市、宝鸡市、渭南市、延安市的旅游景区百度指数较小，但景区对城市知名度的贡献作用较大，带动系数在0.2～1.3。通过对各个城市百度搜索热点词的比较，以西安为旅游目的地的旅游者更倾向于对旅游攻略、地图、公交路线、旅游住宿等方面查询，其他地市搜索热点主要集中在旅游景区。陕西省城市化程度逐步加快，景区对城市的提升作用体现为三种模式：多核景区模式、双核景区模式、单核景区模式。①在人口规模上，西安已成为特大城市，城市内和城市周边分布着大量高级别旅游景区，但景区的知名度都小于城市知名度，景区对城市知名度的贡献率较低，构成“多核提升城市”模式；②渭南、宝鸡、延安、商洛四地市中景区百度指数高于或接近城市的百度指数，景区对城市知名度的贡献作用较大，如渭南市的华山、少华山、宝鸡市的法门寺、太白山、延安市的黄帝陵、壶口瀑布、商洛市的金丝峡、牛背梁的带动系数都较大，形成

“双核提升城市”模式；③咸阳市、铜川市、榆林市中个别景区百度指数较高，接近城市百度指数，单独景区对城市知名度的带动系数较大，构成“单核提升城市”模式，汉中市和安康市旅游景区百度指数较小，对城市知名度的贡献不大，尚未形成“核”。

第六节 本 章 小 结

陕西省是丝绸之路经济带上非常重要的省份，是中国向西开放的主要枢纽，对陕西省品牌旅游景区和城市的相关研究能够为西部地区经济发展、民生改善、社会稳定等产生重大而深远的意义。本章是全书主体部分，利用函数方程式、线性回归法、二维矩阵分析法、百度指数法、空间匹配法、二维折线图和散点图分析法等，首先对2005～2013年陕西省六大品牌旅游景区成长性进行了分析，并通过概念模型解释造成品牌旅游景区地域差异的原因；再对2000～2012年陕西省十地市的旅游城市成长性进行了探索，定量分析了一般旅游城市成为热点旅游城市的条件，并对十地市品牌化的形成机制进行了剖析；最后研究了陕西省旅游景区与城市的互动机制，分析了新常态下“旅游城市对旅游景区整合”作用和“旅游景区对旅游城市提升”作用，具体结果如下：

第一，区域空间内陕西省六大品牌旅游景区成长趋势分析。首先，通过旅游势能分析了品牌旅游景区在区域空间中的成长趋势与状况，并划分了成长阶段，发现秦始皇陵兵马俑景区、华山景区、法门寺景区、黄帝陵景区的旅游成长性较好，旅游势能整体呈上升状；华清池景区与大唐芙蓉园景区的成长趋势呈下降状，需要说明的是，芙蓉园是大雁塔-大唐芙蓉园的一部分，大雁塔-大唐芙蓉园景区出现众多旅游非景区化现象，整体客流量在增加。其次，通过对品牌旅游景区辐射力和凝聚力的计算，定量分析了品牌旅游景区之间地位的变化。陕西省内旅游地位最高的景区仍然是秦始皇陵兵马俑景区，2005～2013年旅游势能指数均大于1；华清池景区虽然旅游势能呈下降状，但历年旅游势能指数均大于1，区域旅游地位居第二位；大唐芙蓉园景区与华山景区地位呈阶段性变化，以2009年为分界线，之前大唐芙蓉园景区旅游地位高于华山景区，之后华山景区的区域旅游地位则高于大唐芙蓉园景区；黄帝陵景区与法门寺景区整体区域地位较低，旅游势能指数均未超过1。

第二，陕西省三大区域空间中十地市旅游成长趋势分析。首先，通过旅游势能分析了十地市在区域空间中的成长趋势与状况。陕北地区的延安市，关中地区的西安市、宝鸡市、渭南市，陕南地区的商洛市和安康市的旅游势能都呈现上升趋势，区域旅游地位得到提升；而陕北地区的榆林市、关中地区的咸阳市和铜川市、陕南地区的汉中市由于旅游势能的不断下降，区域旅游地位有所减弱。其次，通过对热点旅游城市辐射力和凝聚力的计算，定量分析了热点旅游城市之间地位的变化。关中地区城市较多，西安市的旅游地位最高，其次是咸阳市，宝鸡与渭南作为新兴旅游城市，旅游势能都在稳健增长，宝鸡旅游地位略大于渭南，而铜川市由于属于旅游过境地，旅游势能值较低，在关中地区旅游地位相对较低；陕北地区城市数量较少，区域中延安市旅游地位高于榆林市，2000～2012 年延安市的旅游势能指数均在 1 以上，而榆林市的旅游势能指数峰值不足 1；陕南地区 3 个城市的旅游地位变化较大，以 2009 年为分界线，之前由于商洛市和安康市的交通进入性不佳，旅游资源禀赋程度较低，汉中市成为区域旅游地位最高的城市，商洛市、安康市次之。2009 年之后，随着商洛市与安康市交通区位提升，旅游景区投资力度加大，造成区域内商洛市旅游地位增强，汉中市、安康市次之的局面。三大区域中各个城市的旅游势能成长状况和趋势对城市百强化做出条件假设：①区域中旅游地位要高，旅游势能指数不能低于 1；②2000 年以来，旅游势能呈上升趋势，旅游势能指数增长率在 50%以上，满足以上两个条件才能成为热点旅游城市。

第三，陕西省品牌旅游景区形成机制分析。首先，基于陕西省 4A 级、5A 级旅游景区与百强旅游景区数量，计算品牌旅游景区形成率，其具有地域差异，这种差异与景区外部区域的交通区位、潜在客源市场、居民可支配收入相关，因此选取可度量的宏观因素——人口密度、人均 GDP、交通可达性指数为指标，建立品牌旅游景区形成系数方程，用系数方程揭示形成率不同的原因。其次，对品牌旅游景区形成系数方程剖析，通过对人口密度、人均 GDP、交通可达性指数单因素分析，发现三个外部因素与品牌旅游景区形成的关联性较大，在此基础上，利用阶乘回归方程综合分析三个因素综合作用的影响，人口密度、人均 GDP、交通可达性指数综合模拟比单因素模拟具有更高的相关性，交通可达性指数对品牌旅游景区形成的影响最大，占主导地位，变量系数为 1.856。最后，依据品牌旅游景区形成率统计值，将陕西省品牌旅游景区聚集区划分成四种类型：超核心区、核心区、次核心区、边缘区。超核心区与核心区由于外部三大因素都较优越，更容易形成品牌旅游景区，而次核心区与边缘区外部三大因素中至少有一个因素处于劣势，造成外部“平台”整体落后，不易形成品牌旅游景区。

第四，陕西省热点旅游城市形成机制分析。首先，基于陕西省优秀旅游城市与百强旅游城市数量，计算热点旅游城市形成率。然后，选取人口密度、人均 GDP、交通可达性指数、旅游景区数量四大因素分析形成率产生地域差异的原因，通过对四大单因素分析，发现其与热点旅游城市形成的关联性较大，在此基础上，利用阶乘回归方程综合分析四个因素共同作用的影响，建立形成系数方程，四大因素的综合模拟比单因素模拟具有更高的相关性，其中，旅游景区数量对热点旅游城市形成的影响最大，占主导地位，变量系数为0.586。最后，计算热点旅游城市形成率统计值，将陕西省十地市划分成四种类型：超核心区、核心区、次核心区、边缘区。其中，超核心区与核心区由于外部四大因素都较优越，更容易形成热点旅游城市，如西安市、咸阳市、宝鸡市、延安市、渭南市；而次核心区与边缘区外部四大因素至少有一个因素处于劣势，造成外部“平台”整体落后，不易形成热点旅游城市，如汉中市、安康市、榆林市、铜川市。

第五，陕西省品牌旅游景区与热点旅游城市地域组合关系研究。首先，分析新常态下“旅游城市对旅游景区的整合作用”，对陕西省品牌旅游景区与热点旅游城市的地域组合与规模等级匹配关系进行了研究。结果显示，二者呈现出三种对应匹配关系；在此基础上，分析了陕西省品牌旅游景区与十地市规模匹配关系，关中地区旅游网络基本形成，出现景区与城市“多对多”的匹配现象，陕北地区的旅游景区与城市之间多为“一对一”或“一对多”的匹配模式，但是陕西省三大区域之间的旅游网络尚未形成。其次，分析了新常态下“旅游景区对旅游城市的提升作用”，基于百度指数分析了旅游景区对城市知名度的贡献，结果显示，位于西安市的旅游景区百度指数明显高于其他城市的旅游景区，但却小于所在城市的百度指数，景区对城市知名度的带动系数较小；而咸阳市、宝鸡市、渭南市、延安市的旅游景区百度指数大于或者接近所在城市的百度指数，景区对城市知名度的贡献作用较大，带动系数在0.2～1.3。伴随着城市化进程加快，景区对城市的提升作用形成三种模式：多核景区模式、双核景区模式、单核景区模式。

第八章　结论与展望

品牌与品牌化是营销学和管理学等学科持续研究的热点问题，本书尝试从地理学角度分析旅游目的地品牌与品牌化的关键因素及形成机制。并引入空间错位概念，分析微观尺度旅游目的地(旅游景区)和中观尺度旅游目的地(旅游城市)之间的空间分布和地域组合关系，以期揭示不同等级旅游目的地品牌化的规律。结合实证案例，从时间尺度和空间尺度分析旅游目的地(旅游景区)品牌的演变特征、相互作用(溢出效应)、势能成长等。理论上，从地理学角度探寻旅游目的地品牌与品牌化的相关规律，为其品牌化程度阈值判断提供理论依据，拓展经济地理学研究视角；实践上，提升旅游目的地形象，为目的地营销提供决策支持，为协调区域平衡发展和建设旅游强国提供科学依据。

一、主要结论

本书在对A级旅游景区和百强旅游景区、优秀旅游城市和百强旅游城市等概念界定的基础上，梳理了品牌理论、区位理论、增长极理论对本书的指导，对国内外相关研究进行了评述，运用地理信息系统法、比较分析法、数学建模、回归分析等方法揭示了品牌旅游景区与热点旅游城市的地域组合关系，进一步以陕西省为例，得到了以下结论。

(一)构建全国品牌旅游景区形成条件及控制论模型，景区品牌化的关键是交通可进入性

构建品牌旅游景区形成条件及控制论模型。模型主要是基于内部因素和外部因素共同作用分析，内部因素主要是5A级旅游景区评级标准，5A级旅游景区数量与百强旅游景区数量的比值构成品牌旅游景区形成率衡量内因的大小，通过分析，我国东、西部的品牌形成率差异较大，主要原因是景区所在区域整体社会经济发展水平的高低对品牌旅游景区形成率有本质的影响。因此，影响品牌旅游景区形成的外部因素主要是指景区所处区域的社会、经济发展水平，模型参数分别是代表客源市场的人口密度、代表旅游需求的人均GDP，以及代表地理区位的交通可达性指数，通过对以上三个因素的单因素分析，发现与品牌旅游景区形成率的关联性较大，在此基础上，利用阶乘回归方程综合分析三大因素共同作用的影响，建立形成系数方程，发现人口密度、人均GDP、交通可达性指数综合模拟比单因素模拟具有更高的相关性，交通可达性指数对品牌旅游景区形成的影响最大，

占主导地位，变量系数为 0.35。

交通的可进入性决定了景区发展水平，交通网络的完善降低了景区与城市之间空间直线距离的依赖性，增强了景区的可进入性。交通方式的发展能够影响区域旅游目的地的演进程度，交通方式的多元化能够吸引更多的旅游者。自驾游的兴起反映了我国交通与旅游目的地可达性程度的提高，景区位于交通枢纽地带更容易品牌化。

（二）构建全国热点旅游城市形成条件与形成机制模型，经济因素对热点旅游城市的影响较大

城市的地域范围大于景区，作为一个包含其他旅游目的地的终极旅游目的地，热点旅游城市的形成机制比景区的复杂。构建热点旅游城市形成条件及形成机制模型，模型主要是基于内部因素和外部因素共同作用分析，内部因素主要是优秀旅游城市评级标准，优秀旅游城市数量与百强旅游城市数量的比值构成热点旅游城市形成率衡量内因的大小，通过分析，我国东西部的热点旅游城市形成率具有不均衡性，主要原因是城市位于的区域整体社会经济发展水平的高低具有差异性。因此，影响热点旅游城市形成的外部因素主要是有：代表客源市场的人口密度、代表旅游需求的人均 GDP、代表地理区位的交通可达性指数，以及代表区域竞争性的优秀旅游城市数量，通过对以上四个因素的单因素分析，发现其与热点旅游城市形成率的关联性较大，在此基础上，利用阶乘回归方程综合分析四大因素共同作用的影响，建立形成系数方程，发现人口密度、人均 GDP、交通可达性指数、优秀旅游城市数量综合模拟方程比单因素模拟方程具有更高的相关性，人均 GDP 在四个因素中起主导作用，变量系数为 0.37。

经济发展程度高从而扩大对旅游的投资与再投资。伴随着我国旅游产品逐步由观光旅游产品向度假旅游产品转变的趋势，经济发展水平高的旅游城市往往能够拥有更多资本的投入，旅游服务设施更先进，客源更多，更加重视旅游产品的更新与多元化。

（三）我国品牌旅游景区和热点旅游城市分布结构具有空间错位性，不同等级的品牌旅游景区和热点旅游城市的辐射范围不同

通过 GIS 分布图分析可知，我国品牌旅游景区多呈区域聚集分布。客流量大的品牌旅游景区南北分布均衡，各 4 个，分布数量较少；而客流量小的品牌旅游景区南北分布失衡，南方多于北方，江浙地区尤为突出。其大体上分布在环渤海地区、黄河-陇海沿线、长江流域、长江三角洲地区和珠江三角洲地区。其聚集区形成的原因不仅与经济因素有关，而且与地理环境紧密联系。

热点旅游城市呈带状分布，主要分布于胡焕庸线东南。我国南部地区分布数量明显多于北部地区，次级热点旅游城市和一般热点旅游城市聚集性较为分散，

但是数量庞大，一些次级热点旅游城市和一般热点旅游城市则以顶级热点旅游城市为中心，呈半环状辐射分布。即规模和影响地区范围大的热点旅游城市数量少，分布不均衡，而规模和影响地区范围小的热点旅游城市数量多，分布广泛，其余中等的热点旅游城市分布则介于大、小热点旅游城市之间。热点旅游城市呈带状分布的原因与经济、社会、地理、政治等因素有关。

(四)品牌旅游景区与热点旅游城市地域组合关系呈多样化，规模大的城市能够为多个景区提供旅游服务设施及相关服务

由于品牌旅游景区和热点旅游城市在空间分布上呈现错位分布，地域组合也具有非对应性。在数量匹配关系上，二者形成了四种关系：第一，高级别热点旅游城市与多个品牌旅游景区形成地域数量匹配；第二，高级别热点旅游城市与单独品牌旅游景区形成匹配或没有品牌旅游景区与其匹配；第三，低级别热点旅游城市与单独品牌旅游景区匹配；第四，18个品牌旅游景区所属地非热点旅游城市。

规模匹配上，高级别的热点旅游城市所对应的品牌旅游景区数量并不多，但是所包含的景区级别体系较为完善，以高级别品牌旅游景区为主，满足了不同层面游客的需求；中、低级别的热点旅游城市与品牌旅游景区数量匹配情况参差不齐，景区主要是中、低级别的品牌旅游景区。

常年客流量较大的城市不再单一依靠景区为旅游吸引物，但是其周边一定分布着大量不同级别的景区，满足城市居民的出行需求，城市居民由于可支配收入的提高，更倾向寻求高品质、高服务的休闲度假旅游景区，如百强旅游景区中的亚龙湾旅游度假区、芜湖方特欢乐-魔幻世界、皇城相府生态文化旅游区，这些景区所在地并不是百强旅游城市，但是距离大城市较近，这些大城市不仅是客源地也是目的地，同时配备了大量的旅游服务设施，满足了不同群体的需求，景区能够依托其发展。针对第四种组合可以考虑将其百强化，如丽江市包含了丽江古城、玉龙雪山、印象丽江三个旅游吸引物，可以以百强旅游景区为势头打造百强旅游城市。

(五)中国旅游地理枢纽

基于品牌旅游景区与热点旅游城市的空间分布，以及二者形成率统计值、市场占有率、外部社会经济环境等因素分析，发现以上海市为中心旅游地的长江三角洲地区，包括浙江、江苏凉生，是品牌旅游景区、热点旅游城市数量最多，空间分布最密集的区域；以北京市为中心的京津冀地区，包括天津、河北部分地区，是国内旅游的集散中心；以广州为中心的珠江三角洲地区，包括珠江三角洲地区的多个城市，是与港澳台等入境旅游最为频繁的地区。京津冀-长江三角洲-珠江三角洲构成了我国的旅游地理枢纽。

本书认为旅游业的地理枢纽，是指国家旅游活动最活跃的区域。从旅游主体

和旅游活动方面，应该是客流量最大、旅游活动进出流量最频繁的区域；从旅游客体和观赏对象方面，应该是品牌旅游景区和热点城市最密集的区域；从所处外部环境平台方面，枢纽周边应存在较大的潜在客源市场，旅游需求旺盛，交通可达性强。

（六）陕西省品牌旅游景区与热点旅游城市地域组合分析

首先，利用最邻近点指数、地理集中度指数、标准差椭圆法等方法，研究区域空间内陕西省 A 级景区时空演变特征，发现时间上，将陕西省 A 级景区的发展划分为 2002～2008 年缓慢发展期和 2009～2016 年快速发展期两个阶段；空间上，2016 年陕西省 A 级景区的最邻近点指数为 0.617，呈现集中分布，但已逐渐变得分散，景区的等级与分布分散程度有很大的相关性，等级越高，分布越分散；另外，陕西省 A 级景区在 2003～2016 年逐渐由个别的点状扩散成片状，高 A 级景区会对低 A 级景区的发展有带动作用。

其次，通过陕西省 8 个 5A 级旅游景区空间溢出的研究，对景区两两相互溢出关系进行了分析，发现：第一，陕北地区的黄帝陵景区对华山的产出溢出及接受兵马俑的溢出最为明显；第二，关中地区形成 3 个景区集群，其中，第二个集群里的兵马俑景区的产出溢出水平最为明显，对法门寺的产出溢出最强，而七大景区都接受兵马俑的溢出较多；第三，陕南地区金丝峡景区对兵马俑的产出溢出最为明显，接受兵马俑和大唐芙蓉园的溢出最大。从学习能力、接受平均溢出、产出平均溢出、接受溢出与产出溢出的差值进行分析，发现：第一，大唐芙蓉园、兵马俑、华清池、太白山和法门寺景区均高于平均学习能力，学习能力与经济发展水平相关；第二，金丝峡与黄帝陵景区接受平均溢出最多，兵马俑、华清池、大唐芙蓉园、华山产出平均溢出较多；第三，在 8 个景区中，金丝峡（0.655）、太白山（0.298）、法门寺（0.215）、黄帝陵（0.176）4 个景区接受的旅游溢出值为正值，华山（–0.065）、大唐芙蓉园（–0.090）、华清池（–0.139）、兵马俑（–1.051）4 个景区接受的旅游溢出值为负值。总的来讲，兵马俑景区产出溢出水平在 8 个景区内“独占鳌头”，印证了兵马俑景区具有符号带动作用，能够代表陕西省的旅游形象。

再次，基于网络游记对陕西品牌旅游景区形象感知分析。首先，根据 ROST Content Mining 软件获得各个旅游景区的高频特征词和语义网络分析图，分析游客对陕西旅游目的地的形象感知，主要是由旅游吸引物和旅游活动、景点、位置信息、旅游服务与设施构成，位于人口规模较大的城市中的景区，旅游者更多关注其位置与服务设施，而位于人口规模较小的城市中的景区，旅游者往往关注旅游吸引物和旅游活动；其次，通过对样本的情感高频词分析和情感分布统计，发现旅游者对陕西省旅游情感形象以积极情绪为主，中性情绪和消极情绪较少，其中，消极情绪主要来源于景区管理问题、自然资源较为险峻、景区收费与实际体验不符等方面；最后，通过对样本游记的统计分析，发现明确表达推荐和重游意向的游客占多数，陕西省旅游目的地形象整体感知以正面积极为主。

最后，利用旅游势能分析品牌旅游景区与热点旅游城市区域地位的高低。计算陕西省 6 家品牌旅游景区和十个地级市的旅游势能指数，发现秦始皇兵马俑、华山、法门寺、黄帝陵景区的整体成长性较好，旅游势能呈上升状，华清池与大唐芙蓉园景区的旅游势能呈下降趋势；城市旅游势能成长较好的有延安市、西安市、宝鸡市、渭南市、商洛市和安康市。通过分析，传统的旅游景区区域竞争地位下降趋势明显，而新兴或极具特色的旅游景区地位不断抬升。高级别旅游景区历年接待游客数量多、旅游收入大，是区域旅游的“龙头”，其旅游地位的下降会导致区域整体旅游竞争力的减弱。

（七）陕西省品牌旅游景区与热点旅游城市形成机制与地域组合分析

首先，以陕西省为典型案例地，验证品牌旅游景区与热点旅游城市形成机制模型的有效性，模型检验结果良好。①交通可达性对品牌旅游景区形成的影响最大，占主导地位，变量系数为 1.856。②旅游景区数量对热点旅游城市形成的影响最大，占主导地位，变量系数为 0.586，与全国有所不同，经济因素对热点旅游城市的影响位居第二位，充分说明了我国东部地区由于人口高度集中，经济化程度趋向发达，大规模的人造景区成为旅游者喜爱的对象，如广州长隆旅游度假区和深圳华侨城旅游度假区，都是著名的集休闲、度假、娱乐为一体的旅游景区。而陕西省作为西北省份，旅游资源禀赋程度较高，依靠旅游资源景区的建立能够为城市旅游添彩，如陕西省境内秦岭山的开发利用能够打响西安市的旅游。③再结合品牌旅游景区与热点旅游城市形成率统计值将二者的聚集区划分为四种类型：超核心区、核心区、次核心区、边缘区。超核心区与核心区由于外部三大因素都较优越，更容易品牌化，而次核心区与边缘区外部三大因素中至少有一个因素处于劣势，造成外部“平台”整体落后，不易被品牌化。

其次，对陕西省品牌旅游景区与热点城市的地域组合及规模等级匹配关系进行了研究。结果显示：①二者呈现出三种对应匹配关系，在此基础上，分析了陕西省品牌旅游景区与十地市规模匹配关系，关中地区旅游网络基本形成，出现景区与城市“多对多”的匹配现象，级别较高的旅游城市为多个景区提供旅游服务设施，旅游景区不再依托单一的城市供给，而是通过多个城市为其服务；陕北地区的旅游景区与城市之间多为“一对一”或“一对多”的匹配模式，城市为一个或者两个旅游景区提供相应的旅游服务；陕西省三大区域之间的旅游网络尚未形成，城市之间的合作多是以西安市为主，关中地区其他城市与陕南、陕北地区城市之间的旅游合作较弱，如宝鸡市与汉中市、渭南市与商洛市，地理毗邻，易旅游资源共享，形成旅游网络。②再基于百度指数分析了旅游景区对旅游城市知名度的提升作用。发现，位于西安市的旅游景区百度指数较高，但是西安市的百度指数更高，景区对城市知名度的带动系数较小；而咸阳市、宝鸡市、渭南市、延安市的旅游景区百度指数与西安市的旅游景区相比普遍偏低，然而，往往出现该区域的某一景区百度指数大于或接近该城市百度指数的现象，因此景区对城市的带动系数较大，景区对城市知名度产生较强的贡献率。

最后，基于品牌旅游景区和热点旅游城市的地域组合关系，以及二者百度指数的研究，景区对城市的提升作用形成了三种模式：多核景区提升模式（西安市）、双核景区提升模式（渭南市、宝鸡市、延安市、商洛市）、单核景区提升模式（咸阳市、铜川市、榆林市），除此之外，努力打造知名度景区的造核模式（汉中市、安康市）。

二、不足及未来展望

(1)本书对品牌旅游景区与热点旅游城市形成机制的分析主要基于外部宏观因素，而内部因素是以国家颁布的标准为基础，对品牌形成的内部因素相对分析不足，今后的研究应该更重视内因，揭示内因与外因的互动结合。

(2)对陕西省品牌旅游景区与热点旅游城市地域组合的研究，没有充分分析区域的带动效应，尤其是对西部地区，景区与城市的组合会对区域旅游产生何种效应，还有待进一步研究。

参 考 文 献

敖荣军，韦燕生. 2006. 中国区域旅游发展差异影响因素研究——来自1990～2003年的经验数据检验[J]. 财经研究, 32(3): 32-43.

白凯，孙天宇，谢雪梅. 2008. 旅游目的地形象的符号隐喻关联研究——以陕西省为例[J]. 资源科学, 30(8): 1184-1190.

保继刚. 1988. 旅游资源定量评价初探[J]. 干旱区地理, 11(3): 57-59.

保继刚. 1994. 喀斯特石林旅游开发空间竞争研究[J]. 经济地理, 14(3): 93-96.

保继刚，梁飞勇. 1991. 滨海沙滩旅游资源开发的空间竞争分析——以茂名市沙滩开发为例[J]. 经济地理, 11(2): 89-93.

保继刚，楚义芳. 1999. 旅游地理学(修订版)[M]. 北京：高等教育出版社.

保继刚，古诗韵. 2002. 广州城市游憩商业区(RBD)的形成与发展[J]. 人文地理, 17(5): 1-6.

卞显红. 2007. 长江三角洲国家AAAA级旅游区空间结构[J]. 经济地理, 27(1): 157-160.

卞显红，沙润，杜长海. 2007. 长江三角洲城市入境旅游流区域内流动份额分析[J]. 人文地理, 22(2): 32-38.

曹宇. 2006. 旅游业对经济增长的溢出效应[J]. 合作经济与科技, (10s): 48-49.

陈传康，刘振礼. 1990. 旅游资源鉴赏与开发[M]. 上海：同济大学出版社.

陈家刚，李天元. 2009. 中国优秀旅游城市空间分布特征及其优化研究[J]. 华侨大学学报(哲学社会科学版), (1): 44-50.

陈乔，程成，田芮凡. 2017. 东盟旅桂“客流量—景区—酒店”空间错位及演变[J]. 经济地理, 37(9): 192-199.

陈彦光. 2011. 中国历史的地理枢纽——中国地缘政治格局成因和影响的历史分析[J]. 信阳师范学院学报(自然科学版), 24(1): 85-95.

除野信道. 1985. 观光社会经济学[M]. 东京：古今书院.

褚玉杰，赵振斌. 2013. 中国旅游百强景区与旅游产业发展耦合关系分析[J]. 干旱区资源与环境, 27(6): 187-190.

戴学军，丁登山，林岚. 2010. 长三角地区旅游圈吸引物体系空间结构聚集分形特征[J]. 地理研究, 29(12): 2189-2200.

邓卫. 1997. 旅游城市的发展与建设[J]. 现代城市研究, 12(4): 40-47.

邓祖涛，尹贻梅. 2009. 我国旅游资源、区位和入境旅游收入的空间错位分析[J]. 旅游科学, 23(3): 6-10.

丁旭生，李永文，吕可文. 2011. 基于空间错位理论的河南省旅游发展区域差异研究[J]. 地理与地理信息科学, 27(2): 106-108.

方创琳，宋吉涛，张蔷，等. 2005. 中国城市群结构体系的组成与空间分异格局[J]. 地理学报, 60(5): 827-840.

方世巧，马耀峰，李天顺，等. 2012. 基于百度搜索的西安市 A 级景区信息与旅游流耦合分析[J]. 干旱区资源与环境, 26(8): 190-194.

方琰，卞显红. 2015. 长江三角洲旅游资源地区差异对旅游经济的影响研究[J]. 旅游论坛, 8(1): 53-60.

方叶林，黄震方，张宏，等. 2013. 省域旅游发展的错位现象及旅游资源相对效率评价——以中国大陆 31 省市区 2000—2009 年面板数据为例[J]. 自然资源学报, 28(10): 1754-1764.

顾朝林，柴彦威，蔡建明，等. 1999. 中国城市地理[M]. 北京：商务印书馆.

胡浩. 2013. 中国优秀旅游城市空间分布及其交通可达的地区差异分析[J]. 地理科学, 33(6): 703-709.

胡炜霞，吴成基. 2007. 中国国家地质公园建设特色及快速发展过程中的问题与对策研究[J]. 地质论评, 53(1): 98-103.

黄先开，张丽峰，丁于思. 2013. 百度指数与旅游景区游客量的关系及预测研究——以北京故宫为例[J]. 旅游学刊, 28(11): 93-100.

黄耀丽，李飞，李凡. 2006. 基于竞争力要素和空间尺度的城市旅游竞争力刍议——兼与城市竞争力比较[J]. 地域研究与开发, 25(4): 94-98.

黄耀丽，李凡，郑坚强，等. 2006. 珠江三角洲城市旅游竞争力空间结构体系初探[J]. 地理研究, 25(4): 730-740.

贾英. 2009. 基于符号学理论的旅游景区品牌塑造研究[D]. 西安: 陕西师范大学.
蒋廉雄, 冯睿, 朱辉煌, 等. 2012. 利用产品塑造品牌: 品牌的产品意义及其理论发展[J]. 管理世界, (5): 88-108.
金波, 吴小根. 1999. 对中国旅游城市体系研究[J]. 城市研究, 14(5): 31-34, 63.
金刚, 沈坤荣, 胡汉辉. 2015. 中国省际创新知识的空间溢出效应测度——基于地理距离的视角[J]. 经济理论与经济管理, (12): 124-126.
金丽, 赵黎明. 2007. 国际旅游城市形成发展的动力机制[J]. 社会科学家, 30(6): 113-116.
金相郁. 2004. 20 世纪区位理论的五个发展阶段及其评述[J]. 经济地理, 24(3): 294-298, 317.
黎筱筱, 马晓龙, 吴必虎. 2006. 中国优秀旅游城市空间分布及其动力机制研究[J]. 干旱区资源与环境, 20(5): 120-124.
李创新, 马耀峰, 张佑印, 等. 2010.中国旅游热点城市入境客流与收入时空动态演化与错位——重力模型的实证[J]. 经济地理, 30(8): 1372-1377.
李凡, 黄耀丽. 2008. 区域间城市旅游经济的溢出分析——以珠江三角洲城市群为例[J]. 旅游学刊, 23(5): 23-28.
李飞, 何建民. 2011. 中国旅游景区发展的地区差异及其收敛性——以 2001—2009 年 A 级景区为例[J]. 地理与地理信息科学, 27(4): 83-88, 106.
李锋. 2007. 基于双重空间的后开发景区成长性研究——以焦作云台山为例[J]. 旅游学刊, 22(10): 55-60.
李晋华, 孙根年. 2015. 东西部六大热点城市入境与国内旅游发展及比较优势分析[J]. 经济地理, 35(1): 187-194.
李娜. 2006. 国际旅游城市指标体系研究[D]. 杭州: 浙江大学.
李琦, 孙根年, 韩亚芬. 2008. 中国省际入境旅游资源吸引力与区位可达性的矩阵分析[J]. 干旱区资源与环境, 22(5): 101-106.
李山, 王铮. 2009. 旅游业区域溢出的可计算模型及案例[J]. 旅游学刊, 24(7): 18-26.
李山, 邱荣旭, 陈玲. 2008. 基于百度指数的旅游景区络空间关注度: 时间分布及其前兆效应[J]. 地理与地理信息科学, 24(6): 102-107.
李世东, 陈鑫峰. 2007. 中国森林公园与森林旅游发展轨迹研究[J]. 旅游学刊, 22(5): 66-72.
李树民, 支喻, 邵金萍. 2002. 论旅游地品牌概念的确立及设计构建[J]. 西北大学学报(哲学社会科学版), 32(3): 35-38.
李伟. 2005. 基于循环经济理论的生态旅游城市建设研究[D]. 厦门: 华侨大学.
李艳, 牛志文. 2001. 旅游景区品牌形象塑造研究[J]. 北京第二外国语学院学报(5): 58-66.
李跃军. 2006. 区域旅游中城市与景区空间匹配关系及其优化[J]. 地理与地理信息科学, 22(3): 92-95.
李振亭, 王香玉. 2014. 基于地理量化方法的四川省 A 级旅游景区空间分布结构研究[J]. 地理信息世界, 21(4): 25-30.
梁明珠, 鲍春晓, 徐晓倩. 2009. 国家级风景名胜区中的世界遗产项目开发保护与国际经验借鉴[J]. 经济地理, 29(1): 141-146.
刘承良, 颜琪, 曾菊新. 2009. 武汉城市圈旅游经济的空间溢出分析[J]. 经济地理, 29(5): 846-850, 860.
刘法建, 张捷, 章锦河, 等. 2010. 中国入境旅游流网络省级旅游地角色研究[J]. 地理研究, 29(6): 1141-1152.
刘华军, 杨骞. 2014. 金融深化、空间溢出与经济增长——基于空间回归模型偏微分效应分解方法及中国的实证[J]. 金融经济学研究, 29(2): 86-95.
刘丽娟, 李天元. 2012. 国外旅游目的地品牌化研究现状与分析[J]. 人文地理, 27(2): 26-31.
刘智兴, 马耀峰, 姜嫣, 等. 2013. 中国旅游百强景区空间分异研究[J]. 河南科学, 31(9): 1551-1556.
龙茂兴, 孙根年, 马丽君, 等. 2011. 区域旅游网络关注度与客流量时空动态比较分析——以四川为例[J]. 地域研究与开发, 30(3): 93-97.
陆大道. 1995. 区域发展及其空间结构[M]. 北京: 科学出版社.
陆大道. 2003. 中国区域发展的新因素与新格局[J]. 地理研究, 22(3): 261-271.
陆林, 余凤龙. 2005. 中国旅游经济差异的空间特征分析[J]. 经济地理, 25(3): 406-410.
陆林, 葛敬炳. 2006. 旅游城市化研究进展及启示[J]. 地理研究, 25(4): 741-750.
陆相林, 马育倩, 高树芳, 等. 2013. 基于 FLP 理论的城市旅游集散中心与旅游景区空间整合研究——以石家庄市为例[J]. 重庆师范大学学报(自然科学版), 30(4): 142-147.
罗守贵, 高汝熹. 2005. 改革开放以来中国经济发展及居民收入区域差异变动研究——三种区域基尼系数的实证及对比[J]. 管理世界, (11): 45-49, 66.
龙瀛, 张宇, 崔承印. 2012. 利用公交刷卡数据分析北京职住关系和通勤出行[J]. 地理学报, 67(10): 1339-1352.

马丽君, 孙根年, 黄芸玛, 等. 2011. 城市国内客流量与游客网络关注度时空相关分析[J]. 经济地理, 31(4): 680-685.
马丽君, 孙根年, 马丽, 等. 2010. 我国 10 大热点城市入境旅游发展的时间同步性及区域响应[J]. 旅游研究, 2(4): 56-62, 67.
马丽君, 孙根年, 张毓. 2010. 中国入境旅游与民航客运关系及城市分布的统计分析[J]. 旅游论坛, 3(5): 548-552.
马林, 马耀峰, 林志慧, 等. 2013. 环渤海-长三角百强景区空间结构比较研究[J]. 资源科学, 35(2): 296-303.
马秋芳, 孙根年. 2009. 基于符号学的秦俑馆名牌景点形成研究[J]. 旅游学刊, 24(8): 66-70.
马秋芳, 孙根年, 张宏. 2011. 基于 Web 的省域旅游地品牌符号表征比较研究[J]. 旅游学刊, 26(3): 43-49.
马晓龙, 杨新军. 2003. 中国 4A 级旅游区(点): 空间特征与产业配置研究[J]. 经济地理, 23(5): 713-716, 720.
马晓龙, 杨新军. 2004. 高级别旅游景区的关联性分析——以中国 4A 级旅游景区(点)为例[J]. 西北大学学报(自然科学版), 34(2): 233-237.
马耀峰. 1999. 制约陕西旅游业发展的因素及其对策探讨[J]. 陕西师范大学学报(哲学社会科学版), 28(3): 136-139.
马耀峰. 2002. 新世纪陕西旅游产品的开发[J]. 西北大学学报(自然科学版), 32(1): 85-89.
马勇, 李玺, 李娟文. 2011. 旅游规划与开发[M]. 北京: 科学出版社.
毛小岗, 宋金平, 于伟. 2011. 北京市 A 级旅游景区空间结构及其演化[J]. 经济地理, 31(8): 1381-1386.
孟德友, 李小建, 陆玉麒, 等. 2014. 长江三角洲地区城市经济发展水平空间格局演变[J]. 经济地理, 34(2): 50-57.
牛亚菲, 宋涛, 刘春凤, 等. 2010. 基于要素叠加的旅游景区经济影响域空间分异——以八达岭长城景区为例[J]. 地理科学进展, 29(2): 225-231.
潘建民. 2004. 中国创建与发展优秀旅游城市研究[M]. 北京: 中国旅游出版社.
潘竟虎, 李俊峰. 2014. 中国 A 级旅游景点空间分布特征与可达性[J]. 自然资源学报, 29(1): 55-65.
彭华. 1999. 旅游发展驱动机制及动力模型探析[J]. 旅游学刊, 14(6): 39-44.
彭华, 钟韵. 1999. 创建优秀旅游城市的思考: 旅游开发与城市建设一体化[J]. 旅游学刊, 14(2): 21-25.
钱莉莉, 贺颖洁. 2010. 5A 级旅游景区对城市知名度影响评析[J]. 经济研究导刊(23): 119-121.
秦云峰. 2013. "黄三角"城市间旅游经济的溢出效应分析[J]. 中国商论(6): 116-117.
曲颖, 李天元. 2010. 国外近十年旅游目的地游客忠诚研究综述[J]. 旅游学刊, 25(1): 86-94.
桑广书, 甘枝茂, 车自力. 2003. 陕西旅游网络通道体系构建[J]. 干旱区资源与环境, 17(4): 48-52.
申怀飞, 郑敬刚, 唐风沛, 等. 2013. 河南省 A 级旅游景区空间分布特征分析[J]. 经济地理, 33(2): 179-183.
宋河有, 李辅斌. 2006. 浅论中国优秀旅游城市的旅游发展[J]. 市场论坛(2): 41-42.
宋金平, 王恩儒, 张文新, 等. 2007. 北京住宅郊区化与就业空间错位[J]. 地理学报, 62(4): 387-396.
隋晴晴. 2011. 旅游产品差异化及其对旅游市场的影响——以自驾车旅游产品为例[J]. 商业经济(11): 60-62.
孙根年. 2001. 论旅游业的区位开发与区域联合开发[J]. 人文地理, 16(4): 1-5.
孙根年, 吴晓娟. 2007. 中国六大遗产地旅游非线性成长及比较研究[J]. 陕西师范大学学报(自然科学版), 35(1): 107-111.
孙根年, 薛刚. 2007. 25 年来秦俑馆旅游生命周期与结构变化研究[J]. 干旱区地理, 32(2): 283-288.
孙根年, 于立新. 2008. 基于本底趋势线的秦俑馆旅游危机后评价研究[J]. 地理科学, 28(8): 107-112.
孙根年, 刘璐. 2012. 大西安旅游圈空间错位及边沿区战略[J]. 陕西师范大学学报(自然科学版), 40(5): 81-87.
孙根年, 潘潘. 2013. 陕西十地市旅游业发展的地区差异及其影响因素分析[J]. 干旱区资源与环境, 27(11): 184-191.
孙根年, 舒镜镜, 马丽君, 等. 2010. 五大危机事件对美国出入境旅游的影响: 基于本底模型的高分辨率分析[J]. 地理科学进展, 29(8): 987-996.
孙根年, 张毓, 薛佳. 2011. 资源-区位-贸易三大因素对日本游客入境旅游目的地选择的影响[J]. 地理研究, 30(6): 1032-1043.
唐全华, 郑国璋. 2014 基于近邻点指数的旅游景区空间结构初步分析——以山西省 4A(含 5A)级旅游景区为例[J]. 山西师范大学学报(自然科学版), 28(3): 99-103.
唐顺铁. 1998. 旅游流体系研究[J]. 旅游学刊, 15(3): 39-41.
王春豪, 杨宏伟. 2012. 新疆优秀旅游城市空间分布特征与成因研究[J]. 经济地理, 32(11): 70-75.
王德刚. 2005. 旅游资源开发与利用[M]. 济南: 山东大学出版社.
王洁洁, 孙根年, 马丽君. 2010. 中国旅游业发展: 一个新的战略架构——对《国务院关于加快旅游业发展的意见》的解读[J]. 旅游论坛, 3(5): 539-547.
王京传, 李天元. 2012. 旅游目的地品牌标识评价研究——以中国优秀旅游城市为例[J]. 旅游学刊, 27(2): 43-51.
王凯. 1998. 我国省际旅游资源禀赋及地域结构分析[J]. 地理学与国土研究, 19(3): 78-81.

王美红, 孙根年, 康国栋. 2009. 中国旅游 LR-NS-FA 空间错位的组合矩阵分析[J]. 人文地理, 24(4): 115-119, 97.
王旭科, 宋健, 冯书春. 2009. 传统旅游城市发展问题与转型升级[J]. 旅游论坛, 2(5): 648-652.
王衍用. 1993. 孟子故里旅游开发研究[J]. 地理与地理信息科学, 9(2): 50-52.
王瑛, 王铮. 2000. 旅游业区位分析——以云南为例[J]. 地理学报, 55(3): 346-353.
王铮, 刘海燕, 刘丽. 2003. 中国东中西部 GDP 溢出分析[J]. 经济科学(1): 5-13.
魏小安. 2001. 旅游城市与城市旅游——另一种眼光看城市[J]. 旅游学刊, 16(6): 8-12.
吴必虎. 2001. 大城市环城游憩带(ReBAM)研究——以上海市为例[J]. 地理科学, 21(4): 354-359.
吴必虎, 宋治清. 2001. 一种区域旅游形象分析的技术程序[J]. 经济地理, 21(4): 496-499, 52.
吴必虎, 唐子颖. 2003. 旅游吸引物空间结构分析——以中国首批国家 4A 级旅游区(点)为例[J]. 人文地理, 18(1): 1-5, 28.
吴必虎, 肖金玉. 2012. 中国历史文化村镇空间结构与相关性研究[J]. 经济地理, 32(7): 6-11.
吴必虎, 俞曦. 2012. 旅游规划原理[M]. 北京: 中国旅游出版社.
吴江国, 张小林, 冀亚哲, 等. 2013. 县域尺度下交通对乡村聚落景观格局的影响研究——以宿州市埇桥区为例[J]. 人文地理, 28(1): 110-115.
吴江国, 张小林, 冀亚哲. 2014. 不同尺度乡村聚落景观的空间集聚性分形特征及影响因素分析——以江苏省镇江市为例[J]. 人文地理, 29(1): 99-107.
吴晋峰, 包浩生. 2002. 旅游系统的空间结构模式研究[J]. 地理科学, 22(1): 96-101.
吴丽敏, 黄震方, 周玮, 等. 2013. 江苏省 A 级旅游景区时空演变特征及其动力机制[J]. 经济地理, 33(8): 158-164.
吴美萍. 2006. 全国重点文物保护单位的保护规划与旅游规划关系问题研究[C]//2006 年文化遗产保护与旅游发展国际研讨会. 南京: 194-197.
吴晓春, 孙根年, 马耀峰. 2005. 陕西十地市旅游投资环境的评价研究[J]. 干旱区资源与环境, 19(6): 73-77.
吴玉鸣. 2014. 旅游经济增长及其溢出效应的空间面板计量经济分析[J]. 旅游学刊, 29(2): 16-24.
肖胜和. 2009. 旅游“非景区化”现象及其影响探析[J]. 地理与地理信息科学, 25(5): 98-101.
谢彦君, 彭丹. 2005. 旅游、旅游体验和符号——对相关研究的一个评述[J]. 旅游科学, 19(4): 1-6.
谢志华, 党宁, 张歆梅. 2007. 中国资源型景区与城市空间关系研究[J]. 旅游学刊, 22(7): 29-33.
熊丽芳, 甄峰, 王波, 等. 2013. 基于百度指数的长三角核心区城市网络特征研究[J]. 经济地理, 33(7): 67-73.
徐建华. 2014. 计量地理学[M]. 2 版. 北京: 高等教育出版社.
杨国良, 张捷, 刘波, 等. 2007. 旅游景区分布约束下的四川旅游流齐夫(Zipf)结构发育特征[J]. 旅游学刊, 22(8): 17-23.
杨吾扬. 1989. 区位论原理——产业、城市和区域的区位经济分析[M]. 兰州: 甘肃人民出版社.
杨新菊, 吴晋峰, 唐澜, 等. 2014. 旅华外国散客旅游流地理分布和网络结构研究[J]. 旅游学刊, 2(5): 87-96.
杨亚丽, 孙根年. 2013. 城市化推动我国国内旅游发展的时空动态分析[J]. 经济地理, 33(7): 169-175.
杨友宝, 王荣成, 李秋雨, 等. 2015. 东北地区旅游资源赋存演化特征与旅游空间重构[J]. 经济地理, 35(10): 194-201, 209.
姚宏, 孙根年. 2011. 基于 TANG 模型的西安国际旅游成长实证分析[J]. 旅游学刊, 26(8): 53-59.
姚宏, 孙根年, 贾英. 2008. 中国名山旅游地成长理论与实证分析[J]. 山地学报, 26(2): 237-243.
袁俊, 余瑞林, 刘承良, 等. 2010. 武汉城市圈国家 A 级旅游景区的空间结构[J]. 经济地理, 30(2): 324-328.
尤尔斯. 1991. 大城市的未来:柏林、伦敦、巴黎、纽约经济方面[M]. 张秋舫等译. 北京: 对外贸易教育出版社.
张春晖, 白凯, 马耀峰, 等. 2013. 入境游客视角下中国旅游形象的景区代言[J]. 地理研究, 32(5): 924-941.
张浩然, 衣保中. 2011. 地理距离与城市间溢出效应——基于空间面板模型的经验研究[J]. 当代经济科学, 33(3): 117-123.
张蕾. 2005. 中国优秀旅游城市体系分析[J]. 城市问题, (5): 33-37.
张凌云. 2004. 旅游景区景点管理[M]. 北京: 旅游教育出版社.
张晓妮. 2012. 中国自然保护区及其社区管理模式研究[D]. 杨凌: 西北农林科技大学.
章锦河, 张捷, 李娜, 等. 2005. 中国国内旅游流空间场效应分析[J]. 地理研究, 24(2): 293-303.
章锦河, 张捷, 刘泽华. 2005. 基于旅游场理论的区域旅游空间竞争研究[J]. 地理科学, 25(2): 248-256.
赵磊, 方成, 吴向明. 2014. 旅游发展、空间溢出与经济增长——来自中国的经验证据[J]. 旅游学刊, 29(5): 16-30.
周常春, 唐雪琼. 2005. 符号学方法和内容分析法在旅游手册研究中的应用[J]. 生态经济(6): 24-27.
朱竑, 陈晓亮. 2008. 中国 A 级旅游景区空间分布结构研究[J]. 地理科学, 28(5): 607-615.

翟辅东. 2001. 湘江风光带开发与莱茵河风光带对比研究[J]. 旅游学刊, 16(3): 57-59.

Allen G. 2010. Place branding: New tools for economic development[J]. Design Management Review, 18(2): 60-68.

American Marketing Association. 1997. New logo designed to increase Florida tourism[J]. Marketing News, 31(20): 11.

Arrow K J. 1962. The economic implication of learning by doing[J]. The Review of Economic Studies, 29(3): 155-173.

Askitas N, Zimmermann K F. 2009. Google econometrics and unemployment forecasting[J]. Applied Economics Quarterly, 55(2): 107-120.

Baloglu S, McCleary K W. 1999. U.S. international pleasure travelers' images of four mediterranean destinations: A comparison of visitors and nonvisitors[J]. Journal of Travel Research, 38(2): 144-152.

Berry L L. 2000. Cultivating service brand equity[J]. Journal of the Academy of Marketing Science, 28(1): 128-137.

Blain C R. 2001. Destination branding in destination marketing organizations[D]. Calgary: University of Calgary.

Blain C, Levy S E, Brent-Ritchie J R. 2005. Destination branding, insights and practices from destination management organizations[J]. Journal of Travel Research, 43(4): 328-338.

Brun J F, Combes J L, Renard M F. 2002. Are there spillover effects between coastal and noncoastal regions in China[J]. China Economic Review, 13(2-3): 161-169.

Buhalis D. 2000. Marketing the competitive destination of the future[J] . Tourism Management, 21(1): 97-116.

Cai L A. 2002. Cooperative branding for rural destinations[J]. Annals of Tourism Research, 29(3): 720-742.

Chang C F. 2008. Effect of destination branding on tourists' attitudes toward Tamshui, Taiwan[D]. Lyon: Lyon University.

Chen J S. 2001. A case study of Korean outbound travelers' destination images by using correspondence analysis[J]. Tourism Management, 22(4): 345-350.

Chen C F, Phou S. 2013. A closer look at destination: image, personality, relationship and loyalty[J]. Tourism Management, 36(3): 269-278.

Cheng L, Chen C, Xiu C L. 2017. Excess kindergarten travel in Changchun, Northeast China: A measure of residence-kindergarten spatial mismatch [J]. Journal of Transport Geography, 60: 208-216.

Christaller W. 1933. Central Places in Southern Germany[M]. Englewood Cliffs: Prentice-Hall.

Cooper C P. 1981. Spatial and temporal patterns of tourist behaviour[J]. Regional Studies, 15(5): 359-371.

Crockett S R, Wood L J. 1999. Brand Western Australia: A totally integrated approach to destination branding[J]. Journal of Vacation Marketing, 5(3): 276-289.

Dann G M S. 1996. Tourists' images of a destination—An alternative analysis[J]. Journal of Travel & Tourism Marketing, 5(1-2): 41-55.

Davis D F, Golicic S L, Marquardt A. 2009. Measuring brand equity for logistics services[J]. The International Journal of Logistics Management, 20(2): 201-212.

Dension E F. 1962. The Sources of Economics Growth in the United States and The Alternatives Before U.S.[M]. New York: Committee for Economic Development.

Dioko L A N, So S. 2012. Branding destinations versus branding hotels in a gaming destination—Examining the nature and significance of co-branding effects in the case study of Macao[J]. International Journal of Hospitality Management, 31(2): 554-563.

Douven R, Peeters M. 1998. GDP-spillovers in multi-country models[J]. Economic Modelling, 15(2): 163-195.

Ekinci Y, Hosany S. 2006. Destination personality: An application of brand personality to tourism destinations[J]. Journal of Travel Research, 45(2): 127-139.

Englmann F C, Walz U. 1995. Industrial centers and regional growth in the presence of local inputs[J]. Journal of Regional Science, 35(1): 3-27.

Essletzbichler J. 2004. The geography of job creation and destruction in the U.S. manufacturing sector, 1967—1997[J]. Annals of the Association of American Geographers, 94(3): 602-619.

Fleming J M. 1962. Domestical financial policies under fixed and under floating flexible exchange rates[J]. Int Monet Fund Staff Papers, 9(3): 369-379.

Foley A, Fahy J. 2004. Incongruity between expression and experience: The role of imagery in supporting the positioning of a tourism destination brand[J]. Journal of Brand Management, 11(3): 209-217.

Friedman J R. 1968. Regional Development Policy: A Case Study of Venezuela[M]. Cambridge: MIT Press.

Garcia J A, Gomez M, Molina A. 2012. A destination-branding model: An empirical analysis based on stakeholders[J].

Tourism Management, 33 (3): 646-661.

Gartner W C. 1994. Image formation process[J]. Journal of Travel & Tourism Marketing, 2 (2-3): 191-216.

Gordon P, Kumar A, Richardson H W. 1998. The spatial mismatch hypothesis: Some new evidence[J]. Urban Studies, 26 (3): 315-326.

Grossman G M, Helpman E. 1991. Trade, knowledge spillovers, and growth[J]. European Economic Review, 35 (2-3): 517-526.

Gunn C A. 1988. Tourism Planning[M]. New York: Taylor-Francis.

Gunn C A. 1994. Tourism Planning: Basics, Concepts and Cases[M]. New York: Taylor-Francis.

Hall C M. 2010. Tourism destination branding and its effects on national branding strategies: Brand New Zealand, clean and green but is it smart[J]. European Journal of Tourism, Hospitality and Recreation, 1 (1): 68-89.

Hall D. 1999. Destination branding, niche marketing and national image projection in central and Eastern Europe[J]. Journal of Vacation Marketing, 5 (3): 227-237.

Hanna S, Rowley J. 2013. A practitioner-led strategic place brand management model[J]. Journal of Marketing Management, 29 (15-16): 1782-1815.

Hankinson G. 2004. Relational network brands: Towards a conceptual model of place brands [J]. Journal of Vacation Marketing, 10 (2): 109-121.

Hankinson G. 2005. Destination brand images: A business tourism perspective[J]. Journal of Services Marketing, 19 (1): 24-32.

Hankinson G. 2009. Managing destination brands: Establishing a theoretical foundation[J]. Journal of Marketing Management, 25 (1-2): 97-115.

Hudson S, Brent-Ritchie J R. 2009. Branding a memorable destination experience: The case of brand Canada[J]. International Journal of Tourism Research, 11 (2): 217-228.

Hwang Y H Gretzel U, Fesenmaier D R. 2006. Multicity trip patterns: Tourists to the United States[J]. Annals of Tourism Research, 33 (4): 1057-1078.

Kain J F. 1968. Housing segregation, negro employment, and metropolitan decentralization[J]. Quarterly Journal of Economics, 82 (2): 175-197.

Kasarda J. 1985. Urban change and minority opportunities[A]//Peterson P. The New Urban Reality. Washington DC: Brookings Institution, 33-67.

Kavaratzis M, Hatch M J. 2013. The dynamics of place brands an identity-based approach to place branding theory[J]. Marketing Theory, 13 (1): 69-86.

Keller K L. 1993. Conceptualizing, measuring and managing customer-based brand equity[J]. Journal of Marketing, 57 (1): 1-22.

Klijn E H, Eshuis J, Braun E. 2012. The influence of stakeholder involvement on the effectiveness of place branding[J]. Public Management Review, 14 (4): 499-519.

Lau J C. 2011. Spatial mismatch and the affordability of public transport for the poor in Singapore's new towns [J]. Cities, 28 (3): 230-237.

Lawton L J. 2005. Resident perceptions of tourist attractions on the gold Coast of Australia[J]. Journal of Travel Research, 44 (2): 188-200.

Leiper N. 1990. Tourist attraction systems[J]. Annals of Tourism Research, 17 (3): 367-384.

Lew A A. 1987. A framework of tourist attraction research[J]. Annals of Tourism Research, 14 (4): 553-575.

Li S, Xiao M, Zhang K, et al. 2011. Measuring tourism spillover effects among cities: Improvement of the gap model and a case study of the Yangtze River Delta[J]. Journal of China Tourism Research, 7 (2) :184-206.

Losch A. 1954. The Economics of Location[M]. Yale: Yale University Press.

Mackinder H J. 1904. The geographical pivot of history[J]. The Geographical Journal, 23 (4): 421.

Marrocu E, Paci R. 2013. Different tourists to different destinations. Evidence from spatial interaction models[J]. Tourism Management, 39: 71-83.

McKibbin W J, Sachs J. 1991. Global Linkages: Macroeconomic Interdependence and Cooperation in the World Economy[M]. Washington D C: Brookings Institution Press.

McLafferty S L, Preston V. 1996. Spatial mismatch and employment in a decade of restructuring[J]. The Professional Geographer, 48 (4): 420-431.

Middleton V T C. 1988. Marketing in Travel and Tourism[M]. London: Butterworth-Heinemann.
Milman A. 2001. The future of the theme park and attraction industry: A management perspective[J]. Journal of Travel Research, 40(2): 139-147.
Morgan N, Pritchard A, Piggott R. 2002. New Zealand, 100% Pure: The creation of a powerful niche destination brand[J]. Journal of Brand Management, 9(4-5): 335-354.
Mundell R A. 1963. Capital mobility and stabilization policy under fixed and flexible exchange rates[J]. Canadian Journal of Economics and Political Science, 29(4): 475-485.
Nickerson N P, Neil-Moisey R. 1999. Branding a state from features to positioning: Making it simple[J]. Journal of Vacation Marketing, 5(3): 217-226.
Ooi C S. 2004. Poetics and politics of destination branding: Denmark[J]. Scandinavian Journal of Hospitality and Tourism, 4(2): 107-128.
Oppermann M. 1996. Convention destination images: Analysis of association meeting planners' perceptions[J]. Tourism Management, 17(3): 175-182.
Perroux F. 1950. Economic space: Theory and applications[J]. Quarterly Journal of Economics, 64(1): 89-104.
Pike S. 2002. Destination image analysis—a review of 142 papers from 1973 to 2000[J]. Tourism Management, 23(5): 541-549.
Pike S. 2009. Destination brand positions of a competitive set of near-home destinations[J]. Tourism Management, 30(6): 857-866.
Pike S. 2012. Destination positioning opportunities using personal values: Elicited through the repertory test with laddering analysis[J]. Tourism Management, 33(1): 100-107.
Qu H L, Kim L H, Im H H. 2011. A model of destination branding: Integrating the concepts of the branding and destination image[J]. Tourism Management, 32(3): 465-476.
Sanchez T W, Shen Q, Peng Z R. 2004. Transit mobility, jobs access and low- income labour participation in US metropolitan areas [J]. Urban Studies, 41(7): 1313-1331.
Schmidt T, Vosen S. 2011. Forecasting private consumption: Survey based indicators vs Google trends[J]. Journal of Forecasting, 30(6): 565-578.
Sheehan L, Brent-Ritchie J R. 2005. Destination stakeholders: Exploring identity and salience[J]. Annals of Tourism Research, 32(3): 711-734.
Swarbrooke J. 2001. The Development and Management of Visitor Attractions[M]. New York: Butterworth-Heinemann Ltd.
Tasci A D A, Kozak M. 2006. Destination brands vs destination images: Do we know what we mean[J]. Journal of Vacation Marketing, 12(4): 299-317.
Trimeche O, Wakabayashi Y, Trimeche M. 2012. Destination branding: Managing uncertainties in the MENA region—The cases of Dubai and Tunisia[J]. African Journal of Business and Economic Research, 7(1): 24-46.
Usakli A, Baloglu S. 2011. Brand personality of tourist destinations: An application of self-congruity theory[J]. Tourism Management, 32(1): 114-127.
Wang D G, Chai Y W. 2009. The jobs-housing relationship and commuting in Beijing, China: The legacy of Danwei [J]. Journal of Transport Geography, 17(1): 30-38.
Weber A. 1909. Theory of the Location of Industries[M]. Chicago: University of Chicago Press.
Wilson J. 1987. The Truly Disadvantaged: The Inner City, the Underclass and Public Policy[M]. Chicago: University of Chicago Press.
Wyly E K. 1996. Race, gender, and spatial segmentation in the twin cities [J]. The Professional Geographer, 48(4):431-444.
Xiang Z, Pan B. 2011. Travel queries on cities in the United States: Implications for search engine marketing for tourist destinations[J]. Tourism Management, 32(1): 88-97.
Zhang H M, Fu X X, Cai L A, et al. 2014. Destination image and tourist loyalty: A meta-analysis[J]. Tourism Management, 40: 213-223.
Zhou S H, Liu Y, Kwan M P. 2016. Spatial mismatch in post-reform urban China: A case study of a relocated state-owned enterprise in Guangzhou[J]. Habitat International, 58: 1-11.
Zipf G K. 1935. The Psycho-Biology of Language[M]. Oxford: Houghton, Mifflin.